北大版专业通用汉语教材

汉语新天地

New Horizon College Chinese

4 大学汉语教程

胡建军 柯玲 主编　　　编著

北京大学出版社
PEKING UNIVERSITY PRESS

图书在版编目（CIP）数据

汉语新天地：大学汉语教程4/ 徐新颜，胡建军编著 . —北京：北京大学出版社，2013.3
（北大版专业通用汉语教材）

ISBN 978-7-301-21828-0

Ⅰ．汉… Ⅱ．①徐…②胡… Ⅲ．汉语—对外汉语教学—教材 Ⅳ．H195.4

中国版本图书馆CIP数据核字（2012）第311208号

书　　　　名：	汉语新天地——大学汉语教程 4
著作责任者：	胡建军　柯　玲　主编　徐新颜　胡建军　编著
责 任 编 辑：	张弘泓
标 准 书 号：	ISBN 978-7-301-21828-0/H・3207
出 版 发 行：	北京大学出版社
地　　　　址：	北京市海淀区成府路205号　100871
网　　　　址：	http://www.pup.cn　　新浪官方微博：@北京大学出版社
电 子 信 箱：	zpup@pup.cn
电　　　　话：	邮购部 62752015　发行部 62750672　编辑部 62753374　出版部 62754962
印 　刷 　者：	北京大学印刷厂
经 　销 　者：	新华书店
	889毫米×1194毫米　16开本　16.25印张　223千字
	2013年3月第1版　2013年3月第1次印刷
定　　　　价：	65.00元（附MP3盘1张）

未经许可，不得以任何方式复制或抄袭本书之部分或全部内容。
版权所有，侵权必究
举报电话：010-62752024　电子信箱：fd@pup.pku.edu.cn

编写说明

《汉语新天地——大学汉语教程》系列教材获上海市教育委员会科研项目资助（B11019），由东华大学和上海交通大学联合编写，适用对象为大学非汉语言专业的来华留学生，也可供已经学完现代汉语基本语法并掌握新HSK三级词汇的其他汉语学习者使用。全套教材共4册，每册15课，共60课。每课含主、副课文各1篇，使用者可根据各学校的课程设置和课时安排在每周4～6课时之间灵活调整。

本套教材每课包括课文、词语表（分为基础词语、拓展词语、专有名词）、注释、语言要点、练习、副课文几大部分。

● 主课文与副课文

课文以生动有趣及与某一专业相关为选编原则，以词汇、语言要点为纲。一、二册课文以作者原创为主，三、四册课文以选篇为主，并经过精心修改，使体例统一，内容适切。副课文与主课文领域相同，内容呼应，难易互补，注重专业色彩，适量引进专业词汇。

● 基础词语与拓展词语

词语部分包括基础词语和拓展词语，确保通过1～2年的学习，学生能达到新HSK五级及以上水平。生词部分充分照顾新HSK词汇大纲的覆盖率，每册每课定量控制。"拓展词语"多为与某一专业相关的词语以及部分超纲词，教师可根据学生的专业兴趣和需要灵活处理。

● 语言要点

语言要点主要随文解释重要词语和句式，并对重点词语进行辨析。从教学要求和学习者的难点出发，兼顾语法体系和语言知识的科学性与系统性，注重针对性和实用性。解释力求简洁明了，例句力求准确对应。

● 练习题型与训练目标

练习包括词语练习、句式练习、理解或表达性练习，全面训练听说读写等多种汉语能力。练习编排力求知识性、交际性、启发性与趣味性并重。一、二册题型依次为：选词填空、连线、模仿造句、完成句子、改错、排序、判断正误、复述、表达（写或说）；三、四册题型依次为：选词填空、完成句子、判断正误、排序、复述（写或说）、阅读理解或缩写。需要注意的是，每课练习中均设有与本课话题相关的专业词语或专业知识的内容。

本系列教材具有以下特点：

1.针对性强。这是一套首次尝试针对非汉语言专业来华留学生编写的通用汉语教材。

2. **涉及面广**。我们一改一般汉语教材只关注日常生活或专业学习的做法，内容除了与留学生活有关外，还涉及经济、管理、建筑、材料、传媒、设计、环境、医学、生物生化、农科、法律等专业领域。

3. **实用性强**。在学习汉语的同时可掌握一些常用专业词语，有助于学生更好地学习专业课程并通过新 HSK 考试。全套教材几乎覆盖了新 HSK 全部四级词语、80% 以上的五级词语和近 50% 的六级词语。

4. **实践性强**。本教材注重操练，根据专业特点设计相关语言练习，将生活与学习、课内与课外、知识与应用、基础词语与专业词语有机结合起来。

本系列教材与一般的通用汉语教材相比，多了一些"专业"色彩；而与现行的"专业汉语"相比，则显得"通用"而亲切有趣。

在本套教材编写和出版的过程中，我们得到了东华大学国际文化交流学院、上海交通大学国际教育学院领导及同行们的大力支持和热情帮助。东华大学全面试用两轮，上海交通大学择篇试用，两校留学生提供了宝贵意见，并"友情出演"，为教材配图。北京大学出版社的编辑们更是一丝不苟，精益求精。在此，我们一并致以衷心的感谢！

本套教材的部分课文选自书报杂志，根据教学需要，对原文有所修改。关于选文的版权，我们已征得了绝大多数原作者的同意，个别文章由于诸多原因，无法与原作者取得联系，在此深表歉意和感谢！也希望见到本书的作者及时与我们联系。

《汉语新天地——大学汉语教程》编写组

目录

页码	课文	语言要点	副课文
1	1 用垃圾统治世界	1. 一向　一直 2. 随意　随便 3. 况且　何况 4. 延续　持续 5. 充足　充分 6. 不愧	保罗的坚持 /13
17	2 遗产税让西方富豪更慈善	1. 相当 2. 且不说 3. 即便 4. 致使 5. 赞同　赞许 6. 理由　原因	神圣的私有财产 /28
32	3 弹簧床垫告诉你"左侧现象"	1. 起初　原来 2. 远远 3. 不甚 4. 通常　常常 5. 刚好 6. 遭遇　遭受 7. 尚 8. 接收　接受	看穿食品包装上的噱头 /44
47	4 激励机制的设计	1. 不料 2. 要么……要么…… 3. 如何 4. 实质　本质 5. 无非 6. 成效　效果	微笑管理 /58
61	5 感冒经济	1. 过度　过分 2. 顾 3. 处置　处理 4. 经历　经验 5. 大致 6. 而已 7. 本着	感冒的真相 /73

I

页码	课文	语言要点	副课文
77	**6** 动物中的数学"天才"	1. 实验　试验 2. 偶尔　偶然 3. 连续 4. 此后 5. 类似 6. 具有　具备	植物不光彩的"小动作"/88
91	**7** 找到你的"蓝色地带"	1. 大有…… 2. 不必 3. 而不是 4. 设立　建立 5. 丰盛　丰富 6. 不妨	大脑喜欢什么？/101
104	**8** 一张信用卡的秘密	1. 凡是 2. 通过　经过 3. 如此一来 4. 肯定　一定 5. 固然　虽然 6. 大肆	人一生的三个钱包/116
119	**9** 美的相貌从何而来？	1. 相 2. 唯独　唯一 3. "一脸"及名量词 4. 处于　位于 5. 容忍　忍受 6. 试图　企图	身体揭示的"心病"/132
135	**10** 新能源误解	1. 不容 2. 相比 3. 足以 4. 依据 5. 加以 6. 取决于	一个甲烷气泡引发的灾难/146

页码	课文	语言要点	副课文
149	11 航天飞行中的惊险瞬间	1. 过于 2. 必定 一定 3. 鉴于 4. 大体 大概 5. 以至于 6. 接连 连续 7. 不由得	我们为什么不会从地球上掉下去？/161
164	12 国家的形象宣传	1. 悄悄 2. 据悉 3. 观念 观点 4. 不及 5. 伴随 随着 6. 长久以来	日本细节 /174
177	13 电视机的发明	1. 当场 当即 2. 运用 使用 3. 传播 传送 4. 吩咐 嘱咐 5. 清晰 清楚 6. 赶紧	科学源于对世界的童真 /189
193	14 贩卖"时间差"的富豪	1. 轻易 容易 2. 斟酌 考虑 3. 波及 涉及 4. 日益 5. 凭着 6. 轻松 放松	耶鲁教授给女儿上的经济课 /205
206	15 管理者先要管好自己	1. 亦 2. 迟早 3. 转变 改变 4. 捍卫 保护 5. ……与否 6. 每每	一套西装引发的管理难题 /219
222	练习参考答案		
228	词语总表		
250	专有名词		

1 用垃圾统治世界

课文

2002年的一天，在费城的地铁里，菲茨吉拉德听到一个女孩儿向一个男孩儿炫耀："在我们社区，5公斤垃圾就能换5美元，相当于一杯星巴克咖啡。"

作为一个经常接手环保官司的律师，菲茨吉拉德一向对费城的垃圾处理系统有着自己的思考。无意中听到的女孩儿的一句话，激发了他的灵感：社区、5美元、星巴克，为什么不能将它们组合在一起呢？

好想法如果不能付诸实施，就只能是空想，于是他找到费城市长，描绘他的宏伟蓝图："我将构建一个包括政府、居民、企业在内的垃圾回收生态系统。在这个系统里，每个家庭都有一个账户，投递5公斤可回收垃圾，就在他们的账户上赠送5美元，依此类推，上限为每月35美元。账户上的钱，人们可以随意到加盟这个项目的便利店购物，到快餐店消费，甚至可以用来付汽油费。"

最后，菲茨吉拉德要求政府：由他负责处理全市的垃圾，政府每年补贴1200万美元；转卖可回收垃圾所得的收入，双方平分。费城每年产生75万吨垃圾，仅垃圾处理这一项，政府每年的预算开支就高达4000万美元。现在有人主动来接手这个烫手山芋，何乐而不为？况且，转卖可回收垃圾，每年还有数百万美元的进账。于是经过简单磋商，政府就与菲茨吉拉德达成了协议。

消息传开，业内顿时炸开了锅，大家无一例外地感到诧异，认为菲茨吉拉德一定太冲动了。有人替他估算了一下：一个三口之家，平均每月要产生50公斤至75公斤垃圾，其中可再生垃圾约为15公斤至25公斤。以每公斤1美元的卖价计算，收入约为15美元至25美元。而菲茨吉拉德每月返给住户的钱也是15美元至25美元。这就是说，菲茨吉拉德不但把卖垃圾的收入完全返还给住户，他还要倒贴垃圾处理费，不言而喻，没有充足的资金将令计划根本不可能延续下去。同行断言：此人不是疯子就是傻子。

菲茨吉拉德自然不傻，眼光独特的他早已找到了为这笔账埋单的人。此前，他走访了费城的几十家大公司，得知不少公司常年捐钱给环保机构，但垃圾处理工作却不尽如人意，因此，大多心存不满。能不能把这些公司纳入到自己的计划中，让他们心甘情愿地掏腰包呢？

菲茨吉拉德兴致勃勃地描述了他的整个商业模式：他承诺给每个家庭提供一个固定的免费垃圾桶，垃圾桶的底部装有电脑芯片，这笔钱来自政府的补贴。用户投递了多少垃圾，会被芯片及时记录下来。用户每投递5公斤可再生垃圾，菲茨吉拉德就向他支付5美元，这笔钱划到专门为用户开设的银行卡上。拿着这张银行卡，用户可以到参加该项目的任何一家商家消费，这张卡就成为联系用户与商家的纽带。商家虽然要拿出10美元（向用户支付的5美元和菲茨吉拉德获得的5美元），却能将消费者绑定，获利远大于支出，哪个商家抵挡得了这种诱惑呢？

这个让菲茨吉拉德称心如意的环保计划既能帮商家赚钱，也能使他自己从中得到更多的钞票，菲茨吉拉德把这个系统命名为"再生银行"。

就这样，再生银行经过初步运行就拥有了大量的终端消费者，获得了与商家谈判的话语权。在商家不断涌入的同时，政府也给予积极的回应，项目的风险大大降低。这种模式是一个开放的系统，参与的商家越多，消费者获得的实惠就越大，可供选择的消费场所就越多，另一方面，又会促使更多商家的加入。于是，菲茨吉拉德的这个项目欣欣向荣，影响力也与日俱增。

菲茨吉拉德不愧是个有气魄、有才干的企业家，关于未来，他预言："等到项目覆盖整个城市，我就拥有一个空前庞大而完备的数据库。通过住户倾倒的垃圾，可以清楚地了解到他们的收入水平，而他们在商家的消费信息，会被传输到数据库中。同时，整个城市的商业业态、每种业态的分布和发展状况，也在我的掌握之中。以后有商家要进入费城市场，决不会草率从事，一定会先联络我，因为我能提供目标客户群的详细资料。我还可以协助银行做全市居民和商家的资信调查，还可以将整个模式复制到全美国，甚至全世界。"

（改写自《用垃圾统治世界》，杨晶，《意林》2007年第23期）

词语表

基础词语

1	炫耀	xuànyào	【动】	to flaunt	
2	一向	yíxiàng	【副】	all along	6
3	无意	wúyì	【副】/【动】	unconsciously; to have no intention (of doing) sth.	
4	灵感	línggǎn	【名】	inspriation	6
5	付诸	fù zhū		to put to do sth.	
6	实施	shíshī	【动】	to bring into effect	6
7	空想	kōngxiǎng	【名】/【动】	day dream; to indulge in fantasy	
8	描绘	miáohuì	【动】	to describe	6
9	宏伟	hóngwěi	【形】	grand	6
10	蓝图	lántú	【名】	blueprint	
11	构建	gòujiàn	【动】	to build	
12	投递	tóudì	【动】	to delivery	
13	赠送	zèngsòng	【动】	to present	6
14	依此类推	yī cǐ lèi tuī		the rest may be deduced by analogy	
15	随意	suíyì	【形】	at will	6
16	便利	biànlì	【形】/【动】	convenient; to facilitate	6
17	补贴	bǔtiē	【动】/【名】	to subsidise; allowance	6
18	预算	yùsuàn	【名】/【动】	budget; to make a budget	6

19	烫手山芋	tàng shǒu shānyù		hot potatoes	
20	何乐而不为	hé lè ér bù wéi		why not	
21	况且	kuàngqiě	【连】	moreover, besides	6
22	磋商	cuōshāng	【动】	to discuss	6
23	达成	dáchéng	【动】	to manage to	6
24	协议	xiéyì	【名】/【动】	agreement; to negotiate and agree on	6
25	例外	lìwài	【名】/【动】	exception; to be an exception	6
26	诧异	chàyì	【形】	be surprise	6
27	冲动	chōngdòng	【形】/【名】	be impetuous; impulse	6
28	倒贴	dàotiē	【动】	to pay for the keeping of an unprofitable business	
29	不言而喻	bù yán ér yù		it is self-evident	6
30	充足	chōngzú	【形】	enough	6
31	延续	yánxù	【动】	to continue	6
32	同行	tóngháng	【名】	people of the same trade or occupation	
33	断言	duànyán	【动】/【名】	to assert; judgement	
34	眼光	yǎnguāng	【名】	insight	6
35	埋单	mái dān		to pay for the bill	
36	常年	chángnián	【名】	perennial	6
37	纳入	nàrù	【动】	to bring into	
38	心甘情愿	xīn gān qíng yuàn		be willing	
39	描述	miáoshù	【动】	to describe	
40	承诺	chéngnuò	【动】	to promise	6
41	支出	zhīchū	【名】/【动】	expense; to pay	6
42	诱惑	yòuhuò	【名】/【动】	attraction; to attract	6
43	称心如意	chèn xīn rú yì		well-content	
44	钞票	chāopiào	【名】	money	
45	命名	mìng míng	【动】	to nominate	6
46	初步	chūbù	【形】	elementary, initial	6
47	话语权	huàyǔquán	【名】	power of speaking	
48	回应	huíyìng	【动】	to reply	

49	实惠	shíhuì	【名】/【形】	benefit; be beneficial	6
50	欣欣向荣	xīnxīn xiàng róng		be prosperous	6
51	与日俱增	yǔ rì jù zēng		be steadily on the increase	6
52	不愧	búkuì	【副】	be worthy of name	6
53	气魄	qìpò	【名】	verve	6
54	才干	cáigàn	【名】	ability	6
55	预言	yùyán	【动】/【名】	to foretell; prediction	6
56	空前	kōngqián	【形】	unprecedented	6
57	完备	wánbèi	【形】	complete, perfect	6
58	草率	cǎoshuài	【形】	careless	6
59	联络	liánluò	【动】	to contact	6

拓展词语

1	接手	jiēshǒu	【动】	to take over
2	上限	shàngxiàn	【名】	upper limit
3	加盟	jiāméng	【动】	to join in
4	估算	gūsuàn	【动】	to estimate; compute
5	芯片	xīnpiàn	【名】	CMOS chip
6	绑定	bǎngdìng	【动】	to bind
7	获利	huò lì		to earn profit, to get or obtain profit
8	终端	zhōngduān	【名】	terminal
9	传输	chuánshū	【动】	to transfers
10	业态	yètài	【名】	formats
11	资信	zīxìn	【名】	credit

专有名词

1	费城	Fèichéng	Philadelphia
2	星巴克	Xīngbākè	Starbucks

语言点

❶ 一向　一直

都是副词，但是两个词的意思和用法不同。

"一向"表示"从过去到现在一直如此"的意思，多用在口语里。后边可以加动词短语、形容词、形容词短语或主谓短语。例：

① 菲茨吉拉德一向对费城的垃圾处理系统有着自己的思考。
② 她对名牌服装一向不感兴趣。
③ 他的身体一向健康，这次怎么病了？
④ 他工作负责，一向早来晚走。

"一直"表示顺着一个方向不变，后面常带表示方向的词语。例：

① 出了地铁，一直向西走，就到港汇广场了。

"一直"还可以表示动作持续不断或状态持续不变。例：

① 雨一直下个不停。（一直+动）
② 两年了，这台机器运转情况一直良好。（一直+形）
③ 晚饭前我儿子一直在做功课。（一直+在+动）
④ 这个问题我们一直讨论了两个多小时。（一直+动+了）
⑤ 我们一直谈到天亮。（一直+动+到）

❷ 随意　随便

都可以作形容词，表示"不在范围、数量等方面限制，怎么方便就怎么做，或根据自己的意愿自由行事"的意思，有时可以通用。例：

① 商品的种类很丰富，顾客可以随意（随便）挑选。
② 休息室没有学习的人，你们可以随意（随便）聊天。

不同的是"随意"指"任凭自己的意思"，多用于书面语，有时也可省去后面的动词。例：

① 账户上的钱，人们可以随意到加盟这个项目的便利店购物，到快餐店消费，甚至可以用来付汽油费。
② 请大家随意点菜。
③ 先生，菜上齐了，您随意。
④ 这个住宅小区没有保安，你可以随意出入。

"随便"用作形容词时，多口语色彩；一些可以重叠，前面常用"这么、那么"。例：

① 咱们随便谈谈。
② 在我的书店里，你可以随便挑，随便看，没关系的。

③ 随便什么人，都可以做这个工作。
④ 正式场合，别穿得这么随随便便。

"随便"还多用作连词，后跟任指疑问代词，意思是"不管、不论"，用于口语。例：

① 他是影迷，随便什么电影，他都爱看。
② 他的钱很多，随便怎么用，是花不完的。

"随便"还可以作动词，意思是"按照某人的方便"。例：

① 这个课没有规定要上，去不去随便。
② 参加不参加随你的便。

❸ 况且　何况

都是连词，表示在已有理由外，更进一步申述理由，或补充新的理由。后面一般有"又"、"还"、"也"与它搭配。能用"况且"的地方，基本都能用"何况"，"何况"比"况且"语气要强。例：

① 现在有人主动来接手这个烫手山芋，何乐而不为？况且（何况），转卖可回收垃圾，每年还有数百万美元的进账。
② 天气不好，况且（何况）你又有病，还是不要出去了。
③ 最近工作太忙，况且（何况）签证也不好办，我还是下次再去纽约吧。
④ 他是第一次游泳，况且（何况）还是个孩子，你要多帮助他呀。
⑤ 这房子很久没人住了，况且（何况）又离地铁站比较远，我不喜欢。
⑥ 天已经黑了，况且（何况）也做不完，不如先回家，明天再接着做吧。

"何况"，用反问语气，表示比较起来更进一层的意思。用于后一小句句首，后一小句谓语与前一小句的谓语相同时，不重复。"何况"的前面可以加"更、又"，前一小句常用"尚且、都、连……都……"

① 他是专家都不懂，更何况我呢？（何况＋名）
② 再高的山我都爬上去了，何况这座小山。（何况＋名）
③ 路本来就难走，何况又碰上下雨。（何况＋动）
④ 学好母语尚且很难，何况学习汉语呢。（何况＋动）

❹ 延续　持续

都是动词，都有"照原来的样子继续下去"的意思。但是，两个词的意思不同，用法和搭配也不一样。

"延续"强调照原来的样子继续下去，延长下去。多指将来还会继续这样保持或发展下去。例：

① 没有充足的资金将令计划根本不可能延续下去。

② 一切物种都要延续生命，因此会有生殖行为。
③ 中国文化几千年来世代延续，没有中断过。
④ 这种高温天气可能还要延续很多天。

"持续"强调连续保持，不中断，多指到目前已经保持的某种状态，后面的宾语大多是时间名词或动词。例：

① 高温天气已经持续了1个月。
② 两国的贸易额持续增长。
③ 持续的干旱造成了粮食产量的减少。
④ 我们会持续关注事件的进展情况。

❺ 充足　充分

都是形容词，都有"很多，足够，能满足需要"的意思。但是，两个词的意思不同，用法和搭配也不一样。

"充足"指"数量多，多到能满足需要"，宾语多是具体的物品或资金，有时也形容抽象的理由、论据等。例：

① 没有充足的资金将令计划根本不可能延续下去。
② 教室里光线充足，有利于学生学习。
③ 由于营养充足，小熊猫长得很快。
④ 请假要有充足的理由老师才会同意。

"充分"强调"最大限度的"，修饰的多是抽象的事物，可做定语、状语或补语。例：

① 你要充分利用时间，提高学习效率。
② 设计时我们应该充分发挥我们的创造力。
③ 这次活动充分调动了学生的积极性。
④ 他申请奖学金的理由很充分。

❻ 不愧

副词，对于某种荣誉、称号、名声和品质等当得起，多和动词"为、是"连用。例：

① 菲茨吉拉德不愧是个有气魄、有才干的企业家。
② 他真不愧是个神枪手，每发子弹都打中了目标。
③ 唐小姐不愧是律师的女儿，不让别人有为自己分辩的机会。
④ 中国不愧为历史悠久的文明古国，到处都有古迹。
⑤ 他的确不愧为"英雄"，至少从火灾现场救出了十个人。
⑥ 弟弟不愧为作家，一件很平常的小事，被他写得生动传神。

一 选词填空

> 称心如意　欣欣向荣　磋商　实施　命名　预言
> 与日俱增　不言而喻　便利　承诺　才干　草率

1. 他是一个有（　　　）的年轻人，来公司不久就给公司做成了一笔大生意。
2. 由于改进了管理，这家企业开始变得（　　　）起来。
3. 经过艰苦努力，他终于找到了一个（　　　）的工作。
4. 随着环境保护意识的深入人心，各类环保企业和环保产品（　　　）。
5. 当地政府为记者采访提供了许多（　　　），记者非常满意。
6. 今天下午我要和我们的客户（　　　）交货时间和方式。
7. 中国很多高等学校都（　　　）了"人才强校"的发展战略。
8. 可以（　　　），在不久的将来，太阳能汽车会在国际市场上普及。
9. 你为了一点儿小事，说辞职就辞职，是不是太（　　　）了？
10. 我们公司对客户（　　　），有任何不满意，都可以无条件退货。
11. 每个人都是平等的，这个道理是（　　　）的，用不着我多解释。
12. 中国的登月计划被（　　　）为"嫦娥计划"。

二 用所给词语选择填空

> 一向/一直　随意/随便　充分/充足　延续/持续

1. 公园里（　　　）人多，不要在那里学习吧。
2. 我（　　　）坐在这儿，没看见有人来。
3. 我们新进了一批进口家电，欢迎顾客（　　　）选购。
4. 他不讲究穿着，衣服穿得很（　　　）。
5. 这个房间阳光（　　　），对病人恢复健康有利。
6. 为了让植物（　　　）吸收水分，研究人员把植物的高度降到最低。
7. 事故发生两天后，救援行动仍在（　　　）。
8. 他们那种"日出而作，日落而息"的生活习惯，一直（　　　）到今天。

三 用所给词语完成句子

1. 玛丽今天来晚了大家都很奇怪，因为＿＿＿＿＿＿＿＿＿＿＿＿＿＿＿＿＿。（一向）
2. 在全国大学生篮球赛中，他技艺高超，简直可以说每投必中，＿＿＿＿＿＿＿＿＿＿＿＿＿＿＿＿＿＿＿＿＿＿＿＿＿。（不愧）
3. 我们是一家新公司，＿＿＿＿＿＿＿＿＿＿＿＿＿＿＿＿＿＿＿＿＿。（完备）
4. 他之所以因为吸毒而破产，是因为＿＿＿＿＿＿＿＿＿＿＿＿＿＿＿＿。（诱惑）
5. 为了感谢王老师一年来对我的帮助，＿＿＿＿＿＿＿＿＿＿＿＿＿＿＿。（赠送）
6. ＿＿＿＿＿＿＿＿＿＿＿＿＿＿＿＿＿＿＿＿，否则人类将面临灾难。（延续）
7. 我们准备了一些特产，＿＿＿＿＿＿＿＿＿＿＿＿＿＿＿＿＿＿＿＿。（随意）
8. 没有工具，完全靠自己爬上山很困难，＿＿＿＿＿＿＿＿＿＿＿＿＿＿＿。（况且）

四 根据课文内容判断下列句子的对错，对的打√，错的打 ×

1. 菲茨吉拉德很早就有了构建垃圾回收生态系统的想法。
2. 每个家庭每个月都因为垃圾回收得到赠送的35美元。
3. 费城市政府支持菲茨吉拉德的计划，并与他达成协议。
4. 业界认为菲茨吉拉德会倒贴垃圾处理费，这个计划不可能长期延续。
5. 常年捐款给环保机构的大公司对费城垃圾处理工作不够满意。
6. 商家不愿意为参加菲茨吉拉德垃圾回收系统的客户支付任何钱。
7. 很多商家愿意参加菲茨吉拉德的项目，因为可以得到大量的终端消费者。
8. 再生银行也同时是一个非常完备的消费者数据库。
9. 菲茨吉拉德可以通过住户倾倒的垃圾了解他们的收入数字。
10. 根据菲茨吉拉德的看法，将来银行也能利用他的数据库。

五 排序

1. A 现在有人主动来接手这个烫手山芋，何乐而不为？
   B 于是经过简单磋商
   C 仅垃圾处理这一项，政府每年的预算开支就高达4000万美元
   D 况且，转卖可回收垃圾，每年还有数百万美元的进账
   E 政府就与菲茨吉拉德达成了协议

2. A 另一方面，又会促使更多商家的加入
   B 于是，菲茨吉拉德的这个项目欣欣向荣，影响力也与日俱增
   C 参与的商家越多
   D 这种模式是一个开放的系统
   E 消费者获得的实惠就越大

3. A 跟风者很难赚到钱
   B 其实人家做得好，可能已经做了很久，有了人脉
   C 而他从头开始，能跟人家拼什么呢
   D 当他看到人家做文具做得很好
   E 他也跟着做

4. A 因为别人做一次可能会进5到8个货柜，品种很多
   B 而他只能一次进一个货柜，品种少
   C 即使有一个货柜遇到问题，因为还有其他货，所以能将损失降到最小
   D 总共60万人民币，就想像别人一样做文化用品，没有规模优势
   E 如果一个货柜出了点儿问题，他这笔单子的损失就是100%

六 用所给词语说出或写出一段话

1. 请说明菲茨吉拉德的商业模式。

   承诺　免费　芯片　再生垃圾　补贴　投递
   消费　纽带　绑定　获利　支出　诱惑

2. 请谈谈菲茨吉拉德的"预言"。

   覆盖　空前　庞大　完备　数据库　传输
   业态　分布　草率　联络　客户群　资信

七 阅读下列短文，根据短文内容选择唯一恰当的答案

1891年金·吉列来到巴尔的摩，在巴尔的摩瓶塞公司谋了一份职业。也正是在该公司，金·吉列结识了螺旋拔塞器的发明人威廉·波因特。他们一见如故，经常一起探讨技术发明方面的问题，正是波因特这位"大发明家"点燃了金·吉列心中发明创造的火种。金·吉列越来越觉得应该发明一种简单、廉价，像瓶塞和瓶子一样大家都很常用的东西，更重要的一点是这东西应该是一次性的。

"不必奢求用一辈子,发明永动机这样的东西",只要大家都需要的小物件就可以了。"吉列"之前的刀片本质上与原始社会的劳动刀具并无二致,只不过刀身要细一些,刀锋打磨得比较锐利,刀片的后半部分嵌在把手里。而吉列的设计理念很简单:刀片的后半部分根本就不需要,将薄薄的钢片两边磨利,夹在一个普普通通的可拆卸的水平夹子中,而这个夹子垂直固定在把手上。这样,刀口钝了,旧刀片可以取下,再安上新的刀片。这种商品人们用完一次后就会扔掉,然后不停地去购买新的……金·吉列开始着手实践自己的这一伟大创意。正如所有杰出的发明家一样,他确信一旦他的发明付诸实践后,世界会为之欢呼雀跃,而财源也将会滚滚而至。

开始的时候金·吉列买了一捆制作表针用的钢条,一周后第一架一次性双面剃须刀就问世了。经过一番周密的盘算,金·吉列确信自己的发明蕴藏着巨大的商机。因为当时一捆钢条的价格为每磅16美分,而每磅钢条应该可以做出500片刀片。凭着对成功的渴望和坚忍不拔的毅力,他不断改进工艺,推出一款又一款新式剃须刀。那段时间,他几乎成了一个"发明疯子":与世隔绝,整日待在实验室里,对着图纸苦思冥想。实验遇到的最关键的难题是如何找到一种既韧性好,而且还很廉价的钢材。金·吉列为此去拜访了许多专家学者,得到的答复无一例外是劝他放弃这种徒劳的实验。锻造如此之薄的钢片(而且还要求很廉价),无异于天方夜谭。但是坚定的信念使他并没有知难而退,1900年终于有了转机,他成功地找到了一个解决难题的方法,而且在技术工艺上得到了专家的肯定。金·吉列的这一方法在马萨诸塞工学院的毕业生威廉·尼克松那儿得到了技术上的支持。尼克松成功研究出一种可使钢片既薄又韧的锻造工艺。这一技术难题的攻克,奠定了金·吉列巨大成功的基础。

1. 下面哪个不是金·吉列想发明的东西应具有的特点?
   A. 简单   B. 廉价
   C. 一次性   D. 安全
2. 金·吉列的设计理念最突出的特点是什么?
   A. 耐用   B. 剃须方便
   C. 一次性   D. 卫生
3. 金·吉列实验遇到的最关键的难题是:
   A. 资金缺乏   B. 设备老旧
   C. 材料难寻   D. 专家反对
4. 下面哪项不是金·吉列成功的原因?
   A. 坚定的信念   B. 怀疑的精神
   C. 工艺的改进   D. 坚韧的毅力

副课文

保罗的坚持

保罗·罗金奇生长在美国犹他州。在他家的附近原本有一大片森林，后来当地建了一家炼铜厂，工厂排出的二氧化硫使美丽的森林变成了寸草不生的荒凉之地。

一天，一个年轻的旅行者经过这片荒地，见到这片1.4万英亩，荒凉贫瘠，没有任何生命迹象，颜色发黑，还散发着难闻的气味的土地。他叹着气说："这地方可真糟糕啊。"

小保罗听到他的话，感觉受到了侮辱，他将这个旅行者一拳打倒在地。可是，当小保罗举目环顾四周时，内心又无比苦涩，他很快做出一个决定：发誓有一天会让这片土地重新焕发生机。保罗意识到，只有掌握更多的知识和才能，才会有人愿意听取他的建议，于是，他进入大学攻读植物学。

在大学里，保罗遇到一位教授，他是犹他州生态学方面的专家。这位专家很遗憾地告诉他，让那块荒地恢复生机完全没有希望。他认为保罗的目标难以实现，因为如果他种上树，即使能成活的话，风每年只会把树种吹到40英尺远的地方，由于那里没有鸟类和松鼠帮助传播树种，这些树需要过30年才能繁殖出自己的种子，因此，绿化这片土地大约需要2万年的时间。

教授告诉保罗，做这件事是浪费生命，是不可能成功的。

大学毕业后，保罗有了自己的工作和生活，然而，他的信念从没动摇，他继续寻找可行的解决方案。他决心倾自己所有、尽自己所能绿化这片土地。

一天晚上，保罗从床上爬起来，背着装满树种的背包在夜幕下偷偷溜进荒地，把树种一一埋进土里，一连种了7个小时。一个星期后，他又回来补种了一次。

从此，保罗每周都会偷偷潜入荒地，种下树种和草种。然而，它们大多都没有长出来。

保罗就这样坚持了15年。一次一个牧羊人带着一群羊来到这里，刚刚长出的杉木苗全部被羊吃光了。见此情景，保罗瘫倒在地，痛哭失声，可不一会儿，他又站了起来，继续种树。

严寒酷热、洪水火灾、山体滑坡……一次又一次地把保罗的劳动成果毁于一旦，但是他坚持着。

进展虽然非常缓慢，不过，终于有一天，这块死寂的土地现出了一丝绿意——有几株幼苗悄悄探出了地面。又过了一段时间，囊鼠出现了，兔子、豪猪也回来了。

后来，老炼铜厂给了保罗在荒地种树的许可证。再后来，随着时代的进步，人们环保意识的加强，面对不断增大的环境治理压力，炼铜厂开始聘请保罗种树，并给他提供了工人和机械设备，绿化的速度大大加快。

如今，这片1.4万英亩的土地已是绿树成林、碧草茵茵，有成群的麋鹿在林间奔跑、老鹰在高空滑翔。保罗·罗金奇也几乎荣获了犹他州的所有环保奖项。

最近，已是两鬓斑白的保罗在接受媒体采访时，回想起他数十年的辛勤工作说："我原本是想，如果我先开一个头，在我死后人们将会看到希望。我从没想到我能活着看到这一切。"虽然绿化这片土地耗费了保罗一生的精力，但他却践行了孩提时许下的誓言。

（改写自《保罗的坚持》，作者亚当·卡恩，译者班超，原载《齐鲁晚报》2011年7月8日，《意林》2011年第16期）

词语表

基础词语

1	寸草不生	cùn cǎo bù shēng		not even a blade of grass grows	
2	荒凉	huāngliáng	【形】	bleak	6
3	迹象	jìxiàng	【名】	tracks	6
4	贫瘠	pínjí	【形】	barren	
5	侮辱	wǔrǔ	【动】	to insult	6
6	举目	jǔmù		to raise the eges	
7	环顾	huángù	【动】	to look about	
8	苦涩	kǔsè	【形】	sour	

9	发誓	fā shì		to make an oath	6
10	焕发	huànfā	【动】	to shine	
11	生机	shēngjī	【名】	lease of life	6
12	生态	shēngtài		ecological	6
13	倾	qīng	【动】	to use up (one's resources)	
14	溜	liū	【动】	to slip away	6
15	严寒	yánhán	【形】	cold	6
16	酷热	kùrè	【形】	hot	
17	毁于一旦	huǐ yú yí dàn		to be destroyed in one day	
18	死寂	sǐjì	【形】	deadly silent	
19	许可	xǔkě	【动】	to permit	6
20	治理	zhìlǐ	【动】	to administer	6
21	碧草茵茵	bì cǎo yīnyīn		green lawn	
22	滑翔	huáxiáng	【动】	to glide	
23	两鬓斑白	liǎng bìn bānbái		greying at the temples	
24	辛勤	xīnqín	【形】	industrious	6
25	耗费	hàofèi	【动】	to use up	6
26	践行	jiànxíng	【动】	to practice	
27	孩提	háití	【名】	childhood	
28	誓言	shìyán	【名】	oath	

拓展词语

1	炼铜	liàn tóng		copper smelting
2	二氧化硫	èryǎnghuàliú	【名】	sulfur dioxide
3	杉木	shānmù	【名】	China fir
4	囊鼠	nángshǔ	【名】	gopher
5	豪猪	háozhū	【名】	porcupine
6	麋鹿	mílù	【名】	David's deer

专有名词

| 犹他州 | Yóutā Zhōu | Utah |

思考题

1. 从课文中可以知道，炼铜厂使保罗家附近的森林发生了怎样的改变？
2. 保罗为什么打了那个年轻的旅行者？
3. 保罗发誓做什么？
4. 保罗为什么选择学习植物学？
5. 对于保罗的想法，教授有怎样的观点？
6. 保罗坚持了15年，结果发生了什么？
7. 保罗为什么几乎荣获了犹他州的所有环保奖项？
8. 你怎样看待保罗的坚持？

2 遗产税让西方富豪更慈善

课文

美国遗产税的最大特点，就是相当不利于大富翁们把万贯家产留给下一代。遗产税以10万美元为起征点，共分为11个档次，遗产越多，缴纳的税款也越高。如遗产为10万—15万美元，税率是30%；100万—125万美元，税率是41%；200万—250万美元，税率是49%；300万美元以上则征收55%的遗产税。也就是说，如果一个人留下了200多万的遗产，真正到后人手里的数目也不过一半左右；而如果他在世的时候再勤奋一点，留下了300多万的遗产，那么后人连一半也拿不到了。

美国税法还有一条规定，遗产受益人必须在继承遗产前，先缴纳遗产税，然后才能办理继承手续。这条规定对没有多少遗产的家庭来说没有什么问题，但是对富翁们来说，麻烦就大了。比如说一个有1000万美元的富翁，他的儿子继承遗产的时候，必须先掏出550万美元把税交上了，才能拿到那1000万美元。如果后代拿不出这550万美元的话，那1000万也就泡汤了。如果老子更厉害些，留下的遗产更多，子女拿得出这笔遗产税的可能就更小。比如比尔·盖茨如果愿意，大概能留下580亿美元的遗产。他的子女要想拿到这笔天文数字的遗产，先得挣到319亿美元，把税交了才行。且不说这个世界上有几个人能够挣到300亿美元，即便盖茨的子女们也都有非凡的成就，挣到了这笔巨款交税，他们拿到的遗产也会大大缩水，因为，他们同时还必须缴纳沉重的个人所得税，两税相加的联合税率，可能达到遗产价值的70%以上。

这样的征税方式看起来好像弊端很明显，对人们投资、工作和储蓄的积极性带来了致命的打击。它带来的两个直接后果是："反正挣多了也不能留给子女，那就少挣点儿，日子还可以过得轻松点儿。"最后导致社会生产率下降；或者人们会想"与其被死后收走，还不如生前花光"，致使过度消费。所以，小布什上台后，他提出的关于减免遗产税的方案得到了很多人的赞同。

出乎意料的是，小布什的遗产税减免计划开始实施后不久，就遇到了阻碍。当时，他准备从2002年到2009年逐年增加遗产税的税前综合扣除额，同时把遗产税的最高边际税率逐步下调，到2010年停止征收遗产税1年，2011年将遗产税恢复到2001年的状况。但是，2002年和2003年，美国国会先后两次审议关于永久取消遗产税的议案，都在参议院表决的时候搁浅。富豪们根本不领小布什的情，而是指出，取消遗产税将会损害公益事业，影响社会公平。由于现在美国贫富差距越来越大，遗产税已经成为了一种极其有效的财富再分配方式。当然，这些亿万富豪们还有一个抵制遗产税减免计划的重要理由，就是不希望自己的子女成为没有品尝过创业的艰难、只会享受取乐的寄生虫。巴菲特就对自己的子女明确表态："如果能从我的遗产中得到一个美分，就算你们走运。"

美国富人为何争相回报社会呢？原因是多方面的，首先是鼓励慈善的税收制度，建立基金会或捐助善款可以获得税收减免。每位美国公民的终身免税额为67.5万美元，每人每年赠送额在1万美元以上的可免税，超过1万美元的部分，就可使用自己的终身免税额。慈善捐助不仅可以减少损失，而且有助于树立公众形象和产生模范效应，这就使得美国不少富人争先恐后地向社会捐款，形成一种"捐赠文化"。

宗教思想也帮助美国人养成更健康的金钱观。虔诚的富人们认为，辛勤劳动所获得的成果是上帝的赐予，因此应该回报社会。他们并不认为自己手中的财富"都是自己挣来的，属于自己的"，自己是在为整个社会管理财富，因此有责任将这些钱花在社会最需要的地方，而没有权利去浪费。因此他们会花费大量的精力在慈善事业上，在生前或是死后，向社会捐出所有的财产，便成为一种水到渠成的事情。

（改写自《遗产税让西方富豪更慈善》，鲁琳，《晚报文萃》2009年第12期）

词语表

基础词语

1	遗产	yíchǎn	【名】	legacy	6
2	富豪	fùháo	【名】	rich and powerful people	
3	慈善	císhàn	【形】	charitable	
4	富翁	fùwēng	【名】	man of wealth	
5	万贯	wànguàn	【数量】	a large amount (of property)	
6	家产	jiāchǎn	【名】	household	
7	遗留	yíliú	【动】	to leave over	6
8	下一代	xià yí dài		next generation	
9	税款	shuìkuǎn	【名】	tax	
10	征收	zhēngshōu	【动】	to levy	6
11	数目	shùmù	【名】	number, amount	6
12	在世	zàishì	【动】	to be alive	
13	受益	shòu yì		to benefit from	
14	办理	bànlǐ	【动】	to handle	5
15	手续	shǒuxù	【名】	procedures	5
16	掏	tāo	【动】	to draw out	6
17	后代	hòudài	【名】	offspring	6
18	泡汤	pào tāng		(hope) dashed to pieces	
19	老子	lǎozi	【名】	father	
20	天文数字	tiānwén shùzì		enormous figure	
21	即便	jíbiàn	【连】	even if	6
22	非凡	fēifán	【形】	extraordinary	
23	巨款	jùkuǎn	【名】	a huge sum of money	
24	缩水	suō shuǐ		to shrink	
25	沉重	chénzhòng	【形】	burdensome	6
26	弊端	bìduān	【名】	abuse, flaws in work	6

27	储蓄	chǔxù	【名】/【动】	deposit; to save money or materials for later use	6
28	致使	zhìshǐ	【动】	to bring about	6
29	上台	shàng tái		to assume power	
30	赞同	zàntóng	【动】	to endorse, to approve	6
31	出乎意料	chū hū yìliào		unexpectedly	
32	逐年	zhúnián	【副】	year by year	6
33	扣除	kòuchú	【动】	to deduct	
34	审议	shěnyì	【动】	to deliberate	
35	永久	yǒngjiǔ	【形】	everlasting	
36	议案	yì'àn	【名】	proposal, motion	
37	表决	biǎojué	【动】	to put to vote	6
38	搁浅	gēqiǎn	【动】	to take the ground	
39	领情	lǐng qíng		to appreciate the kindness	
40	差距	chājù	【名】	gap	6
41	抵制	dǐzhì	【动】	to resist, to boycott	6
42	创业	chuàng yè		to start an enterprise	6
43	艰难	jiānnán	【形】	hard, difficult	6
44	寄生虫	jìshēngchóng	【名】	parasite	
45	表态	biǎo tài		to declare one's stands	6
46	走运	zǒu yùn		be in luck	
47	争相	zhēngxiāng	【副】	to strive to be first	
48	回报	huíbào	【动】	to repay	6
49	公民	gōngmín	【名】	citizen	
50	捐助	juānzhù	【动】	to pitch in, offer	
51	模范	mófàn	【名】	model	6
52	效应	xiàoyìng	【名】	effect	
53	争先恐后	zhēng xiān kǒng hòu		to rush on to be the first	6
54	捐赠	juānzèng	【动】	to donate	
55	虔诚	qiánchéng	【形】	pious, religious	
56	辛勤	xīnqín	【形】	industrious	6

| 57 | 赐予 | cìyǔ | 【动】 | to grant |
| 58 | 水到渠成 | shuǐ dào qú chéng | | when water flows, a channel is formed. |

拓展词语

1	遗产税	yíchǎnshuì	【名】	inheritance tax
2	起征点	qǐzhēngdiǎn	【名】	the minimum threshold
3	税率	shuìlǜ	【名】	tax rate
4	税法	shuìfǎ	【名】	tax law
5	个人所得税	gèrén suǒdéshuì		personal income tax
6	生产率	shēngchǎnlǜ	【名】	productivity
7	扣除额	kòuchú'é	【名】	the amount of deduct
8	边际税率	biānjì shuìlǜ		marginal tax rate
9	国会	guóhuì	【名】	congress
10	参议院	cānyìyuàn	【名】	senate
11	基金会	jījīnhuì	【名】	foundation
12	免税额	miǎnshuì'é	【名】	the amout of duty-free

专有名词

1	比尔·盖茨	Bǐ'ěr Gàicí	Bill Gates
2	布什	Bùshí	Bush
3	巴菲特	Bāfēitè	Warren Edward Buffett

语言点

1 相当

副词，表示程度高。一般修饰形容词，有时也可以修饰表示心理活动的动词。例：

① 美国遗产税的最大特点，就是相当不利于大富翁们把万贯家产留给下一代。
② 据说，物价上涨将持续相当长时间。
③ 对于刚毕业的大学生来说，找一个称心的工作相当难。
④ 我对这件衣服的做工相当满意。

动词，表示两方面差不多。常用"A 与 B 相当"、"A 相当于 B"的结构。例：
① 这两个球队实力相当，比赛一下子很难分出胜负。
② 玛丽看起来与实际年龄相当。
③ 今年我们公司的利润与去年大致相当。
④ 一个名牌包的价格相当于十个普通包的价格。

❷ 且不说

先不说，表示让步。例：
① 且不说这个世界上有几个人能够挣到 300 亿美元，即便盖茨的子女们也都有非凡的成就，挣到了这笔巨款交税，他们拿到的遗产也会大大缩水。
② 我很喜欢逛旧书店。且不说书的价格低，有时候还能碰上绝版的好书呢。
③ 小摊上的东西最好少吃。且不说环境不好，卫生问题就让人担心。
④ 朋友给我找的房子实在不怎么样，楼层低且不说，房间也太小了。

❸ 即便

连词，意思跟"即使"相同，多用于书面语。常与"也"搭配使用，表示假设和让步。前面的分句常表示一种假设情况，后面的分句表示结果或结论不受这种情况的影响。例：
① 即便盖茨的子女们也都有非凡的成就，挣到了这笔巨款交税，他们拿到的遗产也会大大缩水。
② 玛丽的生活过得非常艰苦，即便如此，她也没有放弃自己的理想。
③ 一个不自信的人，即便再优秀，也很难成功。
④ 我们时间很多，即便是再晚一个小时出发，也还来得及。

有时候，前一部分表示对情况的假设或猜测，后一部分表示对数量或程度的退一步的估计。例：
① 这场音乐会很热门，现在去买票，即便有也不多了。
② 这个月的花销，即便不比上个月高，也和上个月差不多。
③ 明天即便下雨也不会太大。
④ 总经理最近很忙，即便来参加会议，也待不了几分钟。

❹ 致使

动词，意思是"由于某种原因而导致"，表示后一结果的发生或持续，是由于前一行为导致的。"致使"这个词比较正式，多用于书面语。

"致使"可用于句中，也可以用于后一分句的开头，表示前一分句的原因导致了后一分句的结果。
① 人们会想"与其被死后收走，还不如生前花光"，致使过度消费。
② 强烈的余震致使救灾工作受阻。

③ 连续几天的大雨致使河水暴涨。

④ 打手机影响大脑，致使失眠更加严重。

❺ 赞同　赞许

都是动词，都有称赞的意思。但是两个词的侧重点不同，词义也有差别。

"赞同"，意思是赞许，认同，侧重于同意。"赞同"多用于与自己一致的看法、计划等。例：

① 小布什提出的关于减免遗产税的方案得到了很多人的赞同。

② 坦白地说，我并不赞同你的观点。

"赞许"意思是认为好而加以称赞，侧重于称赞，常用于对人或事物的赞美。例：

① 成龙的演技得到了观众们的赞许。

② 领导对这个部门所取得的业绩大加赞许。

❻ 理由　原因

都是名词，都表示出现某种情况的根由，但两个词的侧重点不同。

"理由"，意思是事情为什么这样做或那样做的道理，常用在解释、说明问题时，侧重在说明某人做某事时合理的依据。例：

① 这些亿万富豪们还有一个抵制遗产税的重要理由，就是不希望自己的子女成为没有品尝过创业的艰难、只会享受取乐的寄生虫。

② 你要说出恰当的理由，我才能允许你请假。

"原因"，意思是造成某种结果或情况的条件，常用在人们不了解事情为什么会发生的时候，侧重在寻找导致某种情况出现的客观条件。例：

① 昨天老王没来上班，你知道是什么原因吗？

② 关于地震的原因，许多专家也说不清楚。

练习

 选词填空

> 征收　逐年　办理　辛勤　艰难　出乎意料
> 创业　弊端　沉重　差距　回报　争先恐后

1. 为了感谢老师们的（　　）工作，孩子们给老师送上了鲜花。
2. 小城市的工资水平和大城市的工资水平有很大的（　　）。
3. 小林需要一张信用卡，她很想知道（　　）信用卡需要带哪些证件。

4. 听到这个不幸的消息，他们的心情都很（　　）。
5. 专家认为，小学生带手机上学，（　　）很多。
6. 听说中国有些地方已经开始（　　）房产税了。
7. 2000年以来，我国65岁以上老年人口比例（　　）增加。
8. 母亲是最无私的，她们付出很多，却从来不求（　　）。
9. 是为了家庭留在家乡，还是为了事业去大城市工作，对她来说，这是一个（　　）的选择。
10. 五年前，王鹏离开了原来工作的地方自己（　　），现在他的公司经营得很好。
11. 下课铃响了，同学们（　　）地走出教室，奔向操场。
12. 王明学习一向很好，但是让大家（　　）的是，这次考试他没考好。

二 用所给词语选择填空

赞许 / 赞同　　　　理由 / 原因

1. A：现在生活条件好了，孩子需要什么，我们就应该给他们什么。
   B：我并不（　　）你的观点。
2. 老师对这个又聪明又努力的孩子非常（　　）。
3. 他想带全家人去海南旅行，可是家里人并不（　　）他的计划。
4. 小明今天迟到了，他的（　　）是闹钟坏了。
5. 最近爸爸心情不太好，我们很想知道（　　），可是又不敢问。
6. 你认为他不能做这个工作，你的（　　）是什么？

三 用所给词语完成句子

1. A：你喜欢这个地方吗？
   B：_____。（相当）
2. A：你知道现在一美元能换多少人民币吗？
   B：_____。（相当于）
3. 你最好别买这件衣服，_____，样子也很难看。（且不说）
4. 你放心吧，_____，我也会完成这个工作的。（即便）
5. 这个房子太旧了，_____，还是换个地方吧。（即便）
6. A：火车不是应该六点就到站吗？怎么现在才到？
   B：_____。（致使）

四 根据课文内容判断下列句子的对错，对的打√，错的打 ×

1. 美国的遗产税非常有利于富豪们把家产留给下一代。
2. 美国税法规定遗产受益人办理继承手续后必须缴纳遗产税。
3. 比尔·盖茨的子女可能只能拿到遗产价值的 70%。
4. 小布什刚上台时，他提出的关于减免遗产税的方案得到了很多人的赞同。
5. 富豪们认为遗产税已经成为一种有效的财富再分配方式，可以减少贫富差距。
6. 富豪们争相回报社会只是因为捐助善款可以获得税收减免。
7. 富豪们认为财富都是自己挣来的，所以可以随便花钱。
8. 在美国，有些富豪会向社会捐出所有的财产。

五 排序

1. A 先缴纳遗产税，然后才能办理继承手续
   B 美国税法还有一条规定
   C 但是对富翁们来说，麻烦就大了
   D 遗产受益人必须在继承遗产前
   E 这条规定对没有多少遗产的家庭来说没有什么问题

2. A 原因是多方面的
   B 建立基金会或捐助善款可以获得税收减免
   C 首先是鼓励慈善的税收制度
   D 每位美国公民的终身免税额为 67.5 万美元
   E 美国富人为何争相回报社会呢

3. A 奥蒂却不是这样
   B 不是只有成功才让人感动
   C 她一次次从百米跑道第二的位置下来
   D 多少人面对挫折知难而退
   E 再一次次信心百倍地走向新的起跑线

4. A 也要赶回家
　　B 离家再远的孩子
　　C 美国有一个感恩节
　　D 感恩节当天，无论天南地北
　　E 那一天要吃火鸡

六　用所给词语说出或写出一段话

1. 请尽量使用下列参考词语，说明"美国遗产税的最大特点就是不利于把家产留给下一代"。

　　起征点　档次　缴纳　征收　税款　税率
　　规定　受益人　遗产税　办理　手续　天文数字

2. 请用下列参考词语谈谈美国遗产税的利弊。

　　弊端　储蓄　后果　导致　生产率　致使　贫富差距
　　再分配　创业　寄生虫　慈善　捐助　税收减免

七　请将下面这篇文章缩写成一篇短文，要求如下：

（1）标题自拟；
（2）只需复述文章内容，不需加入自己的观点；
（3）内容完整，条理清楚；
（4）字数为400字左右。

在瑞士的苏黎世法院，当地著名律师哥切尔为他的一个不同寻常的客户进行辩护。他为之辩护的是一条22磅重的梭子鱼。这条鱼在挣扎了10分钟后被渔夫捕获。哥切尔辩护的核心在于，渔夫将咬钩的梭子鱼钓上水面所花时间过长，致使梭子鱼遭受过度的痛苦。

疼痛，是人无法忍受的。同样，梭子鱼和其他许许多多的动物也无法忍受疼痛。如果动物的过度疼痛是由人带来的，那么，人就应该对动物的疼痛承担责任，为动物的疼痛埋单。

这事还得从某天上午说起。这天，哥切尔来到他的律师事务所，当他拿起一份报纸，一幅图片映入眼帘，他震惊了。一条足足4英尺长的梭子鱼在一只鱼钩上苦苦挣扎。他仿佛听到了鱼的呻吟声，鱼说，我很痛。旋即，哥切尔的内心也感到了疼痛，而且，他的内心比鱼疼得更厉害。

哥切尔是个有趣的人，他曾经连续10天不说话，以此来体验动物无法用语言表达痛苦的痛苦。

回到眼前的这幅画面，哥切尔说，此情此景让他想到了另一幅画面：一位非洲狩猎人将一只大脚踩在鲜血淋漓的狮子头上……哥切尔感觉自己的心里也仿佛中了一枪，疼痛弥漫开来。眼前，梭子鱼的疼痛折磨着他，他想到必须有人为这条鱼10分钟的煎熬和痛苦埋单。

于是，他帮着动物保护组织起诉作为被告的业余垂钓者涉嫌残害动物。他要告诉人们，动物，必须以人道的方式捕获。

　　瑞士是一个对生命高度尊重的国家，无论是对动物还是对植物。法律甚至规定，科学家在对植物进行试验之前必须考虑植物的尊严。还有些有趣的规定，比如，养狗的人在购买宠物狗之前必须先修四小时的课程。养群居动物，包括鸟类、鱼类必须有伙伴。鸟笼和鱼缸必须至少有一面是不透明的，以使里面的鸟和鱼有安全感。

　　即便如此，哥切尔还是败诉了。原因是，那条不幸的梭子鱼早已成了交易者盘中的美餐。

　　很明显，哥切尔缺乏物证。不过，哥切尔表示还将选择上诉，只是他觉得，任何进一步的判决，对于这条梭子鱼来说都太迟了。

　　然而，无论怎样，为一条鱼辩护，就等于在为一切生命的尊严辩护。让制造痛苦的人为痛苦埋单，这样，才能让所有制造疼痛的手变得犹疑而谨慎。

副课文

神圣的私有财产

伦敦大学亚非学院的教学区有一座漂亮的教学楼。我们在亚非学院法律系学习期间，常在这里上课。课程中有一项很特别的内容，就是参观附近的司法机关、律师公会和法学研究机构。那天上午，我们在教学楼前集合完毕，学院的一位先生带我们参观。他说："我们就从这座教学楼开始吧。"

从教学楼开始？我们感到很奇怪。他领我们转到教学楼临街的一面，指着墙上一人多高的地方，那里镶嵌着一块铁牌。铁牌上记载的是这座楼房历史上的一个故事。此楼建于20世纪的80年代，建楼的资金来自一笔善款，因此校方决定要把此楼建得漂漂亮亮，永垂青史。经过名师设计和将近两年的施工，大楼建成了。校方筹备了隆重的落成典礼，还特别邀请了市长、议员和地方名流前来剪彩。典礼的前夜，校方接到一个电话，问建设这座大楼是否经过了地方政府的批准。校方答复，当然，我们办齐了一切手续。

"那么你们得到地主的同意了吗？"对方接着问道。"地主？谁是这儿的地主？""是罗素家族，这里是罗素家族的私有土地。你们仅有政府的批件不行，这儿是私人财产，你们没有征得土地所有者的同意。""啊？怎么会是这样？实在对不起！那我们现在应该怎么办？""很简单，拆掉大楼，恢复原貌。""这怎么可能？明天就要剪彩了，而且有很多要人参加。""这是你们的事，与我们无关。"

伦敦大学着急了，校方与罗素家族进行了紧急协商，答应赔偿损失。但财大气粗的罗素家族就是不要钱，只要原来那片草地。这不是存心过不去吗？伦敦大学坚持保存楼房，不愿让步。互不相让的双方将纠纷诉诸法院。法院审理认为，伦敦大学未经土地所有人许可而擅自使用，属明显的侵权行为。应当按照土地所有人的要求，拆掉楼房，恢复原状。

在法院判决面前，伦敦大学无话可说。然而，就在拆楼的前夜，罗素家族又打来一个电话，表示大楼不用拆了。

"不用拆了？"校方简直不相信自己的耳朵。"我早就想好了，当你们真要拆楼的时候，我就会放弃自己的要求。""罗素先生，十分感谢！那么我们尽可能多地赔偿您的损失。""不用了，罗素家族不缺少你们那座楼钱。""啊！您真是大善人！那么我们为您做点什么呢？"

"很简单，我只要你们认识到自己的错误，写一份道歉声明，并将此事刻碑留念，警示后人：私有财产神圣不可侵犯，法律面前人人平等。"

校方很快写出了一份措辞恳切、感情真挚的道歉兼感谢信，并准备在大楼的路旁树碑。"大善人"说，哪用得着这么长的文字，几句话就行了。特别是不要在路旁树碑，说不清什么时候碍事，就被搬走了。你们只把关键的几句话刻到墙上，让它与大楼同在就行了。于是这块小小的铁牌，在大楼落成典礼上，就被庄严地安置在了崭新的墙上。

那几句话是：伦敦大学因侵犯罗素先生土地所有权的违法行为而向他表示诚恳的道歉，并对他大公无私、热心助教的高尚品德表示真挚的感谢！

（改写自《神圣的私有财产》，李永君，《意林》2011年第4期）

词语表

基础词语

1	神圣	shénshèng	【形】	sacred	6
2	司法	sīfǎ	【名】	judicature	6
3	机关	jīguān	【名】	functional department	6
4	完毕	wánbì	【动】	to complete	6
5	记载	jìzǎi	【动】	to record	6
6	永垂青史	yǒng chuí qīng shǐ		immortal	
7	施工	shī gōng		to construct	
8	筹备	chóubèi	【动】	to prepare	6
9	隆重	lóngzhòng	【形】	ceremonious, solemn	6
10	落成	luòchéng	【动】	(of a building) be completed	6
11	剪彩	jiǎn cǎi		to cut ribbon at an opening ceremony	6
12	答复	dáfù	【动】	to reply	6

13	批件	pī jiàn	【名】	approval documents	
14	协商	xiéshāng	【动】	to consult	6
15	财大气粗	cái dà qì cū		a heavy purse gives a man courage	
16	存心	cúnxīn	【副】	deliberately	
17	擅自	shànzì	【副】	do sth. without authorization	6
18	侵权	qīn quán		to violate or infringe upon other's lawful rights or interests	
19	原状	yuánzhuàng	【名】	original form or shape	
20	判决	pànjué	【动】	to judge	
21	留念	liúniàn	【动】	to accept or keep as a souvenir	6
22	警示	jǐngshì	【动】	to warn	
23	措辞	cuòcí	【名】	word, diction	
24	恳切	kěnqiè	【形】	earnest, sincere	6
25	真挚	zhēnzhì	【形】	hearty	6
26	碍事	ài shì		to hinder	
27	庄严	zhuāngyán	【形】	solemn	6
28	安置	ānzhì	【动】	to put sth. in place	6
29	崭新	zhǎnxīn	【形】	brand-new	6
30	违法	wéi fǎ		to break the law	
31	高尚	gāoshàng	【形】	noble	6

拓展词语

| 1 | 亚非学院 | Yà-Fēi Xuéyuàn | School of Oriental and African Studies |
| 2 | 律师公会 | lǜshī gōnghuì | Bar Association |

专有名词

罗素　　　　Luósù　　　　Russell

1. 这座漂亮的教学楼的建造资金是从哪儿来的？
2. 大楼落成典礼前夜，伦敦大学遇到了一个什么难题？
3. 罗素家族和伦敦大学为什么将纠纷诉至法院？
4. 法院的审理结果如何？
5. 伦敦大学最终拆掉了教学楼吗？为什么？
6. 罗素家族要让伦敦大学认识到一个什么错误？

3 弹簧床垫告诉你"左侧现象"

课文

1878年，席梦思发明了世界上第一张弹簧床垫，从此人们就与弹簧床垫结下了不解之缘。然而近来，科学家发现弹簧床垫在为人们带来舒适睡眠的同时，也带来了诸多隐患。

起初，科学家并没有发现床垫会成为健康的杀手之一，只是在对科学界的一个奇怪的"左侧现象"进行研究时，偶然发现床垫隐藏着不为人知的秘密。所谓"左侧现象"，是指人们身体左侧患癌症的概率明显高于右侧，如左侧胸部患乳腺癌的概率高于右侧10%，左侧身体患黑素瘤的概率也高于右侧。

这一现象引起了很多科学家的重视，来自瑞典的研究者赫伯特和约翰森在近期的《病理生理学》杂志上撰文支持这个观点，此外，他们还表示，这两类癌症的发病原因远远没有人们想象中的那么简单，可能与我们日常的居住习惯有紧密的联系。

在过去的30年中，乳腺癌和黑素瘤的发病率都呈稳步上升的趋势，然而迄今为止，医学界对这两类癌症的发病原因依旧不甚明了。

有人指出，时常在太阳下暴晒会增加黑素瘤的发病率，可是令人不解的是，经过科学家的观测研究，太阳的强度在近30年内几乎毫无变化。更重要的是，黑素瘤生长的地方往往是臀部、大腿和躯干部分，而这些地方恰巧被衣裳遮挡住了，并不直接暴露在阳光之下。

那么，到底是什么原因增加了这类癌症的发病率呢？研究者苦苦思索。一条来自日本的线索引起了大家的注意。在日本，乳腺癌发病率明显低于西方国家，仅仅占瑞典的3%，前列腺癌的发病率也只有美国和英国的10%，而且也没有出现明显的"左侧现象"。于是研究者就开始注重对日本人生活习惯的研究，不久，一个重要的现象进入了研究者的视野。

他们发现，日本人睡觉的习惯和其他国家的明显不同：日本人的床通常是直接铺在房间的地板上的，不同于世界上大多数人将弹簧床垫搁在床架上的习惯。因此，房间内的家具和癌症之间的关系也就浮出水面了。

另一方面，2007年瑞典就有研究指出，生活在被FM和TV传输塔覆盖的地区的人们患黑素瘤的可能性明显高于其他地方。流行病学家也表示，FM和TV传输的电磁辐射波会削弱免疫系统，从而提高癌症的发病率。试想一下，当金属弹簧床遭遇电磁辐射波会有怎样的"化学反应"？

科学家经过研究发现，在美国，床架和床垫都是采用金属材料，床的长度刚好是FM和TV传输波的一半，而一半的传输波刚好可以与金属发生共振，从而产生强烈的电磁波。当人们在弹簧床垫上睡觉的时候，我们的身体其实是暴露在电磁辐射下的。

人的一生有三分之一的时间是在床上度过的，在这漫长的时间里，如果长期遭受电磁辐射的侵害，寿命也会因此缩短。而在日本，绝大多数的床都不是用金属材料做成的，而且FM和TV的传输波也不是其他国家通常使用的87-108赫兹，因此日本的癌症发病率相对较低。回到文章开头提出的"左侧现象"，答案也就一目了然了。

先前有研究表明，男人和女人都更倾向于向右侧睡觉，尽管有关这一现象的原因尚不清楚，但是向右侧睡觉可以减轻心脏的重量压力，此外，心跳声也比往左侧睡觉低。因此，当我们向右侧睡觉时，身体的左侧就会暴露在强磁辐射下，并且这种强度会放大两倍。这就是"左侧现象"在除了日本以外的其他国家表现明显的原因。谁曾料到，这个被人类压在身下的弹簧床垫竟然有可能是人类健康的隐形杀手。

因此，要想保持健康，你恐怕得将你弹簧床内的金属物质统统更换成非金属物质，或者是让房间里的电视机、收音机等最容易接收传输信号的家电彻底远离你，你甚至可以直接睡传统的草垫。

（改写自《弹簧床垫告诉你"左侧现象"》，胡郑丽，《读者》2010年第24期）

词语表

基础词语

1	床垫	chuángdiàn	【名】	mattress
2	左侧	zuǒcè	【名】	left side
3	不解之缘	bù jiě zhī yuán		an indissoluble bond
4	近来	jìnlái	【名】	recently
5	诸多	zhūduō	【形】	a lot of
6	起初	qǐchū	【名】	at first, originally
7	杀手	shāshǒu	【名】	killer
8	隐藏	yǐncáng	【动】	to hide, to conceal
9	不为人知	bù wéi rén zhī		be unknown to public
10	胸部	xiōngbù	【名】	chest
11	概率	gàilǜ	【名】	probability
12	瘤	liú	【名】	tumor
13	右侧	yòucè	【名】	right side
14	病理	bìnglǐ	【名】	pathology
15	生理	shēnglǐ	【名】	physiology
16	发病	fā bìng		to fall ill
17	紧密	jǐnmì	【形】	inseparable
18	呈	chéng	【动】	to show, to appear
19	稳步	wěnbù	【副】	steadily
20	迄今为止	qì jīn wéi zhǐ		up to now
21	依旧	yījiù	【副】	still
22	甚	shèn	【副】	very
23	明了	míngliǎo	【形】	clear
24	暴晒	bàoshài	【动】	to expose to sunshine
25	观测	guāncè	【动】	to observe
26	毫无变化	háo wú biànhuà		without the slightest difference

27	臀部	túnbù	【名】	hip	
28	躯干	qūgàn	【名】	trunk	
29	衣裳	yīshang	【名】	clothing	6
30	遮挡	zhēdǎng	【动】	to shelter from	6
31	暴露	bàolù	【动】	to expose	6
32	思索	sīsuǒ	【动】	to think deeply	6
33	线索	xiànsuǒ	【名】	clue	6
34	注重	zhùzhòng	【动】	to lay stress on	6
35	视野	shìyě	【名】	field of vision	6
36	铺	pū	【动】	to spread	6
37	地板	dìbǎn	【名】	floor	
38	搁	gē	【动】	to place, to put	6
39	床架	chuángjià	【名】	bedstead	
40	浮	fú	【动】	to float	
41	辐射	fúshè	【动】	to radiate	6
42	遭遇	zāoyù	【动】/【名】	to encounter; bitter experience	6
43	刚好	gānghǎo	【副】	to happen to	
44	度过	dùguò	【动】	to spend	5
45	漫长	màncháng	【形】	very long, endless	6
46	遭受	zāoshòu	【动】	to suffer from	6
47	侵害	qīnhài	【动】	to encroach on	
48	一目了然	yí mù liǎo rán		be clear at a glance	6
49	先前	xiānqián	【名】	before, previously	6
50	倾向	qīngxiàng	【动】	be inclined to	6
51	尚	shàng	【副】	still, yet	
52	放大	fàngdà	【动】	to magnify	6
53	料到	liàodào	【动】	to have expected	
54	隐形	yǐnxíng	【形】	invisible	
55	统统	tǒngtǒng	【副】	wholly, completely	6
56	更换	gēnghuàn	【动】	to replace	

| 57 | 接收 | jiēshōu | 【动】 | to receive | 6 |
| 58 | 草垫 | cǎodiàn | 【名】 | straw mattress | |

拓展词语

1	席梦思	xímèngsī	【名】	simmons
2	乳腺癌	rǔxiàn'ái	【名】	breast cancer
3	黑素瘤	hēisùliú	【名】	melanoma
4	前列腺	qiánlièxiàn	【名】	prostate
5	传输塔	chuánshūtǎ	【名】	transmission tower
6	电磁	diàncí	【名】	electromagnetism
7	辐射波	fúshèbō	【名】	radiated wave
8	传输波	chuánshūbō	【名】	transmitted wave
9	共振	gòngzhèn	【动】	to resonate
10	赫兹	hèzī	【量】	hertz

语言点

1 起初　原来

"起初""原来"都可以表示先前的意思，都含有现在或后来不是那个样子了的意思，但是意义的侧重点不同。"起初"强调最初的、开始的情况，只能做状语，不可以做定语。例：

① 起初，科学家们并没有发现床垫会成为健康的杀手之一。
② 起初他只是感冒，后来越来越严重，变成了肺炎。
③ 妈妈起初不同意我去国外读书，我舅舅帮我跟她谈了好多次，她才同意的。
④ 我起初打算去北京旅行，后来听说夏天青岛更舒服，我便去了青岛。

"原来"强调起先具有的、原先的情况，可以做状语，也可以做宾语。例：

① 他原来有150斤，减肥成功后，现在只有110斤了。
② 原来她是一个活泼开朗的女孩儿，生病以后变得沉默了许多。
③ 这个地方变化很大，原来的样子我已经不记得了。
④ 这本书改过名字了，原来的名字是《我的家乡》。

❷ **远远**

副词，表示程度相差大，也可以说成"远"，后面大多跟否定形式，但也可以跟肯定形式。例：

① 这两类癌症的发病原因远远没有人们想象中的那么简单。
② 房价还远远没有达到房地产市场理想的价格。
③ 要想在竞争中获胜，靠低价是远远不够的。
④ 丽莎的汉语远远不如她妈妈说得好。
⑤ 美国下半年的经济发展速度远远快于上半年。
⑥ 这几年，姐姐每个月的工资远远超过我。

❸ **不甚**

副词。"甚"，表示程度非常高，相当于"很"、"非常"的意思。"不甚"，相当于"不很"。"不甚"带有文言色彩，所以多用于书面语。"不甚"后边多跟双音节的形容词、动词。例：

① 迄今为止，医学界对这两类癌症的发病原因依旧不甚明了。
② 近期，我们企业的经营状况不甚理想。
③ 目前，香港出口成衣的前景还不甚明朗。
④ 本人对中国还不甚了解，所以暂时提不出什么建议。

❹ **通常 常常**

都可作副词，但两个词的意思不一样。"通常"的意思是一般、平常，侧重于动作、行为、事件发生的一般性或规律性，强调有规律地发生，跟"特殊"相对。而"常常"则侧重于动作、行为或事件发生的频率，指事情的发生不止一次，而且时间相隔不久。例：

① 日本人的床垫通常是直接铺在房间的地板上的。
② 我通常习惯穿牛仔裤，只有在参加正式会议的时候才穿西裤。
③ 我爸爸在北京工作，所以我常常去北京。
④ 妹妹常常吃甜的，所以她现在很胖。

"通常"放在主语前或主语后都可以，不能受"不"修饰，不可以说"不通常"，但是可以说"通常不"；"常常"只能放在主语后，可以受"不"修饰，否定形式为"不常常"或"不常"。例：

① 通常我晚上十点睡觉。
② 我通常不在家里吃晚饭。
③ 我常常看中文新闻。
④ 周末我不常出去玩儿。

❺ 刚好

副词,意思是恰巧,正好在那一点上。在形容词、动词前做状语。例:

① 床的长度刚好是 FM 和 TV 传输波的一半。

② 今天刚好没事,咱们去逛逛街吧。

③ 别担心,今天我带的钱刚好够。

④ 别的鞋都太大了,这双鞋刚好合适。

也可作形容词,表示正合适,一般不做定语,常用于口语。例:

① 这件衣服她穿着不大不小,刚好。

② 这张桌子放在这个地方,刚好。

❻ 遭遇 遭受

作为动词时,两个词都有受到、遇到的意思,所带的宾语都是不好的事情。但是这两个词的侧重点和搭配有所不同。

"遭遇"侧重在"遇",指碰到或遇到敌人、不幸的或不顺利的事等。"遭受"侧重在"受",指受到不幸、伤害、打击等。例:

① 当金属弹簧床遭遇电磁辐射波会有怎样的"化学反应"?

② 妹妹在工作中遭遇了不少困难。

③ 日本的地震使旅游业遭受了巨大的损失。

④ 近日,云南遭受了暴雨袭击。

"遭遇"还可作名词,指遇到的事情(多指不幸的事情),而"遭受"则只能做动词。例:

① 王朋做生意被骗了好多钱,他把自己的遭遇写下来,希望别人不要再犯同样的错误。

② 爸爸失业了,妈妈又病了,这不幸的遭遇反而让她坚强起来。

❼ 尚

副词,"还"的意思,有"勉强过得去"的意思,后边常跟单音节的形容词或动词短语,多用于书面语。例:

① 尽管有关这一现象的原因尚不清楚,但是右侧睡觉可以减轻心脏的重量压力。

② 她年纪尚轻,却已取得了不俗的成绩。

③ 时间尚早,不用急于出发。

④ 个人所得税按家庭征收尚待研究。

⑤ 剩下的这些钱尚可供孩子读完高中。

⑥ 大卫新办的信用卡尚未开通。

8 接收　接受

两个词都是动词,都有"收受"的意思,但两个词的语义侧重点不同。"接收"侧重于"收",只含有"收受"的意思,一般并不加以选择或拒绝。例:

① 你恐怕得让房间里的电视机、收音机等最容易接收传输信号的家电彻底远离你。
② 我的电子信箱好像出问题了,我只能发送邮件而不能接收邮件。
③ 昨天我们办公室的传真机接收到了五十多份传真。
④ 到昨天为止,我们一共接收来稿36篇。

"接受"侧重于"受",意思是对事物容纳而不拒绝。例:

① 对不起,我们总经理不接受任何采访。
② 我既然接受了这个任务,就一定会认真完成的。
③ 这件事是我做错了,我一定虚心接受您的批评。
④ 这次会议一共有100人接收到了邀请函,但是只有25人接受了我们的邀请。

一　选词填空

| 统统 | 不解 | 倾向 | 呈 | 依旧 | 迄今为止 |
| 线索 | 注重 | 紧密 | 暴露 | 漫长 | 一目了然 |

1. 很多大企业都很（　　）公司的品牌形象。
2. 好不容易找到的（　　）又断了,警察都很无奈。
3. 现在,很多大城市的家长都（　　）于送孩子去国外读书。
4. 经过（　　）的等待后,这个城市的地铁终于通车了。
5. 这是本公司（　　）销售量最大的一个产品。
6. 新的一年要开始了,让我们把过去的不愉快（　　）忘掉吧。
7. 火车站的电子显示屏让乘客对车票的出售情况（　　）。
8. 最近全国多地房价（　　）下降趋势。
9. 在这次的安全检查中,这个公司（　　）出了很多问题。
10. 他说过要来为什么没来呢？真令人（　　）。
11. 跟去年一样,今年的春夏时装（　　）流行印花元素。
12. 中欧领导人会议结束后,大国间的合作更加（　　）了。

二 用所给词语选择填空

> 起初/原来　通常/常常　遭遇/遭受　接收/接受

1. 二十年过去了，他还是住在（　　　）的地方。
2. （　　　）我不同意他的做法，后来才觉得他这样做是有道理的。
3. 我（　　　）不买名牌服装，而我妹妹则非名牌不买。
4. 为了减肥，最近大卫（　　　）去体育馆锻炼身体。
5. 父母的突然去世使这个家庭（　　　）了巨大的打击。
6. 听完她的不幸（　　　），很多人都忍不住流下了眼泪。
7. 周末，我和姐姐愉快地（　　　）了妈妈交给我们的任务：打扫卫生。
8. 我的手机最多只能（　　　）200条短消息。

三 用所给词语完成句子

1. 我想自己存钱去旅行，但是现在＿＿＿＿＿＿＿＿＿＿＿＿＿＿＿＿。（远远）
2. 学钢琴要每天练习一个小时，但是我的孩子不能安静下来，＿＿＿＿＿＿＿＿＿＿＿＿＿＿＿＿＿＿＿。（远远）
3. A：我每天练习的话，大概多长时间可以学会游泳？
   B：＿＿＿＿＿＿＿＿＿＿＿＿＿＿＿。（通常）
4. A：你今天怎么来得比平时早呀？
   B：＿＿＿＿＿＿＿＿＿＿＿＿＿＿＿。（通常）
5. A：我穿这条裤子怎么样？
   B：＿＿＿＿＿＿＿＿＿＿＿＿＿＿＿。（刚好）
6. 你来了，太好了！＿＿＿＿＿＿＿＿＿＿＿＿＿＿＿。（刚好）
7. A：能否请您解释一下是什么原因导致这个情况的发生？
   B：＿＿＿＿＿＿＿＿＿＿＿＿＿＿＿。（尚）
8. 对不起，＿＿＿＿＿＿＿＿＿＿＿＿＿＿＿，所以我现在不能给你什么建议。（不甚）

四 根据课文内容判断下列句子的对错，对的打√，错的打×

1. 1978年以后，人们开始使用席梦思床垫。
2. 起初，人们没有发现床垫对健康不好。
3. 现在，医学界已经了解了乳腺癌和黑素瘤的发病原因。
4. 黑素瘤一般生长在常常直接暴露在阳光下的部位。

5. 日本人的乳腺癌发病率明显低于西方国家。
6. FM 和 TV 传输的电磁辐射波会提高癌症的发病率。
7. 男人和女人都喜欢向左侧睡觉，所以会出现"左侧现象"。
8. 要保持健康，唯一的办法是将弹簧床内的金属物质更换成非金属物质。

五 排序

1. A 从而产生强烈的电磁波
   B 在美国，床架和床垫都是采用金属材料
   C 而一半的传输波刚好可以与金属发生共振
   D 床的长度刚好是 FM 和 TV 传输波的一半
   E 科学家经过研究发现

2. A 先前有研究表明
   B 此外，心跳声也比往左侧睡觉低
   C 但是右侧睡觉可以减轻心脏的重量压力
   D 男人和女人都更倾向于向右侧睡觉
   E 尽管有关这一现象的原因尚不清楚

3. A 起初大家相谈甚欢
   B 学生们的话题便转向了抱怨
   C 许多同学去看望大学教授
   D 他们抱怨工作的压力和生活的负担
   E 然而说着说着

4. A 资金有限是必然
   B 李佳将全部的钱都用来批发服装
   C 除了房租
   D 创业之初
   E 其他地方则能省就省

六 用所给词语说出或写出一段话

1. 假设你是一位科学家，请你谈谈"左侧现象"出现的原因。

    研究　床垫　金属　传输波　共振　电磁波

    倾向于　右侧　左侧　暴露　电磁辐射

2. 请你谈谈如何避免"左侧现象"的出现。

    保持　弹簧　金属　更换

    传输信号　家电　彻底　甚至

七 阅读下列短文，根据短文内容选择唯一恰当的答案

怎样做好一盏灯

技师在退休时反复告诫自己的小徒弟：不管在何时，你都要少说话，多做事，凡是靠劳动吃饭的人，都得有一手过硬的本领。小徒弟听了连连点头。

10年后，小徒弟早已不再是徒弟了，他也成了技师。他找到师傅，苦着脸说："师傅，我一直都是按照您的方法做的，不管做什么事，从不多说一句话，只知道埋头苦干，不但为工厂干了许多实事，也学得了一身好本领。可是，令我不明白的是，那些比我技术差的、比我资历浅的都升职了加薪了，可我还是拿着过去的工资。"

师傅说："你确信你在工厂的位置已经无人替代了吗？"他点了点头："是的。"师傅说："你是该到请一天假的时候了。"他不懂地问："请一天假？"师傅说："是的，不管你以什么理由都行，你一定得请一天假。因为一盏灯如果一直亮着，就没人会注意到它，只有熄上一次，才会引起别人的注意……"

他明白了师傅的意思，请了一天假。没想到，第二天上班时，厂长找到他，说要让他当全厂的总技师，还要给他加薪。原来，在他请假的那一天，厂长才发现，工厂是离不开他的，因为平时很多故障都是他去处理的，别人根本不会处理。

他很高兴，暗暗佩服师傅的高明。薪水提高了，他的日子也好过了。买车买房，娶妻生子。只要经济发生了危机，他便要请上一天假；每次请假后，厂长都会给他加薪。

究竟请了多少次假，他不记得了。就在他一次请假后准备去上班时，他被门卫拦在了门外。他去找厂长。厂长说："你不用来上班了！"

他苦恼地去找师傅："师傅，我都是按您说的去做的啊。"

师傅说："那天，我的话还没有说完呢，你就迫不及待地去请了假。要知道，一盏灯如果一直亮着，确实没人会注意到它，只有熄灭一次才会引起别人的注意，可是如果它总是熄灭，那么就会有被取代的危险，谁会需要一盏时亮时灭的灯呢？"

1. 师傅退休时，告诫徒弟什么？
   A. 学好本领
   B. 合适的时候请一天假
   C. 不要说话
   D. 常常加班
2. 下面哪一项不是徒弟十年后的情况？
   A. 他是一个技师
   B. 学了一手过硬的本领
   C. 在工厂的位置无人替代
   D. 工资比十年前高多了
3. 徒弟常常请假的目的是什么？
   A. 当总技师　　B. 提高薪水　　C. 休息　　D. 旅行
4. 徒弟失去工作的原因是什么？
   A. 工作不努力
   B. 本领不过硬
   C. 公司付不起他的薪水
   D. 请假太多

副课文

看穿食品包装上的噱头

"不含防腐剂""不含人工色素"……消费者很容易受到食品包装上"自卖自夸"信息的吸引。究竟该如何去看待广告中、包装上这些诱人的说辞呢?这里就选一些有代表性的说法,来看看其中的潜台词和产品真相。

说法一是不含防腐剂。不含防腐剂,可没说不含有其他食品添加剂,也就是说,不含防腐剂并不能保证它是"纯天然"的。

很多食品是不需要用防腐剂的,比如罐头、一些含盐和糖极高的食品,还有一些极干的食品。因为在罐头的制作过程中要先把里面的细菌彻底杀灭,再密封起来,让外面的细菌进不去,所以它不需要防腐剂。没有水,细菌没法繁殖,大量的盐和糖也起到了防腐剂的作用。

不过,大量的盐对健康的危害,要比百分之零点几的防腐剂厉害得多。比如说,一些酱油、咸菜宣称不含有防腐剂,但它们通常都是那种咸味特浓,甚至再加糖掩盖的产品。所以,"本品无防腐剂"不应当成为消费者优先购买某种产品的主要理由。

说法二是不含人工色素。意思是说,这里面还是含有色素的,只不过这些色素不是合成色素,而是从天然原材料当中提取出来的。

对于大部分消费者来说,天然色素比较令人放心,但在提取过程中,也不排除会造成微量的有机溶剂残留。只要合乎相关产品标准,本来对此是不必介意的。但问题在于,产品的浓重颜色是色素带来的,也就意味着其中的原料并不那么"纯天然"。

比如说,"果汁"类产品看起来很像是水果浓缩而成的,但仔细看原料说明后就能发现,它含的原果汁只有差不多20%,80%都是水、糖、香精、色素、增稠剂等混合而成。

说法三是不含蔗糖。这种说法常常见于糊粉类产品或饼干、点心之类,它们的包装上写着"不含蔗糖"。中老年人、糖尿病人和肥胖者,都容易受这种说明的吸引。其实,这是一大陷阱。

能让血糖快速上升的，远不止蔗糖。以淀粉为原料制作出来的麦芽糊精、葡萄糖浆等，样样都比蔗糖有过之而无不及。在那些声称"无蔗糖"的产品当中，却经常可以看到这些配料。

从营养价值来说，无蔗糖也不意味着比其他产品营养素含量更高。如果不加蔗糖，那用什么来填充？无非是淀粉、油脂之类，除了提供能量，升高血糖之外，对人没什么帮助。

说法四是不含味精。西方的产品比较喜欢宣称"不含味精"，似乎味精是洪水猛兽。的确，有不少人对味精中的谷氨酸钠比较敏感，会产生一系列不良反应，于是就有很多所谓不含味精的产品应运而生。然而，很多专家提示，不含有味精不等于不含有谷氨酸钠这种成分，更不等于不含有人工增鲜成分。这是因为，现在食品工业中使用的增鲜剂的品种繁多，各种鲜味的水解物、提取物当中都含有相当多的谷氨酸钠，其实和味精也差不了太多。那些怕味精的人，需要控制食物含钠量的人，都要仔细看清楚。

（改写自《看穿食品包装上的噱头》，范志红，《读者》2010年第22期）

词语表

基础词语

1	包装	bāozhuāng	【名】/【动】	package; to wrap	6
2	看待	kàndài	【动】	to treat, to regard	6
3	说辞	shuōcí	【名】	excuse	
4	潜台词	qiántáicí	【名】	unspoken words in a play	
5	密封	mìfēng	【动】	to seal up	
6	宣称	xuānchēng	【动】	to assert, to declare	
7	掩盖	yǎngài	【动】	to cover, to conceal	6
8	优先	yōuxiān	【副】	to have priority	6
9	合成	héchéng	【动】	to compose	6
10	提取	tíqǔ	【动】	to extract	
11	微量	wēiliàng	【名】	trace	

12	残留	cánliú	【动】	to remain	6
13	合乎	héhū	【动】	to tally with	6
14	介意	jièyì	【动】	to mind	
15	浓缩	nóngsuō	【动】	to concentrate	
16	混合	hùnhé	【动】	to mix	6
17	洪水	hóngshuǐ	【名】	flood	6
18	敏感	mǐngǎn	【形】	sensitive	6
19	繁多	fánduō	【形】	numerous	

拓展词语

1	防腐剂	fángfǔjì	【名】	preservative
2	色素	sèsù	【名】	pigment
3	添加剂	tiānjiājì	【名】	additive
4	有机溶剂	yǒujī róngjì	【名】	organic solvent
5	香精	xiāngjīng	【名】	essence
6	增稠剂	zēngchóujì	【名】	thickener
7	蔗糖	zhètáng	【名】	sucrose, cane sugar
8	血糖	xuètáng	【名】	blood sugar
9	淀粉	diànfěn	【名】	starch
10	油脂	yóuzhī	【名】	oil, fat
11	味精	wèijīng	【名】	monosodium glutamate (MSG)
12	谷氨酸钠	gǔ'ānsuānnà	【名】	sodium glutamate

思考题

1. 本文中提到的食品包装上的噱头有哪些？
2. 不含防腐剂的食品是不是就是健康的？为什么？
3. 不含人工色素的食品是不是纯天然的？为什么？
4. "无蔗糖"食品中常常含有哪些配料？
5. 宣称"不含味精"的食品中可能含有什么成分？
6. 你在现实生活中有没有发现过食品包装上的噱头？请举例说明。

激励机制的设计

课文

2007年的诺贝尔经济学奖颁发给了赫维茨、马斯金和罗杰·迈尔森这三位杰出的经济学家。作为机制设计理论的三位元老，他们获得此项举世瞩目的荣誉早已是众望所归。

关于机制设计，曾经有人举过一个例子：为了惩罚经常迟到的家长，有一所学校规定，凡是不能按时来接孩子的家长都要被罚款，不料，迟到的家长却一天比一天多，学校只好又把规定取消，但是迟到的家长居然更多了！

区区几块钱的罚款，测出了家长们，也是普通人的某种心态。他们要么被道德动机左右，要么被经济动机左右，时刻被某种机制"激励"着。

这个故事原本是经济学家史蒂芬·列维特编的，按照经济学家讲故事的惯例，仍然比较牵强——现实生活中的家长应该没有这么可恶。不过用这个例子来解释激励机制，应该是浅显易懂的。列维特认为："大多数经济学家都相信，只要能够设计出恰到好处的激励机制，这个世界上所有的问题都能够迎刃而解。"这正是人类的理想，虽然"无论人类设计出怎样的激励机制，总会有一群聪明或者不那么聪明的人千方百计寻找方法为自己谋求更大的利益"。

如何为某一个利益整体进行恰当的机制设计，这是一个全人类的课题，而且显然是一个难题。上面的例子中，学校为了达到自己特定的目的——让家长不迟到，而决定设计特定的规则——罚款，满心希望规则的执行者——

家长按照这套博弈规则来操作，却不想被家长钻了空子。

机制设计理论的思想渊源可以追溯到20世纪二三十年代哈耶克、米塞斯与兰格、勒纳之间关于社会主义的著名论战，后来才由赫维茨在数篇文章中提出了一个分析制度问题的一般化框架。自20世纪70年代正式创立以来，机制设计理论一直是现代经济学研究的核心主题之一。它的两个核心问题，一个是信息成本，另一个就是有效激励。因为该理论的实质就是在委托代理和信息不对称的前提下，如何设计一套激励机制。

近几十年来，机制设计已经被广泛运用于人力资源管理、垄断性定价、公共经济学等诸多领域，特别是对于那些人力资源经理来说，这个问题更是不可回避的。

几乎在每年的春节前后，人事经理都要面对人才市场掀起的又一股跳槽热。作为员工来讲，双倍薪水的许诺向某人招手，估计难得会有人拒绝。当一份允许穿着睡衣和拖鞋上班的职位摆在某人面前，估计也没人会反对。面对跳槽热，许多企业不可能无动于衷，人力资源经理会竭尽全力去挽留住那些爱"跳"的员工。21世纪什么最重要？人才！哪个企业不想靠一套完善的激励机制留住人才啊。

其实，跳槽者之所以选择跳槽，无非是因为收入、发展前景、人际关系或家庭的因素，这一切归根到底都是为了获取更大的利益。这里再举个例子，也许并不恰当，因为要拿猪来比人。

有一头大猪和一头小猪被关在笼子里，笼子的一头是个踏板，一头是个食槽。只要这边踩下踏板，另一边就出食。显然，无论哪头猪去踩踏板都会吃点儿亏。一个好的机制，不会告诉两头猪该去踩踏板还是该等着吃，也不会任由两头猪去争夺食物，而是要考虑怎么把笼子重新设计一遍的问题。比如，是不是把踏板和食槽放在一边呢？这样，也许两头猪都会争先恐后地抢着去踩踏板。

一个好的人力资源经理，就该像笼子外面的那只手，设计一套更有成效的激励机制，这样才能留住人才。

迄今为止，机制设计理论作为一个学科产生的时间还不长，但它的智慧光芒已经为人类社会经济的进步开辟出了一个全新的空间。空间之大，就在于它的影响不止是在经济领域，只要存在委托代理的关系，只要存在利益间的博弈，就需要机制，就必须设计。

（改写自《规则设计的博弈》，张昆，《读者》2008年第4期）

词语表

基础词语

1	颁发	bānfā	【动】	to issue	6
2	杰出	jiéchū	【形】	outstanding	6
3	机制	jīzhì	【名】	mechanism	
4	元老	yuánlǎo	【名】	old head	
5	举世瞩目	jǔ shì zhǔ mù		be the focus of world attention	
6	荣誉	róngyù	【名】	honor	5
7	众望所归	zhòng wàng suǒ guī		be in favor with the general public	
8	惩罚	chéngfá	【动】	to punish	6
9	区区	qūqū	【形】	trifling, tririal	
10	心态	xīntài	【名】	states of mind	6
11	要么	yàome	【连】	or	
12	动机	dòngjī	【名】	motive	6
13	左右	zuǒyòu	【动】	to control, to dominate	6
14	时刻	shíkè	【名】	from instant to instant	5
15	原本	yuánběn	【副】	originally	
16	惯例	guànlì	【名】	convention	6
17	牵强	qiānqiǎng	【形】	farfetched	
18	可恶	kěwù	【形】	abominable	6
19	浅显易懂	qiǎn xiǎn yì dǒng		clear and easy to understand	
20	恰到好处	qià dào hǎo chù		exactly to the right degree	6
21	迎刃而解	yíng rèn ér jiě		be readily solved	

22	千方百计	qiān fāng bǎi jì		by every possible means	6
23	谋求	móuqiú	【动】	to seek	6
24	课题	kètí	【名】	topic for study or discussion	6
25	满心	mǎnxīn	【副】	have one's heart filled with something	
26	博弈	bóyì	【动】/【名】	game	
27	钻空子	zuān kòngzi		to make use of a fault	
28	渊源	yuānyuán	【名】	source, origin	
29	追溯	zhuīsù	【动】	to trace back to	
30	论战	lùnzhàn	【名】	controversy	
31	框架	kuàngjià	【名】	frame	6
32	创立	chuànglì	【动】	to found	6
33	实质	shízhì	【名】	essence	6
34	委托	wěituō	【动】	to trust, to entrust	5
35	代理	dàilǐ	【动】	to act for	6
36	定价	dìngjià	【名】	fixed price	
37	领域	lǐngyù	【名】	field	5
38	回避	huíbì	【动】	to avoid	6
39	跳槽	tiào cáo		to get a new employment	
40	薪水	xīnshuǐ	【名】	salary	6
41	许诺	xǔnuò	【动】	to promise	
42	难得	nándé	【形】	rare; rarely	6
43	拖鞋	tuōxié	【名】	slippers	
44	无动于衷	wú dòng yú zhōng		to remain firm	6
45	竭尽全力	jié jìn quán lì		to exert all one's strength	6
46	挽留	wǎnliú	【动】	to persuade sb. to stay	
47	收入	shōurù	【名】	income	
48	归根到底	guī gēn dào dǐ		in a word	6
49	获取	huòqǔ	【动】	to obtain	
50	笼子	lóngzi	【名】	cage	
51	踏板	tàbǎn	【名】	pedal	

52	食槽	shícáo	【名】	trough	
53	任由	rènyóu		to let sb. do as he pleases	
54	争夺	zhēngduó	【动】	to fight for	6
55	成效	chéngxiào	【名】	effect	6
56	光芒	guāngmáng	【名】	light, shine	6
57	开辟	kāipì	【动】	to open up	6

拓展词语

1	激励机制	jīlì jīzhì	incentive mechanism
2	机制设计	jīzhì shèjì	mechanism design
3	人力资源	rénlì zīyuán	human resources
4	垄断性定价	lǒngduànxìng dìngjià	monopoly pricing
5	公共经济学	gōnggòng jīngjìxué	public economics
6	人际关系	rénjì guānxi	interpersonal relationship

专有名词

1	诺贝尔	Nuòbèi'ěr	Nobel
2	赫维茨	Hèwéicí	Leonid Hurwicz
3	马斯金	Mǎsījīn	Eric S. Maskin
4	罗杰·迈尔森	Luójié Mài'ěrsēn	Roger Myerson

语言点

❶ 不料

"不料"意思是没想到，常用于转折复句，一般不能用于第一个分句，后边常跟"却""竟"等词连用，强调"没想到"的意思。例：

① 学校规定，凡是不能按时来接孩子的家长都要被罚款，不料，迟到的家长却一天比一天多。

② 今天本来想出去，不料竟下起雨来。

③ 原以为他上午就到，不料火车误了点。

④ 本来以为名牌的包包质量会很好，不料用了一个月就坏了。

❷ 要么……要么……

表示两种意愿的选择关系，在两种不同情况或事物之间的选择，非此即彼的意思。"要么"后边只能连接句子，不能连接词语。例：

① 他们要么被道德动机左右，要么被经济动机左右，时刻被某种机制"激励"着。
② 要么你来北京，要么我去上海，我们总得见一面吧。
③ 要么克服困难做下去，要么现在就停下来，没有别的路可走了。
④ 你要么留下来别走了，要么就早点儿出发。

❸ 如何

代词，意思是怎么，怎么样，多用于书面语。例：

① 如何为某一个利益整体进行恰当的机制设计，这是一个全人类的课题。
② 领导将如何解决这个问题？
③ 你近况如何？
④ 明天请大家无论如何别迟到。

❹ 实质　本质

都是名词，都指事物内在的属性，但是两个词的具体词义有所不同。

"实质"强调内在的、实际的东西，常常是指揭开隐藏在表面或虚假的东西后边的本质的东西，起到揭示事实真相的作用。例：

① 因为该理论的实质就是在委托代理和信息不对称的前提下，如何设计一套激励机制。
② 看起来涨工资了，但是由于物价上涨得很厉害，实质上收入并没有增加。
③ 这两本书就是名字不同而已，内容实质上没有什么差别。
④ "同一个世界、同一个梦想"集中体现了奥林匹克精神的实质。

"本质"指事物本身固有的、决定事物性质的根本属性，常常是通过现象来表现的，不能用简单的直观去认识，必须透过现象掌握本质。例：

① 他在关键的时候及时出手帮助了别人，说明他的本质还是善良的。
② 我们看问题要善于透过现象看本质。
③ 网络广告的本质特征是什么？
④ 有人说，人与动物的本质区别是能否制造并使用工具。

❺ 无非

副词，"只不过""不外乎"的意思，用来加强肯定语气，常常和"是"一起用。"无非"有时候还有看不起的意思，在表示这个意思时，常和"罢了""之类"等一起用。例：

① 跳槽者之所以选择跳槽，无非是因为收入、发展前景、人际关系或家庭的因素。
② 父母对你严格要求，无非是想让你长大后成为有用的人。
③ 他这么做无非是想转移大家的注意力。
④ 他送你礼物，无非是希望和你成为朋友。
⑤ 不用看我也知道，她的包里无非是口红、香水之类的东西。
⑥ 她不是真的没时间去，无非是不感兴趣罢了。

❻ 成效　效果

都是名词，都跟效果有关。但是，两个词的意思不同，用法和搭配也不一样。

"成效"指好的效果，所以不能再用表示"好"的意思的词来修饰，例如：不能说"成效很好""成效不好""良好的成效"等。常见的搭配有"有成效""成效显著""成效明显"等。指好的结果时，除了一些常用搭配，用"成效"的地方一般也可以用"效果"。例：

① 一个好的人力资源经理，就该像笼子外面的那只手，设计一套更有成效的激励机制，这样才能留住人才。
② 80年代，中国的改革开放政策初见成效。
③ 这几年，农村的公路交通建设成效（效果）显著。
④ "限塑令"取得了明显的成效（效果），白色垃圾越来越少。

"效果"是中性词，可以指好的结果，也可以指不好的结果，可以跟"良好""不好"等词搭配，也可以跟"显著""明显"等词搭配。例：

① 李老师改变教学方法后，取得了很好的教学效果。
② 中医治疗这个疾病，效果怎么样？
③ 吃减肥药会有什么不良的效果？
④ 公司花了很多钱做广告，效果（成效）却并不明显。

一　选词填空

| 如何 | 可恶 | 难得 | 代理 | 无动于衷 | 恰到好处 |
| 杰出 | 创立 | 回避 | 惯例 | 归根到底 | 千方百计 |

1. 苹果公司（　　）于1976年。
2. 他被评为全国十大（　　）青年。
3. 我们经理病了，所以这个星期由我来（　　）这个工作。

4.（　　　　）提高产品的销售量，这是一个让人头疼的问题。

5. 每两周开一次大会，这是我们公司的（　　　　）。

6. 近来，这儿天天下雨，（　　　　）晴天。

7. 大家都很感动，他却（　　　　）。

8. 妹妹的老板特别（　　　　），天天要他们加班。

9. 你这次考试没考好，（　　　　）还是没有努力。

10. 出了问题就要想办法解决，（　　　　）是没有用的。

11. 有些广告不可信，他们（　　　　）欺骗消费者。

12. 面对危机，布什向全国发出的第一条信息（　　　　），既安抚了民众，同时也表达了决心。

二 用所给词语选择填空

实质 / 本质　成效 / 效果

1. 她看起来很平静，（　　　）上她心里是非常难过的。

2. 他说是帮你解决问题，（　　　）还是为了推销他的产品。

3. 短时间的交往很难发现一个人的（　　　）。

4. 哪种方法的（　　　）好，我们就用哪种方法。

5. 采用新的管理方法后很有（　　　），生产率大大提高了。

6. 这种药对我似乎没什么用，我觉得（　　　）并不好。

三 用所给词语完成句子

1. 这次考试我以为会得比较高的分数，_____。（不料）

2. 我有急事去找老板请假，_____。（不料）

3. _____，你总得把这件事告诉妈妈。（要么……要么……）

4. A：假期你打算去哪儿旅行？
   B：_____。（要么……要么……）

5. 爸爸妈妈批评你，_____。（无非）

6. 他是个足球迷，_____。（无非）

四 根据课文内容判断下列句子的对错，对的打√，错的打×

1. 赫维茨、马斯金和罗杰·迈尔森是机制设计理论的三位元老。

2. 现实生活中的家长都和经济学家编的故事中的家长一样可恶。

3. 如何为某一个利益整体进行恰当的机制设计，这不是一件容易的事。

4. 机制设计理论是在20世纪二三十年代正式创立的。
5. 近几十年来，机制设计主要运用于人力资源管理方面，其他方面则用得不多。
6. 跳槽者之所以选择跳槽，主要是为了获取更大的利益。
7. 一个好的人力资源经理，就该给员工更高的薪水，这样才能留住人才。
8. 机制设计理论的影响只是在经济领域。

五 排序

1. A 机制设计理论一直是现代经济学研究的核心主题之一
   B 另一个就是有效激励
   C 自20世纪70年代正式创立以来
   D 一个是信息成本
   E 它的两个核心问题

2. A 有一所学校规定
   B 学校只好又把规定取消
   C 可是不料迟到的家长却一天比一天多
   D 为了惩罚经常迟到的家长
   E 凡是不能按时来接孩子的家长都要被罚款

3. A 买不到票大不了不去了
   B 假期买火车票比登天还难
   C 那可怎么办
   D 万一到了外地买不到回来的票
   E 在上海的话还好说

4. A 大家就说他在"值班"
   B 他发火的时候，绝不和他争吵
   C 姐姐家里有一个新鲜的规定
   D 这时候，大家都要让着他
   E 如果谁一段时间心情不好，容易发火

六 用所给词语说出或写出一段话

1. 请你发表一段对获奖者的评价。

   颁发　杰出　荣誉　众望所归　原本　浅显易懂　迎刃而解

2. 假设你要应聘人事经理这一职位，请你谈谈如何解决员工的跳槽问题。

   跳槽　无非　收入　前景　获取　人才
   竭尽全力　挽留　设计　完善　激励

七 阅读下列短文，根据短文内容选择唯一恰当的答案

巴西有一个家族式的机械加工企业，已经历经了三代继承者，现任董事长马思图拉是一个很有能力的人。他接任后将企业规模扩大了将近一倍，员工数量也就有了相应的急剧增长。

有段时间，马思图拉发现企业的利润呈周期性的波动，每个月的第一个星期，业绩和获利均会下滑。这是企业扩大规模前从没有出现过的现象。马思图拉于是安排人事部门负责调查。

两周后，一份调研报告摆放在马思图拉的案头。原来，前些时间员工扩招，企业招进了大量北部山区的青壮年。他们会在每月月初发薪的那几天，下班后结伴去酒吧喝酒。北部山区的人喝酒有一种习惯，就是在酒里掺一些当地产的一种野果的汁液。添加了野果汁液的酒味道醇厚，口感很好，但是刺激性非常强，喝下去后人非常兴奋，酒醒后人却异常疲倦。为了招揽生意，酒吧老板自然是有求必应，专门弄来了北部山区的野果榨汁。因为是结伴去的，场面热闹，所以喝酒总会过量。这就使得那几天上班时他们异常困倦，自然也就影响到了工作效率。

原因调查出来了，几个管理人员建议，要么找酒吧老板商量，让他们放弃在酒中添加野果汁的做法，要么将来自北部的员工开除。马思图拉否定了这些建议，他认为那是酒吧老板和员工的权利和自由，自己无权干涉。他想从企业自身的角度寻找解决的办法。

经过考虑，马思图拉决定改革发薪制度。他将原来实行的每月固定月初第一天为发薪日改为月初、月中、月末三个发薪日。当然，愿意在后面两个发薪日领取薪水的员工，可以相应多拿到半个月或者一个月的利息。这个制度实施以后，员工再也不像原来那样在月初结伴饮酒了，企业的效益又恢复到原来的良性状态。

1. 每个月的第一个星期，马斯图拉的企业会出现什么问题？
   A. 员工数量增加　　　　　　　B. 业绩和获利下滑
   C. 利润大幅增加　　　　　　　D. 工人都很积极工作

2. 每月初，为什么有些员工会因为困倦而影响工作效率？
   A. 喝了太多酒　　　　　　　　B. 睡眠不够
   C. 喝了添加了野果汁液的酒　　D. 工作太累

3. 下面哪项是管理人员的建议?
   A. 不让员工去酒吧　　　　　B. 开除来自北部的员工
   C. 让员工好好休息　　　　　D. 给员工加工资
4. 最后,马斯图拉是怎么解决问题的?
   A. 开除出问题的员工　　　　B. 禁止员工喝酒
   C. 给员工更多的休息时间　　D. 改革发薪制度

副课文

微笑管理

微笑管理是通过微笑来进行管理,也就是管理人员用微笑面对每一个下属员工,让微笑为下属员工增添信心和力量,让他们下决心做好工作;用微笑塑造和谐融洽的气氛,让他们消除压抑、消除紧张,更愿意做好工作;用微笑来不断传递对下属员工的尊重、信任、关怀的信息,让他们从微笑中获得满足,从而更积极地做好工作。但微笑管理不是用微笑代替管理,而是强调在管理的过程中,管理人员要发自内心地对下属员工尊重、信任和关怀,把他们当做是自己事业的支持者,而不是把他们当成路人或发泄自己情绪和不满的出气筒。要牢记下属员工努力做好工作,不仅是在为老板赚钱,也是在为你的事业做贡献。他们创造的业绩有你的一半,你的上司会认为是你管理得好,因而要发自内心地尊重、信任、关怀下属员工,并用灿烂的微笑来表达自己对他们的尊重、信任和关怀。

时刻保持对下属员工的微笑

微笑管理中的微笑,不能是偶尔的行为。管理人员要时刻用微笑面对每个下属员工的每件事,要让微笑常在。对下属员工的工作不能吹毛求疵,从鸡蛋里挑骨头,而是要多做正面肯定,发现长处、挖掘优点。发现了他们的长处和优点,也就会自然而然地发出微笑。即使下属员工工作不努力,把事做砸了,也要考虑到可能是你自己的沟通、指导不充分,激励不到位。而且下属员工的工作出现了缺陷,无论你怎么责怪,也丝毫无助于问题的解决和改进,相反,还会使他们失去信心,放弃努力,甚至产生敌对情绪。这只会涣散团队合作,让你失去事业的支持者,使问题变得更糟糕。

微笑有助于建立高效团队

虽然微笑不能代替有效的管理制度和方法,但微笑却有任何好制度、好方法都起不到的大作用。如果企业的所有管理人员时时刻刻用微笑面对每个下属员工的每一件事,就会在企业组织内创造出一种和谐融洽的气氛,驱散上下级之间、同事之间的不和谐,让他们心情舒畅,不仅个人尽心尽力地、积极主动地工作，而且相互支持、相互帮助，形成一个所向无敌的高效团队。企业组织形成这样一种团队，就不再有不可克服的困难，这本身就直接构成企业的核心竞争力，保证企业持续稳定发展。

微笑管理还要对微笑本身进行管理

微笑管理不仅是用微笑实施管理，而且还要对微笑本身进行管理，即让每个管理人员，不论职位高低，时刻都能以微笑面对下属员工。只能微笑，不允许有生硬的面孔，更不允许对下属员工发脾气，严禁对下属员工的任何形式的吼叫和辱骂。这也就是要求把微笑管理作为一种企业基本管理规范，拟定成管理制度，慎重颁布实施，并且设置监督检查机构，对每个管理人员的管理行为进行检查。

（改写自《微笑管理》，舒化鲁，《科学大观园》2010 年第 14 期）

基础词语

1	和谐	héxié	【形】	harmonious	6
2	融洽	róngqià	【形】	harmonious	6
3	压抑	yāyì	【动】	to constrain	6
4	关怀	guānhuái	【动】	to be attentive to	5
5	发泄	fāxiè	【动】	to let off	
6	上司	shàngsi	【名】	superior	
7	灿烂	cànlàn	【形】	splendid	6
8	吹毛求疵	chuī máo qiú cī		to find fault with	
9	自然而然	zì rán ér rán		naturally	
10	责怪	zéguài	【动】	to blame	6
11	涣散	huànsàn	【动】/【形】	to sap; lax, slack	
12	驱散	qūsàn	【动】	to disperse	
13	舒畅	shūchàng	【形】	entirely free from worry	6
14	尽心尽力	jìn xīn jìn lì		to try one's best	

15	所向无敌	suǒ xiàng wú dí		to break all enemy resistance	
16	生硬	shēngyìng	【形】	rough	
17	面孔	miànkǒng	【名】	face	
18	严禁	yánjìn	【动】	to strictly forbid	6
19	吼叫	hǒujiào	【动】	to roar	
20	辱骂	rǔmà	【动】	to abuse	
21	拟定	nǐdìng	【动】	to draw up	6
22	慎重	shènzhòng	【形】	cautious	6
23	颁布	bānbù	【动】	to issue	6

拓展词语

| 1 | 出气筒 | chūqìtǒng | 【名】 | punching bag |
| 2 | 鸡蛋里挑骨头 | jīdàn li tiāo gǔtou | | to find fault on purpose |

思考题

1. 什么是微笑管理？
2. 微笑管理有什么作用？
3. 如果不采用微笑管理会带来什么坏处？
4. 为什么应该进行微笑管理？
5. 微笑管理在建立高效团队方面起怎样的作用？
6. 你觉得微笑管理是有用的管理方式吗？请用你听到或看到的实例进行评价。

5 感冒经济

课文

一位外国医生曾说，治疗感冒，中国可能是全世界花冤枉钱最多的国家。此言虽然尖刻，却是一针见血。在外国医生看来是明显的过度治疗、无效治疗，在中国却被认为是常规治疗、合理治疗。在网上看到一位中国妈妈写的博客，讲述宝宝在美国看感冒的"遭遇"，我颇有感触。

这位妈妈在美国居住期间，不到一岁的宝宝感冒了，流鼻涕、咳嗽、发低烧。她急得团团转，但护士不顾这些情况，只是建议多喝水，观察体温；当宝宝烧到39摄氏度时，护士才决定为孩子约见医生。一切看似残忍。医生同样沉着、镇定地用听诊器仔细听了肺部，并查看了喉咙和耳道，确定未发炎，诊断为普通感冒。医生说，这种感冒大多是由病毒引起的，不需要用药，最好靠自身产生的抗体去恢复。这位妈妈问，能否像在中国一样做些处置，打针或输液？医生摇摇头，只开了一瓶果味滴鼻盐水。第四天，宝宝果然康复了。有了这次感冒经历，这位妈妈认识到：孩子的免疫系统是逐渐建立起来的，感冒从某种程度上可以增强孩子的体质。

相比之下，中国人对感冒的过度戒备让外国人感到简直不可思议。当前，在中国医院，很多医生除了给患者开感冒药外，还要打针、输液，不敢怠慢。因此，看个普通感冒，大致要花一两百元，花上千元也不罕见。外国朋友会觉得这样小题大做太不像话。而更多的患者则是到药店买药，至于选择什么药品，大多是靠广告印象。据统计，2008年，中国感冒药的零售市场销售额达92亿元。有关人士分析，75%的人一年之内至少会患一次感冒，如果中国每年有10亿人次患感冒，人均购买15—20元的药品，感冒药的市场容量至少有150亿至200亿元。因此，中国有1000多家药厂在生产大同小异的感冒药，而外资药企更是强势进攻，占据了中国感冒药市场60%以上的份额。这就是中国的"感冒经济"，其弊病相当严重。

其实，感冒是世界上最著名的"不治"之症之一。在医学上，根据引起感冒的病原体不同，可将感冒分为病毒性感冒和细菌性感冒。病毒性感冒所占比例很高，一般是90个百分点以上，如果没有细菌感染的话，感冒一周左右就可以自愈，吃药不吃药痊愈的时间不相上下，因为人体可以产生免疫力。所以，专家把感冒称为"自限性疾病"，即疾病在发展到一定程度能自动停止，并逐渐痊愈。吃药打针，只能缓解部分症状而已，对于缩短病程没有任何帮助。因此，如果一个人一年内偶发一两次普通感冒，就像是免疫系统进行操练和"军事演习"，并非什么坏事。

"感冒经济"的繁荣，折射出中国医疗卫生管理体制的弊端。首先，以药养医制度是"第一推手"。由于开药越多、收入越高，很多医生在利益的驱动下，故意制造需求、诱导消费，无视药物副作用，不惜以患者的耐药性、免疫系统濒临崩溃为代价。例如，在很多医院，感冒病人即便没有任何证据说明是细菌感染，都被挂上了吊瓶，用上了抗生素，医生的辩解是"预防细菌感染"。其次，制药企业是"第二推手"，占领大众媒体，使得感冒药广告铺天盖地，绝大多数属于误导性宣传。制药企业的营销策略是，只有把更多的健康人群拉到疾病人群行列，不断制造"病人"，使其成为感冒药的消费者，才能牟取更大的商业利益。

可见，感冒并不可怕，需要当心的是不负责任的医生和卑鄙的药商结成利益同盟，共同制造"感冒经济"的泡沫，既浪费了医疗资源，又危害国民健康。因此，从本质上看，"感冒经济"是畸形医疗体制催生的"肿瘤"，必须坚决切除。如果任其"繁荣"，不仅造成大量的无效医疗，而且会加剧看病贵的状况。

中国是一个发展中国家，医疗费用本来有限，如果连治感冒也要"导弹打蚊子"，国家和百姓都承受不起。因此，当务之急是本着保障13亿人口健康的原则，在制度上采取严格约束过度医疗行为的对策，倡导适宜的治疗观念，防止浪费医疗资源。否则，国家投入再多的医疗费用，都会被白白吞噬掉，老百姓很难真正受益。

（改写自《感冒经济》，白剑峰，《读者》2011年第3期）

词语表

基础词语

1	冤枉	yuānwang	【形】	to do sb. wrong	6
2	尖刻	jiānkè	【形】	caustic	6
3	一针见血	yì zhēn jiàn xiě		to pierce to the truth with a single pertinent remark	
4	过度	guòdù	【形】	excessive, out of compass	6
5	颇	pō	【副】	considerably	6
6	感触	gǎnchù	【名】	emotional stirrings	6
7	鼻涕	bítì	【名】	nasal mucus	6
8	不顾	búgù	【动】	to disregard	6
9	摄氏度	shèshìdù	【量】	Celsius	6
10	残忍	cánrěn	【形】	cruel	6
11	沉着	chénzhuó	【形】	cool-headed, steady	6
12	镇定	zhèndìng	【形】	calm	6
13	处置	chǔzhì	【动】	to do with	6
14	戒备	jièbèi	【动】	to guard against	6
15	不可思议	bù kě sī yì		incredible	6
16	当前	dāngqián	【名】	current	6
17	怠慢	dàimàn	【动】	to snub	6
18	大致	dàzhì	【副】	approximately	6
19	罕见	hǎnjiàn	【形】	rarely seen	6
20	小题大做	xiǎo tí dà zuò		to make a mountain out of a molehill	

21	不像话	bú xiànghuà		unreasonable	6
22	大不了	dàbuliǎo	【副】	at worst	6
23	大同小异	dà tóng xiǎo yì		to differ only in small points	
24	进攻	jìngōng	【动】	to attack	6
25	弊病	bìbìng	【名】	disadvantage	6
26	不相上下	bù xiāng shàng xià		nearly equal	
27	而已	éryǐ	【助】	that is all, nothing more	6
28	操练	cāoliàn	【动】	to drill, to practice	6
29	折射	zhéshè	【动】	to refract	6
30	体制	tǐzhì	【名】	system, frame	
31	推手	tuīshǒu	【名】	backstage driving force	
32	诱导	yòudǎo	【动】	to guide, to induce	
33	副作用	fùzuòyòng	【名】	side effect	
34	不惜	bùxī	【动】	to spare nothing; not to hesitate to; not to stint	6
35	濒临	bīnlín	【副】	to border on	6
36	崩溃	bēngkuì	【动】	to crumble down	6
37	辩解	biànjiě	【动】	to try to defend oneself or one's position	6
38	占领	zhànlǐng	【动】	to capture, to occupy	6
39	大众	dàzhòng	【名】	the masses	
40	铺天盖地	pū tiān gài dì		to blot out the sky and cover up the earth	
41	误导	wùdǎo	【动】	to misguide	
42	策略	cèlüè	【名】	tactics; tactful	6
43	牟取	móuqǔ	【动】	to seek	
44	当心	dāngxīn	【动】	to look out	6
45	卑鄙	bēibǐ	【形】	mean, ignoble	6
46	同盟	tóngméng	【名】	alliance, league	
47	国民	guómín	【名】	national	
48	催生	cuīshēng	【动】	to hasten	
49	加剧	jiājù	【动】	to aggravate	6

50	导弹	dǎodàn	【名】	missile	6
51	当务之急	dāng wù zhī jí		urgent affairs	6
52	本着	běnzhe	【介】	in accordance with	6
53	对策	duìcè	【名】	the way deal with a situation	6
54	倡导	chàngdǎo	【动】	to initiate, to propose	6
55	适宜	shìyí	【形】	fitting and proper	6
56	防止	fángzhǐ	【动】	to prevent	6
57	吞噬	tūnshì	【动】	to swallow up	

拓展词语

1	无效	wúxiào	【形】	of no effect
2	常规	chángguī	【名】	the normal order of things
3	体温	tǐwēn	【名】	body temperature
4	听诊器	tīngzhěnqì	【名】	stethoscope
5	抗体	kàngtǐ	【名】	antibody
6	输液	shū yè		to transfuse
7	盐水	yánshuǐ	【名】	saline
8	份额	fèn'é	【名】	share
9	医学	yīxué	【名】	medical science
10	病原体	bìngyuántǐ	【名】	pathogen
11	痊愈	quányù	【动】	to recover
12	耐药性	nàiyàoxìng	【名】	drug resistance
13	抗生素	kàngshēngsù	【名】	antibiotics
14	畸形	jīxíng	【形】	deformity, abnormality
15	切除	qiēchú	【动】	to excise from

语言点

❶ 过度　过分

都可以作形容词，都表示"超过适当的程度或限度"的意思，但是，两个词的用法和搭配不一样。"过度"多修饰具体的动作、行为。例：

① 在外国医生看来是明显的过度治疗、无效治疗，在中国却被认为是常规治疗、合理治疗。
② 我看不起有些人为炫耀财富而表现出的过度消费行为。
③ 过度疲劳对身体是有害的。
④ 他思虑过度，得了神经衰弱症。

"过分"多指"说话、做事、态度超过一定限度"，常用"太、很"修饰。例：
① 过分讲究吃穿，使他的钱花得很快。
② 有些人过分谦虚，反而显得虚伪。
③ 这些人在图书馆里大声讲话，真是太过分了。
④ 这位官员的态度恶劣，那样对待灾民很过分。

❷ 颇

副词，表示达到相当高的程度，意思是"很"，用在书面语中。"颇"后可以加动词短语，其中的动词多为单音节，"颇有"、"颇为"用得较多。"颇"后还可以加形容词或形容词短语。例：

① 在网上看到一位中国妈妈写的博客，讲述宝宝在美国看感冒的"遭遇"，我颇有感触。
② 我弟弟也颇喜欢文学，不过我母亲不支持他。
③ 这位教授在我们大学颇有威望。
④ 这里的环境被破坏得颇为严重。
⑤ 最近对总统的非议颇多。
⑥ 这几天我的心里颇不平静。

❸ 处置　处理

都是动词，都有"发落、惩罚不好的人或案件"的意思，这种情况大多可以互换。例：
① 对于这起严重的责任事故，我们必须依法处置（处理）。
② 警察依法处理（处置）了几个破坏环境的人。

但两个词的意思和用法有区别。"处置"意思是"处理比较重要的事情"，语气庄重，多用于书面语。例：

① 这位妈妈问，能否像在中国一样做些处置，打针或输液？

② 船长处置失当，造成了这次海上事故。

③ 由于处置得当，孩子受伤的手臂保住了。

"处理"有"安排（事物）；解决（问题）"的意思。例：

① 秘书的主要工作是帮助老板处理日常事务。

② 这件小事就交给我来处理吧，你请放心。

"处理"还指"降低价格出售"的意思。例：

这些去年的服装，我们现在要降价处理。

❹ 经历　经验

都可以做名词，表示"亲身遇到或得到"的意思，但是两个词的用法和搭配还有区别。

"经历"做名词时强调亲身见过、做过或遭受过的事情。例：

① 有了这次感冒经历，这位妈妈认识到：孩子的免疫系统是逐渐建立起来的，感冒从某种程度上可以增强孩子的体质。

② 面试时需要谈谈你的工作经历。

"经历"还可做动词，指亲身见过、做过或遭受过。例：

① 他从小经历过很多苦难。

② 他一生经历过两次严重车祸。

"经验"一般只能做名词，强调"从实践中得来的知识或技能"。例：

① 同学们总结了许多学习汉语的经验。

② 在电脑维修方面他很有经验。

③ 王老师在教学中积累了很多经验。

④ 学校派了一个经验丰富的老师给我们上课。

❺ 大致

副词，表示就主要方面或多数情况来说是如此，后可跟动词短语或形容词短语。例：

① 因此，看个普通感冒，大致要花一两百元，花上千元也不罕见，外国朋友会觉得这样小题大做太不像话。

② 来中国留学的学生大致不外乎四种情况。

③ 调查的结果跟报纸上的报道大致相符。

表示粗略地、概括地，行为所涉及的内容不十分精确、详尽。多用于认知、讲说、往来等。例：

① 他的经历我大致了解了一下。

② 你把我们的情况向客人大致介绍一下就可以了。

③ 我大致算了一下，到年底我们还会有一些结余。

"大致"还可以作形容词，表示属性，大体上，基本上。例：

① 他向我谈了谈大致的想法，回去以后会把详细计划告诉我。
② 两家公司的情况大致相同。

❻ 而已

语气词，用于陈述句句尾。对句子的意思起减轻、冲淡的作用。含有把事情往小里、轻里说的意思。常跟"只能、不过、仅、只是、如此"等连用。与"罢了"相同，但多用于书面语。例：

① 吃药打针，只能缓解部分症状而已，对于缩短病程没有任何帮助。
② 企图长生不老，只不过是一种幻想而已。
③ 如果感到不方便，也不必勉强，以上仅是我的希望而已。
④ 这些礼物只是我的一点儿小心意而已，你就不要客气了。
⑤ 我和他的关系就是工作关系，上班时见面，下班后各做各的，如此而已。
⑥ 这家公司的所谓促销，不过是处理旧货的手段而已。

❼ 本着

介词，表示行为遵循某一准则。"本着"后跟名词短语，其中心语多为"精神、原则、态度、方针、观点"等抽象名词。例：

① 当务之急是本着保障13亿人口健康的原则，在制度上采取严格约束过度医疗行为的对策，倡导适宜的治疗观念，防止浪费医疗资源。
② 我们公司本着方便顾客的精神努力做好售后服务工作。
③ 本着一颗爱心，我收留了这条流浪狗。
④ 我们要本着对病人负责的态度为病人治疗。
⑤ 中国政府本着发展经济的方针开展国际合作。

练习

一　选词填空

| 适宜 | 倡导 | 操练 | 弊病 | 沉着 | 冤枉 |
| 加剧 | 濒临 | 辩解 | 处置 | 遭受 | 策略 |

1. 美国的金融危机（　　　）了国际金融市场的不稳定。
2. 这次投资失败，使公司（　　　）了前所未有的沉重打击。

3. 同学们积极（　　　）低碳生活，坚持步行或骑自行车。
4. 这座城市环境优美，气候温和，非常（　　　）老年人生活。
5. 这位警察局长因为不善于（　　　）紧急事件而下台。
6. 在持枪歹徒面前，这位银行职员（　　　）面对，巧妙通知了警方。
7. 如果再不减少开支，增加收入，公司将（　　　）破产。
8. 我们的汉语老师非常重视学生的课堂（　　　），每个学生都必须参加。
9. 在警察看来，这位醉酒驾车司机的（　　　）是完全站不住脚的。
10. 我认为把钱花在豪华包装的商品上很（　　　），我喜欢买简单包装的东西。
11. 这所学校的留学生管理存在很多（　　　），很多学生有意见。
12. 由于我们的（　　　）正确，这次谈判取得了对我们有利的结果。

二 用所给词语选择填空

过度／过分　经历／经验　颇／很　处置／处理

1. （　　　）谦虚，会让人觉得你没有自信。
2. 他因为（　　　）劳累，倒在工作岗位上。
3. 这位运动员参加过很多比赛，有很多比赛（　　　）。
4. 这段留学（　　　）对他后来从事的研究工作很有帮助。
5. 据调查，这里的环境污染（　　　）为严重。
6. 妈妈，这件衬衣看起来（　　　）漂亮。
7. 这么重大的事故，我一个人（　　　）不了。
8. 这些商品是（　　　）品，比正品便宜一半。

三 用所给词语完成句子

1. 才短短三个月，他的汉语水平就大幅提高，_____。（不可思议）
2. 他把老板的文件搞丢了，_____。（不像话）
3. 不用着急，我们到火车站直接买票，_____。（大不了）
4. 有些饭店的服务员对顾客态度很差，_____。（颇）
5. 我觉得中国的酒店_____。（大致）
6. 作为一个医生，_____。（本着）

四 根据课文内容判断下列句子的对错，对的打√，错的打×

1. 外国医生认为中国医生治疗感冒经常是过度治疗。
2. 美国医生不愿意给中国宝宝治疗。

3. 那个中国宝宝没有打针和输液，身体也渐渐康复了。
4. 在中国看个普通感冒花钱很少，所以人们喜欢去医院。
5. 一般说来，病毒性感冒一周左右可以自愈。
6. 吃药打针对于"自限性疾病"缩短病程没有什么用。
7. 根据作者的看法，一年内偶发一两次感冒并非坏事。
8. 感冒经济危害了国民健康。

五 排序

1. A 因此，看个普通感冒也要花一两百元甚至上千元
   B 当前，在中国医院
   C 而更多中国患者则是选择到药店买药
   D 外国朋友会觉得这样小题大做太不像话
   E 很多医生除了给患者开感冒药外，还要打针、输液

2. A 既浪费了医疗资源
   B 共同制造"感冒经济"的泡沫
   C 需要当心的是医生和药商结成利益同盟
   D 感冒并不可怕
   E 又危害国民健康

3. A 真正的人才是能够让事情变得更好的人
   B 因为几乎每个人都能做到这一点
   C 真正的人才，不是能够评判是非
   D 我从凯斯导师那里学到了我一生中最重要的一课
   E 指出对错的人

4. A 我从他们身上看到了领导者的素养
   B 而没有一个是置身事外的批评家
   C 在我此后的职业生涯中
   D 这些成功的领导者，无一例外都在致力于使公司更具竞争力
   E 我绝大多数时间都和大公司的领导者共事

六 用所给词语说出或写出一段话

1. 请说明"感冒是自限性疾病"。

   医学　病原体　病毒性　细菌性　比例　感染
   自愈　不相上下　免疫力　痊愈　操练　军事演习

2. 请谈谈为什么要反对过度医疗。

   医疗费用　有限　承受　当务之急　本着　保障
   约束　对策　倡导　防止　吞噬　受益

七 请将下面这篇文章缩写成一篇短文，要求如下

（1）标题自拟；

（2）只需复述文章内容，不需加入自己的观点；

（3）内容完整，条理清楚；

（4）字数为400字左右。

我常常对很多人说，人们在"制造疾病"。比如感冒，多数都不需要治疗，可偏偏有人热衷于挂药水、吃药片，既花钱又牵扯精力。抗生素的使用，只能不得已而为之，千万不可把它当成灵丹妙药，否则就等于在人为地制造更顽强的细菌、更严重的疾病，比如非典、甲流、禽流感等。

大家一定要记住，症状不是我们的敌人。美国国立医学研究机构发出建议：发烧在一个星期之内的，原则上不建议采用退烧疗法。因为，感冒病毒最怕热，在高热的环境下，感冒病毒无法繁殖，并会自然死亡。药物或者挂药水只是减轻了症状，治疗是我们的身体自己完成的。如果过早人为降低温度，表面上看是减轻了症状，身体暂时舒服了，很多病毒却存活下来，并潜伏到身体里，随时准备再次乘虚而入，对身体造成新的、更严重的伤害。这一定不是你想要的吧？

我们的身体有一个能力，在我们发生问题时，随时准备帮助我们解决它，而这个解决的过程往往会引起身体的不适（生病时的大部分症状都是这个原因），或者要通过恰当的方式告诉我们（有些症状就是通知性的症状）。

我们又往往误会了身体的语言，与它对抗，使问题越变越大。

颈椎有问题的人，脖子上的肌肉会变得有些僵硬。为什么呢？为了让颈椎保持在相对合理的位置，别太过错位。当然，熟悉解剖的人都知道，颈椎里有大的动脉血管和静脉血管通过，颈椎的错位会使血管被压迫。就像我们在静脉注射时，医生为了找到血管，会用皮筋绑住手臂一样，血管一被压迫，就会肿胀，然后在颅内压迫神经（大脑里十二对脑神经都与这些血管相邻）。头痛、头晕、咽干、鼻炎、视力下降、听力下降……这些通知性的症状就出现了。有的人为了舒服些，常常会采取热敷颈椎的方法，殊不知这有多危险。

我在一次讲座中谈到这个问题，有个阿姨眼圈马上就红了：老妈妈就是因此而去世的。原来，老妈妈有严重的颈椎病，第一天用了个热水袋，敷在脖子下面，第二天，就走了。多可惜！

还有，很多时候，经络痛（疼痛发生在经络循行的部位）就是因为经络不通，气血在努力地冲过去，

只要按摩痛点，或者与其相生或相克的经络的相关穴位（一般也会痛或特别敏感），一般就能解决，很多人却借助外力（比如止痛药）来与之对抗，结果迁延不愈，岂不可悲？

有的时候，拉肚子只是你的身体在能力允许的情况下排除身体内的垃圾，你却错误地以为生病了而去遏制它，垃圾就这样留在了体内，日久为患。

不要恩将仇报，把身体的一切问题都当做敌人。症状在大多数情况下是我们的朋友，就像生活中对你最好、最爱你的那个人往往并不总是甜言蜜语。用逆耳良言来帮你的，只有你真正的朋友。

爱是要空间的，爱自己就要相信自己的身体，它会在适当的时候做最适当的事情。

副课文

感冒的真相

过去十年中，科学研究已经帮我们弄懂了一些有关感冒的基本事实，包括其原因、症状和治疗方法。最近，人们又揭开了有关感冒的一些不为人知，甚至有点儿出人意料的真相。

1. 感冒症状强烈说明免疫力强

感冒症状不是病毒的"杰作"，而是免疫系统疯狂反击病毒的表现。换句话说，严重的感冒症状是免疫力太强而非太弱的产物。所以下次遇到诸如"补充××，增强免疫力，以预防感冒"的广告时，想想这句话吧。

2. 维生素C不能预防感冒

临床实验表明，每天补充维生素C不能预防感冒，它只能轻微地减少感冒持续的天数。当然，如果你在寒冷的天气中参加消耗极大的锻炼，补充维生素C也是有点儿作用的。

3. 接吻不会传染感冒

引起感冒的一大批病毒都是"鼻病毒"，这些病毒不会通过我们的嘴巴进入身体。科学家的研究表明，唾液携带的病毒要增强8000倍才能和通过其他途径传染的病毒有相同的感染概率。所以接吻、喝同一杯饮料基本不会传播感冒病毒。对大多数人来说，鼻子和眼睛是病毒入侵的主要通道，用手碰触会增加感染概率。

4. 绿色鼻涕不表示有细菌感染

绿色鼻涕不是细菌感染的症状，而是免疫系统运行良好的信号。当身体调集许多白细胞至鼻腔内时，鼻涕的颜色会由黄变绿，因为这些白细胞带有包含绿色铁元素的酶。颜色越绿，说明免疫系统越健康。

5. 待在室内不能保护你

感冒病毒最常栖息的场所是电脑、鼠标和工作台。研究发现，47%的工作台、46%的鼠标和45%的电话都带有感冒病毒。感冒之所以容易发生在秋冬季节，是因为寒冷的天气迫使人待在室内，病毒更容易在人群中传播。9月份和1月份是学生返校的季节，所以这时流感会集中爆发。

6. 使劲擤鼻涕不管用

如果擤鼻涕过于用力，那些带有病毒、细菌和感染物质的鼻涕就可能流入鼻窦，引发二次感染。所以动作最好轻柔些，而且每次只擤一个鼻孔。

7. 抗菌皂不抗病毒

引起感冒的是病毒而不是细菌，所以抗生素对感冒的作用基本不大。而抗菌香皂、香波、洗剂也派不上用场。不过，含酒精的洗手液却是个不错的选择。含酒精洗手液比肥皂水更能清除手上的病毒。

8. 多喝水的作用有限

没有任何临床实验表明，多喝水会让感冒好得更快一点儿。不过，喝适量的水、果汁能缓解鼻塞症状，防止身体脱水。

9. 感冒也和基因有关

一些基因可以解释为什么有的人特爱感冒。研究表明，这些基因促使他们体内的感受细胞（鼻病毒入侵时所附着的细胞）和炎性化学物质的分泌量多于常人，所以他们患感冒的概率更高，感冒症状更严重。

10. 感冒会让人增肥

感冒病毒至少有5个家族，其中包括腺病毒。某些腺病毒不仅诱发鼻塞，还能促进脂肪细胞的合成，所以吃同样的食物，感染腺病毒的人，肥胖的概率更大一些。

（改写自《感冒的真相》，[美]詹妮佛·阿克曼，冯国川编译，《读者》2010年第24期）

基础词语

1	出人意料	chū rén yìliào		contrary to one's expectations
2	杰作	jiézuò	【名】	masterpiece
3	反击	fǎnjī	【动】	to strike back
4	诸如	zhūrú	【动】	such as
5	轻微	qīngwēi	【形】	light, trifling

6	接吻	jiē wěn		to kiss	
7	携带	xiédài	【动】	to carry	6
8	调集	diàojí	【动】	to assemble; to concentrate	
9	栖息	qīxī	【动】	to perch	
10	迫使	pòshǐ	【动】	to force	
11	爆发	bàofā	【动】	to burst out like an explosion	6
12	擤	xǐng	【动】	to blow (one's nose)	
13	过于	guòyú	【副】	too	6
14	轻柔	qīngróu	【形】	soft	
15	酒精	jiǔjīng	【名】	alcohol	6
16	清除	qīngchú	【动】	to clear	6
17	基因	jīyīn	【名】	gene	6
18	附着	fùzhuó	【动】	to adhere to	
19	分泌	fēnmì	【动】	to secrete	6

拓展词语

1	唾液	tuòyè	【名】	saliva, spit
2	白细胞	báixìbāo	【名】	white corpuscle
3	鼻腔	bíqiāng	【名】	nasal cavity
4	酶	méi	【名】	peptidase
5	鼻窦	bídòu	【名】	paranasal sinus
6	香波	xiāngbō	【名】	shampoo
7	洗剂	xǐjì	【名】	lotion
8	鼻塞	bí sè		to have a stuffy nose
9	脱水	tuō shuǐ		dehydration
10	腺病毒	xiànbìngdú	【名】	adenovirus

1. "补充××，增强免疫力，以预防感冒"的广告有什么知识性错误？
2. 为什么说维生素C不能预防感冒？

3. 为什么接吻不会传染感冒?
4. 绿色鼻涕表示有细菌感染吗?为什么?
5. 待在室内可以预防感冒吗?为什么?
6. 感冒和基因有关吗?为什么?
7. 你认为"感冒会让人增肥"的说法有道理吗?
8. 谈谈你感冒的体会和对感冒的认识?

6 动物中的数学"天才"

课文

许多动物的头脑并非像人们想象的那样愚蠢，它们不仅聪明，甚至懂得计算，是数学"天才"。

丹顶鹤飞行时队形神秘莫测，它们总是成群结队，并排成"人"字形，角度保持在110度，经精确测算，"人"字形夹角的一半是54度。而金刚石结晶体的角度也是这样大，两者居然"不谋而合"，毫无偏差。这是大自然的巧合，还是一种"默契"？

在动物的生活习性中也包含着相当程度的数学原理。比如，蛇在爬行时，走的是一个正弦函数图形。它的脊椎像火车一样，是一节一节连接起来的，节与节之间有较大的活动空间。如果把每一节的平面坐标固定下来，并以开始点为坐标原点，结果发现蛇是按30度、60度和90度的正弦函数曲线有规律地运动的。

珊瑚虫的头脑很不简单，它们在自己的身上记下"日历"，每年在自己的体壁上"刻画"出365条斑纹，显然是一天"画"一条。然而令人疑惑的是，古生物学家发现3亿5千万年前的珊瑚虫每年"画"出400幅"水彩画"。天文学家的话让我们恍然大悟，当时地球一天仅为21.9小时，一年不是365天，而是400天，可见也是一天一幅"画"。

小小蚂蚁的计数本领也不逊色。英国昆虫学家光斯顿做过一项有趣的实验：他将一只死蚱蜢切成小、中、大三块，中块比小块大约1倍，大块又比中块大约1倍，放在蚂蚁窝边。蚂蚁发现这些蚱蜢块后，立即调兵遣将，欲把蚱蜢运回窝里。约10分钟工夫，有20只蚂蚁聚集在小块蚱蜢周围，有51只蚂蚁聚集在中块蚱蜢周围，有89只蚂蚁聚集在大块蚱蜢周围。蚂蚁数额、力量的分配与蚱蜢大小的比例相对应，其数量之精确，令人赞叹。

鸬鹚会数数。中国有些地方靠鸬鹚捕鱼，主人用一根细绳拴住鸬鹚的颈部，当鸬鹚捕捉回6条鱼以后，允许它吃第7条鱼，这是主人与鸬鹚之间长期形成的约定。科学家注意到，渔民偶尔数错了，没有解开鸬鹚脖子上的绳子时，鸬鹚则一动也不动，即使渔民打它，它也不出去捕鱼了，它知道这第7条鱼应该是自己所得的。

美国动物心理学家亨赛尔博士在试验时先培养动物的习惯，再给动物错误的信息，观察它们做出的反应。他曾连续一个月给100只野猴每天一次分发2支香蕉，此后突然减少到分发一支香蕉。此时，96%的野猴对这支香蕉多看了一两遍，还有少部分猴子甚至尖叫起来表示抗议。美国动物行为研究者也做过类似的试验：先让饲养的8只黑猩猩每次各吃10支香蕉，如此连续多次。某一天，研究人员突然只给每只猩猩8支香蕉，结果所有的黑猩猩都不肯走开，一直到主人补足10支后才心满意足地离去。由此可见，野猴和黑猩猩是有数学头脑的。

蜜蜂有数学"天赋"。前不久，两位德国昆虫学家通过实验发现蜜蜂不仅会计数等，而且还能根据地面标志物及其次序判断位置和方向。这两位科学家训练蜜蜂到离蜂巢250米远的一个盛有糖浆的饲料槽中寻觅糖浆。实验在一块平坦的草地上进行，那里没有定向标记。实验人员在蜂巢到盛糖浆的饲料槽方向的线路上放置了4个高大的帐篷，相邻帐篷间隔的距离为75米，并在第3个与第4个帐篷之间再放置一个盛有糖浆饲料的槽。结果发现，大多数蜜蜂仍然飞向远离蜂巢第4个帐篷旁的那个饲料槽。此后，这两位科学家又改变帐篷和饲料槽的数量与间距，从而发现帐篷数量在蜜蜂寻觅糖浆时起主导作用，它们显然是把帐篷作为定向标记的。可见，蜜蜂在自然界采集花蜜时，能记住蜂巢周围的树木等天然固定标志物的数量、大小、高低等。

每天上午，当太阳升至地平线上30度时，蜜蜂中的侦察蜂便飞出去侦察蜜源，回来后用特有的"舞蹈语言"报告蜜源的方位、距离和数量。于是，蜂王就派遣工蜂去采蜜。让人吃惊的是，它们的"模糊数学"能力相当精确，派出去的工蜂不多不少，恰好都能吃饱，保证回巢酿蜜，"劳力"一点儿也没浪费。

长期以来，包括科学家在内的所有人一直认为，只有人类才具有数字的概念和进行计算的能力，而通过实验和观察才了解到动物的智慧同样不可小视。

（改写自《动物中的数学"天才"》，何京，《读者》2008年第12期）

词语表

基础词语

1	愚蠢	yúchǔn	【形】	stupid	6
2	天才	tiāncái	【名】	genius	6
3	飞行	fēixíng	【动】	to fly	
4	神秘莫测	shénmì mò cè		be enveloped in mystery	
5	成群结队	chéng qún jié duì		to band together	
6	结晶	jiéjīng	【名】	crystal	6
7	不谋而合	bù móu ér hé		to happen to have the same view	
8	偏差	piānchā	【名】	deviation	6
9	巧合	qiǎohé	【名】	coincidence	
10	默契	mòqì	【名】	unvoiced pact	
11	习性	xíxìng	【名】	habitual behavior	
12	爬行	páxíng	【动】	to crawl	
13	图形	túxíng	【名】	figure	
14	脊椎	jǐzhuī	【名】	spine	
15	连接	liánjiē	【动】	to join	
16	曲线	qūxiàn	【名】	curve	
17	日历	rìlì	【名】	calendar	5
18	斑纹	bānwén	【名】	stripe	6

19	疑惑	yíhuò	【动】	to doubt	6
20	恍然大悟	huǎng rán dà wù		to suddenly realize what has happened	6
21	逊色	xùnsè	【动】	be inferior to	6
22	窝	wō	【名】	nest	6
23	调兵遣将	diào bīng qiǎn jiàng		to deploy forces	
24	聚集	jùjí	【动】	to gather, to assemble	
25	工夫	gōngfu	【名】	time	
26	数额	shù'é	【名】	amount	
27	对应	duìyìng	【动】	to correspond	6
28	赞叹	zàntàn	【动】	to highly praise	
29	数	shǔ	【动】	to count	6
30	拴	shuān	【动】	to fasten, to tie	
31	颈部	jǐngbù	【名】	neck	
32	捕捉	bǔzhuō	【动】	to catch	6
33	约定	yuēdìng	【名】/【动】	agreement; to make an agreement	
34	渔民	yúmín	【名】	fisherman	6
35	解开	jiěkāi	【动】	to untie	
36	连续	liánxù	【动】	one after another	
37	分发	fēnfā	【动】	to distribute	
38	尖叫	jiānjiào	【动】	to scream	
39	饲养	sìyǎng	【动】	to raise	6
40	补足	bǔ zú		to make up a deficiency	
41	心满意足	xīn mǎn yì zú		be fully content	
42	天赋	tiānfù	【名】	talent	
43	次序	cìxù	【名】	sequence	6
44	巢	cháo	【名】	nest	
45	盛	chéng	【动】	to ladle	6
46	糖浆	tángjiāng	【名】	molasses	
47	饲料	sìliào	【名】	forage	
48	平坦	píngtǎn	【形】	even	6

49	寻觅	xúnmì	【动】	to seek	6
50	定向	dìngxiàng	【动】	to find the direction	
51	标记	biāojì	【名】	sign	6
52	帐篷	zhàngpeng	【名】	tent	6
53	间隔	jiàngé	【动】/【名】	to separate; interval	6
54	放置	fàngzhì	【动】	to place	
55	地平线	dìpíngxiàn	【名】	horizon	
56	侦察	zhēnchá	【动】	to reconnnoitre	
57	舞蹈	wǔdǎo	【名】	dance	6
58	派遣	pàiqiǎn	【动】	to dispatch	6
59	恰好	qiàhǎo	【副】	just right	
60	酿蜜	niàng mì		to make honey	

拓展词语

1	丹顶鹤	dāndǐnghè	【名】	red-crowned crane
2	夹角	jiājiǎo	【名】	included angle
3	金刚石	jīngāngshí	【名】	diamond
4	结晶体	jiéjīngtǐ	【名】	crystal
5	正弦函数	zhèngxián hánshù		sinusoidal function
6	坐标	zuòbiāo	【名】	coordinate
7	原点	yuándiǎn	【名】	origin
8	珊瑚虫	shānhúchóng	【名】	coral
9	水彩画	shuǐcǎihuà	【名】	waterpainting
10	蚂蚁	mǎyǐ	【名】	ant
11	蚱蜢	zhàměng	【名】	grasshopper
12	鸬鹚	lúcí	【名】	cormorant
13	猩猩	xīngxing	【名】	orangutan
14	模糊数学	móhu shùxué		fuzzy mathematics

语言点

1 实验　试验

都可做名词和动词,都有检验的意思。但是两者在语义上有差异。

"实验"是对抽象的知识理论所做的现实操作,用来证明它正确或推出新的结论,常用于科学研究,一般验证已经形成的理论,侧重于通过实践操作来进行。例:

① 英国昆虫学家光斯顿做过一项有趣的实验:他将一只死蚱蜢切成小、中、大三块。
② 如何用实验证明二氧化碳比空气重?
③ 生物课上学生们常常需要做实验。
④ 实验证明植物的根具有吸收水分和养料的作用。

"试验"是为了察看某事的结果或某物的性能而从事的活动,一般是为了摸索新的理论,侧重于通过使用、试用来检验。例:

① 美国动物心理学家亨赛尔博士在试验时先给动物错误的信息,然后观察它们做出的反应。
② 新方法要经过试验后才能推广。
③ 中国每年有800多种新药需要试验。
④ 经过近三年的试验与探索,我们认为这套新教材非常适合我们的学生。

2 偶尔　偶然

都是副词,都有次数少的意思。但是两个词的词义和用法有差异。

"偶尔"是有时候,间或的意思,表示次数非常少,与"常常"相对。例:

① 渔民偶尔数错了,没有解开鸬鹚脖子上的绳子时,鸬鹚就不出去工作了。
② 周末我喜欢呆在家里,偶尔出去。
③ 大卫常常踢足球,偶尔打一次篮球。
④ 偶尔吃素对身体有好处。

"偶然"是超出一般规律、从道理上讲不一定发生却发生了的意思,常有出乎意料的意思,与"必然"相对。"偶然"还可以是形容词,可做定语、谓语。例:

① 我在公园里偶然遇见了一个老同学。
② 很多事情看起来是偶然发生的,实际上却有很大的必然性。
③ 对于周迅来说,进入影坛是一件很偶然的事。
④ 一个偶然的机会,我认识了现在的老公。

❸ 连续

动词，一个接一个，不间断的意思，多用来强调动作发生的频率高。可做状语、定语和谓语，不能重叠。例：

① 先让饲养的 8 只黑猩猩每次各吃 10 支香蕉，如此连续多次。
② 雨已经连续下了两个多星期了。
③ 连续的高温打乱了植物的生长规律。
④ 国际油价连续上涨了 20 天。

❹ 此后

名词，"此"，这的意思，"此后"有"在这之后"、"从这以后"的意思，多用于书面语。常用在后一句的开头，前边的句子表示时间的参照点。例：

① 他曾连续一个月给 100 只野猴每天一次分发 2 支香蕉，此后突然减少到分发一支香蕉。
② 路边停车第一小时十元，此后每小时加 5 元。
③ 老人 50 年代离开了家乡，此后一直没有回去过。
④ 我朋友三年前去了美国，此后我就再也没见过他。

❺ 类似

动词，"大体相像"的意思，可做定语、谓语。"类似"后还可加上"于"，用来引出比较的对象。例：

① 美国动物行为研究者也做过类似的试验。
② 这两个国家的地理环境相类似。
③ 这本书与那本书类似。
④ 类似于《美国派》的电影有哪些？

❻ 具有　具备

都是动词，都有"有"的意思，但是两个词的侧重点和搭配有所不同。
"具有"是"有"的意思，多用于抽象事物或某一类事物。例：

① 包括科学家在内的所有人一直认为，只有人类才具有数字的概念和进行计算的能力。
② 这个公司大部分人都具有本科学历。
③ 现在的手机一般都具有上网功能。
④ 姚明是中国体坛最具有影响力的人。

"具备"除了有"有"的意思，还含有"齐备"的意思，常与条件、素质、能力、资格等词语搭配。另外，"具备"的前边可以用"初步、基本、完全"等副词修饰，而"具有"则不可以。

① 一个公司要上市，需要具备哪些条件？
② 他已经初步具备了成为优秀管理者的能力。
③ 尊敬老人是每个年轻人都应该具备的美德。
④ 当教师要具备什么素质？

练习

一 选词填空

愚蠢　偏差　疑惑　逊色　对应　捕捉
平坦　赞叹　间隔　派遣　恍然大悟　数额

1. 人一生所走的道路不可能都是（　　）的，总会遇到各种困难和挫折。
2. 他是受公司（　　）来上海工作的。
3. 比起那些工作了10多年的同事，刚进公司一年多的她毫不（　　）。
4. 经过他的解释我才（　　），原来他那样做全是为了我好。
5. 请问，北京的地铁（　　）多长时间来一列？
6. 有些人遇到困难就想到自杀，这是最（　　）的行为。
7. 工作中出（　　）是难免的，要注意纠正。
8. 汉语的"吉祥"在英语中（　　）的词是什么？
9. 同样的东西，为什么网上可以卖得这么便宜？很多人感到很（　　）。
10. 这个外国人熟练的汉语令人（　　）不已。
11. 第一季度，我们工厂电冰箱的生产（　　）是14500台。
12. 这张照片准确地（　　）了生活中具有典型意义的一瞬。

二 用所给词语选择填空

实验 / 试验　　偶尔 / 偶然　　具有 / 具备

1. 据了解，北京市所有地铁新车的样车都必须完成2000公里的行车（　　）。
2. 去年春节，他在学校做了一个假期的化学（　　）。
3. 妹妹去美国工作后非常忙，只是（　　）回一次国。
4. 这本书是我在逛一个旧书店时（　　）发现的。
5. 我觉得你已经完全（　　）了管理一个公司的能力。
6. 良好的饮食习惯对保持身体健康（　　）重要的作用。

三 用所给词语完成句子

1. _____，现在她特别累。（连续）
2. 上海今年特别热，_____。（连续）
3. 两年前，因为上班迟到我被罚了 500 块钱，_____。（此后）
4. 1978 年中国开始走上改革开放的道路，_____。（此后）
5. _____，都是冬天很冷，而夏天则常常下雨。（类似）
6. A：听说你很能吃辣，你经常来这个餐厅吗？
   B：_____。（偶尔）

四 根据课文内容判断下列句子的对错，对的打√，错的打 ×

1. 几乎所有的动物都是数学"天才"。
2. 在一些动物的生活习性中包含着相当程度的数学原理。
3. 3 亿 5 千万年前的珊瑚虫在自己身上并不是一天"画"一条斑纹。
4. 蚂蚁和鸬鹚都有计数本领。
5. 黑猩猩虽然很聪明，但是它们并没有数学头脑
6. 蜜蜂能根据地面标志物及其次序判断位置和方向，但是不会计数。
7. 蜜蜂在自然界采集花蜜时，能记住蜂巢周围的天然固定标志物的数量、大小、高低等。
8. 人们很久以前就知道有些动物具有数学才能。

五 排序

1. A 一年不是 365 天
   B 可见也是一天一幅"画"
   C 天文学家的话让我们恍然大悟
   D 而是 400 天
   E 当时地球一天仅为 21.9 小时

2. A 主人用一根细绳拴住鸬鹚的颈部
   B 允许它们吃第 7 条鱼
   C 当鸬鹚捕捉回 6 条鱼以后
   D 中国有些地方靠鸬鹚捕鱼
   E 这是主人与鸬鹚之间长期形成的约定

3. A 在几百万年前
   B 你知道吗?
   C 后来，随着环境的变化
   D 熊猫完全是吃肉的
   E 它们的生活习性也变了

4. A 总是把自己的蛋偷偷地放在别的小鸟的窝里
   B 它们同时却是不负责任的父母
   C 让别的小鸟替它们把孩子养大
   D 杜鹃是有名的益鸟
   E 杜鹃从来不做窝

六 用所给词语说出或写出一段话

1. 请你说说小小的蚂蚁是如何将食物运回窝里去的。
   头脑　并非　愚蠢　计数　调兵遣将
   聚集　数额　分配　比例　对应
2. 请你谈谈蜜蜂的数学"天赋"。
   自然界　采集　蜂巢　固定标志物　侦察蜂
   蜜源　派遣　工蜂　模糊数学　恰好　浪费

七 阅读下列短文，根据短文内容选择唯一恰当的答案

英国的田野上有一种叫"欧洲蓝蝶"的美丽蝴蝶，不知不觉中消失了。开始时，谁也猜不透它们上哪儿去了。

科学家进行了广泛的调查研究，终于发现，这种蓝蝶已经在英国绝种了，而绝种的原因又与两种蚂蚁的灭绝息息相关。人类破坏了两种细小蚂蚁种群的生活习性，结果导致了蓝蝶的灭绝，因为这两种蚂蚁与蓝蝶之间存在着生死与共的关系。

蓝蝶很小，只有一张女王肖像邮票大小。它们的幼虫腹部有很多腺体，所分泌出的物质具有诱惑蚂蚁的香味。蓝蝶幼虫成了蚂蚁的食品供应站，但蚂蚁并不是白吃白拿的。当蚂蚁在草地上发现蓝蝶产的卵时，便马上派工蚁来照顾这个幼小的生命，等待它的孵化，并保护它不被其他昆虫掠走。蓝蝶幼虫是吃树叶的，每吃完一张，蚂蚁们就把它抬到一张新叶上，让它吃个饱。

冬天，蓝蝶的幼虫经不住严冬的袭击，蚂蚁就把它搬进自己温暖的蚁穴里。蚂蚁吸食蓝蝶幼虫分泌的蜜露，而把自己的幼虫作为食物奉献给这位贵客。大自然是这样复杂而有趣，地上爬的蚂蚁

和空中飞的蓝蝶，居然结成了同生共死的盟友。推土机把两种蚂蚁的栖息地给毁了，从而灭绝了这两种蚂蚁，与蚂蚁相依为命的蓝蝶也随之消失，仅仅给人们留下美好的记忆。

这个真实的故事虽然发生在几十年前，但对世人的警示是深刻的。它告诉我们，世界是一个普遍联系的统一整体，如果其中一个环节损毁了，会出现意想不到的后果，由此带来的损失是难以挽回的。

1. "息息相关"的意思是什么？
 A. 有一点儿关系　　　　　　　　B. 没有谈得上的关系
 C. 比喻关系极为密切　　　　　　D. 在休息的时候有关系
2. 蓝蝶和蚂蚁之间是什么关系？
 A. 没有任何关系　　　　　　　　B. 仇恨关系
 C. 亲属关系　　　　　　　　　　D. 同生共死的关系
3. 蓝蝶灭绝的根本原因是：
 A. 气候变化　　　　　　　　　　B. 人类对物种栖息地的破坏
 C. 推土机的出现　　　　　　　　D. 蚂蚁吃掉了蓝蝶的幼虫
4. 文章最后一段话的意思是什么？
 A. 许多动物已经绝种
 B. 物种的诞生是进化史的必然
 C. 保护动物生存环境就是保护人类自己
 D. 蓝蝶是一种会飞的美丽蝴蝶

副课文

植物不光彩的"小动作"

植物在地面上的活动容易被人知晓，但地下活动就不容易被发现了。让人们出乎意料的是，它们的地下活动中，还真有一些别有用心的"小动作"。

植物喜欢巴结"有用的"。别以为植物把根深入地下，吸收地下的养分和水分就万事大吉了，其实，它们并不是光傻乎乎地呆在那儿，同时还从事一些"社交活动"。地下有许多细菌都想来占它们的便宜，但并不会给它们带来什么好处，对于这种没有什么用的朋友，植物就会大门紧闭；但对于对自己发展有益的细菌朋友，它们不但会四门大开，热情拥抱，还会主动前去巴结呢。

如豆科植物就会主动巴结对自己生长有益的根瘤菌。科学家通过实验发现，根瘤菌含有一种分子，让豆科植物非常着迷，它们的根部只要遇到这种分子，马上会主动上前巴结，与其结为"盟友"，加以利用。

植物会防备"外家的"。如果一个人对亲戚笑脸相迎，而对亲戚以外的人则在行动上处处防备，那你说这个人是不是不太地道？在人类群体中，这样的人毕竟稀少，但如果换了植物，这种"非亲不认"的就不在少数了。

科学家在研究中发现，一种植物与其他不同种的植物遭遇时，相互间的竞争往往更激烈。就是说当植物发现周围的"邻居"与它们不是共同遗传体系时，便会投入更多精力，发展壮大自己——加快促进根部生长，与"外家的"暗中争夺地下资源。

植物还会排挤"竞争"对手。对于强有力的竞争对手，植物就会用非常恶毒的手段，将对手排挤走或者取其性命。

俄罗斯境内有一种欧洲云杉，它高大、喜暖。与其共同生活在同一地区的另一种云杉，叫做西伯利亚云杉，这种云杉矮小，但非常耐寒。两种云杉个性不同，品行也相差很远。欧洲云杉对西伯利亚云杉并没有采取包容的策略，而是悄悄夺取后者的养分，让对手"断炊"。这样，千百年过去后，西伯利亚云杉就被欧洲云杉赶出了欧洲大陆，被迫向寒冷的乌拉尔山脉高处撤退。

有的植物干脆向竞争对手暗中"投毒"，非得要了对手的命才收手。在美国西南部的平原上，生长着一种山艾树，它十分霸道，在它生长的地盘上，从不允许任何植物生存，连一根杂草也不得存在。植物学家研究发现，山艾树对付竞争对手是靠分泌出的一种有毒物质，给生长在它的势力范围之内的其他植物"投毒"，这样就达到了独霸一方的目的。

科学家认为，植物的"小动作"里其实有很多高科技元素，研究并掌握这些高科技，对于我们认识植物的生存本领，保护濒危植物，增强经济作物的生存能力，都大有好处。眼下，科学家正忙着把已经破译的一些植物的"毒招"，拿来"武装"那些缺少防御手段的经济作物。

（改写自《植物不光彩的"小动作"》，赵英杰，《读者》2008年第14期）

词语表

基础词语

1	光彩	guāngcǎi	【形】	honorable, glorious	6
2	巴结	bājie	【动】	to truckle to	6
3	万事大吉	wàn shì dà jí		everything will be fine	
4	着迷	zháo mí		be fascinated	6
5	盟友	méngyǒu	【名】	ally	
6	防备	fángbèi	【动】	to guard against	
7	稀少	xīshǎo	【形】	rare	
8	体系	tǐxì	【名】	system	6
9	壮大	zhuàngdà	【动】	to grow in strength	
10	暗中	ànzhōng	【副】	secretly	
11	恶毒	èdú	【形】	vicious	
12	性命	xìngmìng	【名】	life	6
13	耐寒	nài hán		cold-resistant	
14	品行	pǐnxíng	【名】	morality	6
15	夺取	duóqǔ	【动】	to take by force	
16	被迫	bèipò	【动】	be forced	
17	撤退	chètuì	【动】	to withdraw	6

18	平原	píngyuán	【名】	plain	6
19	霸道	bàdào	【形】	overbearing	6
20	地盘	dìpán	【名】	territory under one's control	
21	收手	shōu shǒu		to stop doing	
22	独霸一方	dú bà yì fāng		to dominate a place	
23	破译	pòyì	【动】	to decipher, to decode	6
24	武装	wǔzhuāng	【动】	to arm	6
25	防御	fángyù	【动】	to defend	6

拓展词语

1	豆科植物	dòukē zhíwù		legume
2	根瘤菌	gēnliújūn	【名】	rhizobium
3	分子	fēnzǐ	【名】	molecule
4	欧洲云杉	Ōuzhōu yúnshān		picea abies
5	西伯利亚云杉	Xībólìyà yúnshān		elka
6	山艾树	shān'àishù	【名】	sagebrush
7	濒危植物	bīnwēi zhíwù		threatened plant
8	经济作物	jīngjì zuòwù		cash crop

思考题

1. 植物喜欢"巴结"谁？
2. 豆科植物为什么主动巴结根瘤菌？
3. 为什么说有的植物"非亲不认"？
4. 西伯利亚云杉为什么向寒冷的乌拉尔山脉高处撤退？
5. 为什么山艾树附近连一根杂草都没有？
6. 掌握植物的"小动作"有什么好处？

7 找到你的"蓝色地带"

课文

"蓝色地带"是《纽约时报》的畅销书名,指世界上长寿人口比例最高的地区,比如意大利的撒丁岛和日本冲绳。在这些地方,人们普遍高寿,他们到了90岁、100岁还仍旧拥有良好的身体状态和生活能力。他们长寿的秘诀是什么呢?这些美好的生命传奇和他们的生活方式密切相关,秘诀就隐藏在他们吃的食物、交往的伙伴以及自我的价值观中。

秘诀一是不刻意地运动。所有的长寿明星都不会去跑马拉松或参加其他竞赛运动,更不会在周末的清晨忽然变成运动狂人。他们从事的是有规律、低强度的身体运动,这通常是他们生活的一部分。比如撒丁岛的牧羊人每天步行8公里以上,这对心血管的健康大有益处,对肌肉和骨骼也有积极影响,不会产生像跑马拉松那样高强度剧烈运动诱发的关节损伤。

不要为了锻炼而锻炼,试着改变你的生活方式。如果不喜欢去健身房,也不必勉强自己,但是要注意在日常生活中增加运动的时间。比如不开车,走路去购物;在忙碌的工作中抽出时间散散步,而不是坐着喝咖啡、吃零食。

秘诀二是让自己"吃点儿苦"。别让自己过得太"舒服"了,做一些力所能及的事,这样就可以在日常生活中多运动。比如尽可能摆脱对遥控器的依赖,或者尝试用更"原始"的方式来做家务,多给身体一些活动的机会。少吃含有糖、脂肪、盐之类的食物,它们对身体无益。相反,应该多吃一些苦味的食物,比如苦瓜。

另外,每次吃饭,都切记"八分饱"原则。这么做的一大好处是可以减少自由基对细胞的破坏，随之而来的一个令人振奋的好处就是能让你减肥。只要减少10%的体重，就有助于降低血压和胆固醇，减少得心脏病的风险。要知道，百岁老人中，一个胖子都没有。

秘诀三是拥有明确的生活目标。对蓝色地带的老人们来说，生活目标最简单的阐释就是"说出早上起床的明确理由"。给孩子们提供从经济上到精神上的各种支持，感觉自己仍然被家人需要，使他们的生活在迈入100岁以后照样充满目标，而强烈的使命感、责任感和被需要的感觉使得每一天都变得有意义。对年轻人来说，也可以为自己设立一些短期的生活目标，比如学习一种新的乐器，或者新的语言，这些都可以使大脑保持敏锐。

秘诀四是和家人在一起。研究表明，生活在快乐、健康的家庭中的人受抑郁和压力的伤害更小。和子女住在一起的老人很少得病，饮食更健康，发生严重事故的机会也要少很多。一项针对51189位70-79岁老人长达7年的跟踪调查表明，和自己家人住在一起的老人思维更敏锐，社交能力更强。

多花一些时间和你的家人在一起，如果做不到每天都让全家人坐在一起郑重其事地吃顿饭，那么，至少开始试着建立一个全家人一起度假的传统，或者有计划地庆祝节日，用仪式来增强家庭的凝聚力。

秘诀五是和朋友一起笑。欢乐的感觉能让人减轻压力，消除疲倦，从而降低患心血管疾病的风险。其他任何只要是能给你满足感的事物，比如一段好生活、有价值的感觉、被关心的感觉、被喜爱的感觉，也都对健康存在积极作用。

和在乎的朋友在一起能让人感觉到幸福。他们不仅提供社会支持系统，也提供经济和情感上的支持，让每个成员知道总会有人帮助自己，从而减轻个人的压力。

秘诀六是放慢生活节奏。放慢生活节奏可以减轻压力，对于维持心理健康和抵抗疾病都有益。为此，我们应该学着放慢生活节奏，比如以一顿丰盛的早餐开始一天的生活，好好地坐在餐桌旁边，把注意力集中在食物上，慢慢地吃，给自己更多的时间去捕捉饱足感，去细细品尝食物的滋味，而不是一边赶路一边拿着路边买来的早餐狼吞虎咽地往嘴里塞。

秘诀七是找到归属感。据研究，更加关注精神层面的人患心血管疾病与受情绪沮丧、精神压力和自杀困扰的可能性都更低，免疫系统则更好。所以，在努力工作的同时，年轻人不妨参加一两个精神方面的社团，读书会、话剧社或者宗教方面的团体都可以。那样，你的内心就会因为自己过着"正确的生活"而平和、宁静，获得更强大的自我意识和幸福感。

（改写自《找到你的蓝色地带》，何泓，《读者》2010年第24期）

词语表

基础词语

1	长寿	chángshòu	【形】	longevity	
2	仍旧	réngjiù	【副】	still	6
3	良好	liánghǎo	【形】	fine	
4	秘诀	mìjué	【名】	secret (of success)	
5	美好	měihǎo	【形】	fine, nice	
6	传奇	chuánqí	【名】	legend	
7	交往	jiāowǎng	【动】	to socialize	6
8	伙伴	huǒbàn	【名】	partner	5
9	刻意	kèyì	【副】	intentionally	
10	竞赛	jìngsài	【名】	contest	6
11	清晨	qīngchén	【名】	early morning	6
12	步行	bùxíng	【动】	to walk	
13	益处	yìchù	【名】	benefit	
14	骨骼	gǔgé	【名】	skeleton	
15	关节	guānjié	【名】	joint	
16	损伤	sǔnshāng	【动】	to hurt	
17	不必	búbì	【副】	need not	5
18	勉强	miǎnqiǎng	【动】/【形】	to do with difficulty; reluctant	6
19	忙碌	mánglù	【形】	busy	6

20	抽	chōu	【动】	to take out	
21	零食	língshí	【名】	snack	5
22	吃苦	chī kǔ		to suffer hardships	6
23	力所能及	lì suǒ néng jí		within one's ability	6
24	无益	wú yì		considerable, sizable	
25	苦瓜	kǔguā	【名】	balsam pear	
26	切记	qièjì	【动】	to be sure to keep in mind	
27	振奋	zhènfèn	【动】	to inspire	6
28	阐释	chǎnshì	【动】	to interpret	
29	迈	mài	【动】	to step	6
30	照样	zhàoyàng	【副】	all the same, as usual	6
31	使命	shǐmìng	【名】	mission	6
32	设立	shèlì	【动】	to set up	6
33	乐器	yuèqì	【名】	musical instruments	
34	大脑	dànǎo	【名】	cerebrum	
35	敏锐	mǐnruì	【形】	perceptive	6
36	抑郁	yìyù	【形】	depressed	
37	郑重其事	zhèng zhòng qí shì		seriously	
38	仪式	yíshì	【名】	ceremony	6
39	增强	zēngqiáng	【动】	to strengthen	
40	凝聚	níngjù	【动】	to cohere	6
41	欢乐	huānlè	【形】	merry	6
42	减轻	jiǎnqīng	【动】	to lighten	
43	疲倦	píjuàn	【形】	tired	
44	患	huàn	【动】	to suffer from	6
45	在乎	zàihu	【动】	to care about	6
46	丰盛	fēngshèng	【形】	rich, sumptuous	6
47	饱足	bǎozú	【形】	satiation	
48	品尝	pǐncháng	【动】	to taste	6
49	滋味	zīwèi	【名】	taste, flavor	6

50	赶路	gǎn lù		to hurry on one's way	
51	狼吞虎咽	láng tūn hǔ yàn		to devour like a wolf	6
52	归属	guīshǔ	【动】	to belong to	
53	层面	céngmiàn	【名】	level	
54	沮丧	jǔsàng	【形】	depressed	6
55	社团	shètuán	【名】	association	
56	平和	pínghé	【形】	placid	
57	宁静	níngjìng	【形】	peaceful	
58	强大	qiángdà	【形】	mighty	

拓展词语

1	蓝色地带	lánsè dìdài		the blue zone
2	专业术语	zhuānyè shùyǔ		terminology
3	马拉松	mǎlāsōng	【名】	marathon
4	牧羊人	mùyángrén	【名】	shepherd
5	自由基	zìyóujī	【名】	free radical
6	胆固醇	dǎngùchún	【名】	cholesterol

专有名词

| 1 | 撒丁岛 | Sādīng Dǎo | Sardinia |
| 2 | 冲绳 | Chōngshéng | Okinawa |

语言点

❶ 大有……

"大有"后面主要接双音节的抽象意义的名词，表示程度非常高，意思是"有很大的……"，如：大有希望、大有前途、大有看头、大有讲究、大有收获、大有学问等。例：

① 撒丁岛的牧羊人每天步行8公里以上，这对心血管的健康大有益处。
② 农业的网络营销市场大有潜力。
③ 室内如何摆放植物大有讲究。
④ 这次去农村采访，他大有收获。

❷ 不必

副词，表示不需要，用不着。后边常跟动词、形容词，当后边跟形容词时，形容词的前边一般要有表示程度的词语修饰，只有少数表示情绪、态度的形容词可以直接受"不必"修饰，如 不必紧张、不必高兴、不必悲观等。例：

① 如果不喜欢去健身房，也不必勉强自己。
② 我们对产品质量的检验非常严格，消费者不必担心。
③ 简单说说你的想法就可以了，不必太详细。
④ 你去买一个跟这个差不多的柜子就可以了，不必一样大。

有时候，"不必"后的动词、形容词可以省略。例：

① 你是说再点两个菜吗？我认为不必了。
② A：明天我再来看你。
　　B：不必了，我都已经完全好了。

❸ 而不是

"而不是"连接两个并列的成分，常用在第二个句子的开头，表示前一部分与后一部分是相反或相对的两种情况，起到强调否定的作用。

① 在忙碌的工作中抽出时间散散步，而不是坐着喝咖啡、吃零食。
② 幸福是用来感觉的，而不是用来比较的。
③ 父母应该关心孩子本身，而不是孩子的成绩。
④ 你自我感觉良好时，会直视对方，而不是躲避别人的目光；会面带微笑，而不是满脸不快。

❹ 设立　建立

都是动词，都有"开始存在"的意思，但是两个词的侧重点和搭配有所不同。

"设立"是"开办、建立"的意思，侧重指组织机构等的建立，多用于上级管理部门设置具体的组织、机构，有时候也可以用于目标、计划等抽象意义。例：

① 对年轻人来说，也可以为自己设立一些短期的生活目标。
② 交通银行在美国设立了第二家分行。
③ 七家内地航空公司在台湾设立了分公司。
④ 今年，北京大学又新设立了两个专业。

"建立"是"创建、开始存在"的意思，宾语既可以是机构、制度等具体事物，也可以是友谊、感情、关系、联系等抽象事物。例：

① 如何建立自己的网站？
② 国有企业改革的目标是建立现代企业制度。
③ 在大学四年期间，我们建立了深厚的友谊。
④ 1992年，中国和韩国正式建立了外交关系。

5 丰盛　丰富

都是形容词，都有"多"的意思。但两个词的侧重点和搭配都不一样。

"丰盛"指丰富、充足，一般指食物。例：

① 以一顿丰盛的早餐开始一天的生活。
② 今天的晚餐好丰盛呀。

"丰富"指种类多或数量大，一般指物质财富、学识经验等。例：

① 中国地大物博，资源十分丰富。
② 他开了十年出租车，经验非常丰富。

6 不妨

副词，表示可以这样做，没什么妨碍。常用在语气比较委婉的建议时，后边多跟动词的重叠式或动词短语。例：

① 在努力工作的同时，年轻人不妨参加一两个精神方面的社团。
② 你不喜欢他的话，不妨对他直说。
③ 这种新出的药效果非常好，你不妨试试。
④ 如果你觉得她有些地方做得不对的话，不妨找她谈谈。

一 选词填空

> 振奋　敏锐　仍旧　吃苦　力所能及　忙碌
> 仪式　沮丧　在乎　勉强　狼吞虎咽　使命

1. 放假了，父母应该让孩子做一些（　　　）的家务事。
2. 由于没有考上北京大学，小王最近心情特别（　　　）。
3. 有的父母从来不（　　　）孩子做他们不喜欢的事情，所以与孩子的关系非常好。
4. 我们公司今年拿到了好几个新项目，这真是一个令人（　　　）的好消息。
5. 他性子很急，吃饭也总是（　　　），所以他的胃不太好。
6. 年轻人要想成功，就必须努力工作，不能怕（　　　）。

7. 老鹰的眼睛非常（　　　），在高空可以看到地面上很小的目标。
8. 在很多年轻人看来，结婚是两个人的事，（　　　）不是那么重要。
9. 在外边吃饭，我并不（　　　）餐厅的环境，我认为最重要的是卫生条件。
10. 和朋友8年没见面了，我发现她（　　　）是那个样子，没什么变化。
11. 保卫国家是一个士兵的神圣（　　　）。
12. 我们家里的人都喜欢在（　　　）的工作之余去旅游放松。

二　用所给词语选择填空

> 设立 / 建立　丰盛 / 丰富

1. 上海是未来的国际金融中心，央行也在这里（　　　）了上海总部。
2. 要想做好生意，首先得（　　　）起自己的关系网。
3. 今天的会议上，老板宣布公司（　　　）新的设计部门。
4. 五星级酒店的早餐一般都非常（　　　）。
5. 在这个行业干了二十年，他具有非常（　　　）的经验。
6. 这个商店的水果种类十分（　　　），在这儿常常可以买到别的地方买不到的水果。

三　用所给词语完成句子

1. A：今年高考小明成绩怎么样呀？能进清华大学吗？
   B：＿＿＿＿＿＿＿＿＿＿＿＿＿＿＿＿＿＿＿＿＿＿＿＿＿。（大有……）
2. A：明天你几点的飞机？我来送送你吧。
   B：＿＿＿＿＿＿＿＿＿＿＿＿＿＿＿＿＿＿＿＿＿＿＿＿＿。（不必）
3. 你还是个学生，主要任务是努力学习，＿＿＿＿＿＿＿＿＿＿＿＿＿＿。（而不是）
4. 奶奶给你的钱是让你买电脑的，＿＿＿＿＿＿＿＿＿＿＿＿＿＿。（而不是）
5. 失业了没关系，＿＿＿＿＿＿＿＿＿＿＿＿＿＿＿＿＿＿＿＿。（不妨）
6. 如果每天在家觉得无聊，＿＿＿＿＿＿＿＿＿＿＿＿＿＿＿＿＿。（不妨）

四　根据课文内容判断正误，对的打√，错的打×

1. "蓝色地带"是指世界上长寿人口最多的地区。
2. 长寿的人通常把运动当作是生活的一部分。
3. 参加体育竞赛是一种很好的运动方式，对心血管的健康大有益处。
4. 带苦味的食物和含有糖、脂肪的食物一样对身体无益，应该少吃。
5. 生活在"蓝色地带"的长寿老人都有明确的生活目标。

6. 作者认为年轻人学习一种新的乐器可以使自己减轻压力。
7. 一般来说，和子女住在一起的老人思维更敏锐。
8. 和在乎的朋友在一起能感觉到幸福是因为他们让你有被需要的感觉。
9. 放慢生活节奏对维持心理健康和抵抗疾病都很有好处。
10. 作者认为年轻人应该参加一些精神方面的社团，因为这样会让你丰富自己的知识。

五 排序

1. A 每次吃饭，都切记"八分饱"原则
   B 随之而来的一个令人振奋的好处就是能让你减肥
   C 就有助于降低血压和胆固醇，减少心脏病的风险
   D 这么做的一大好处是可以减少自由基对细胞的破坏
   E 只要减少10%的体重

2. A 他们不仅提供社会支持系统
   B 和在乎的朋友在一起能让人感觉到幸福
   C 从而减轻个人的压力
   D 让每个成员知道总会有人帮助自己
   E 也提供经济和情感上的支持

3. A 可性格却像北方人
   B 所以性格也受了北方人的影响
   C 可能是因为在北方生活久了
   D 嗨，人的性格本来就很复杂，谁说的清楚呢
   E 王刚是地道的南方人

4. A 锻炼身体也是我生活中重要的一部分
   B 心情立刻舒畅了很多
   C 除了学习以外
   D 身体也变得健康了
   E 我每天都挎着数码相机去附近的公园逛逛

六 用所给词语说出或写出一段话

1. 假设你是一位正在接受采访的长寿老人，请你谈谈你的长寿秘诀。

   明确　目标　提供　支持　需要　运动
   步行　心血管　益处　八分饱　减肥　血压　胆固醇

2. 假设你是一位专家，正在给公司白领做讲座，呼吁关注精神健康。

   生活节奏　压力　注意力　捕捉　狼吞虎咽　朋友　欢乐
   消除　社会支持　情感　社团　平和　自我意识

七 请将下面这篇文章缩写成一篇短文，要求如下：

（1）标题自拟；
（2）只需复述文章内容，不需加入自己的观点；
（3）内容完整，条理清楚；
（4）字数为400字左右。

辣椒作为一种美食，受到世界各地人们的喜爱。印度人称辣椒为"红色牛排"；墨西哥人将辣椒视为国食。在我国，辣椒在许多地区都是非常重要的调味品，甚至没有它就无法下饭，可见人们对它的钟爱。

辣椒原来生长在中南美洲热带地区。公元前7500年的美洲人就开始食用辣椒，而现在居住在厄瓜多尔西南部的居民在公元前6000年就开始种植辣椒了。辣椒能传遍全球还要感谢哥伦布。哥伦布把辣椒带回欧洲，并由此传播到世界其他地方。

辣椒是在明末从美洲传入中国的，但起初只是作为观赏作物和药物，进入中国菜谱的时间并不太长。清初，最先开始食用辣椒的是贵州及其相邻地区。在盐缺乏的贵州，康熙年间"土苗用以代盐"，辣椒起了代替盐的作用，可见与生活的密切关系。

辣椒传入中国只有约400年，但这种洋香辛料很快红遍全中国。辣椒的传入及进入中国饮食，无疑是一场饮食革命，威力无比的辣椒使任何传统的香辛料都无法与之抗衡。

最近，科学家解开了辣椒辛辣的秘密。这种让吃不惯辣椒的人眼泪直流的灼痛感觉，可能是辣椒保护自己的种子不被哺乳动物吃掉的一种策略。

辣椒中含有一种被称为辣椒素的物质，能够刺激皮肤和舌头上感觉痛和热的区域，使大脑产生灼热疼痛的辛辣感觉。科学家对生长在美国亚利桑那州南部沙漠地带的一种野生辣椒进行研究，观察有哪些动物以辣椒为食。结果发现生活在附近的沙漠鼠类等小型哺乳动物根本不碰这种辛辣食物，吃辣椒似乎是鸟类的专利。实验表明，辣椒果实被小型哺乳动物吃掉，种子经消化排出之后，几乎不能再发芽；而鸟类的消化系统基本不对辣椒种子造成伤害。科学家认为，辣椒之所以辣是自我保护。辣椒不想让动物（哺乳动物）把它们的果子吃掉，所以才在辣椒果子里产生了辣椒素，这样吃不了辣的动物就会放弃；而鸟类却丝毫吃不出半点辣味，它们的痛觉感受系统和别的动物的不一样，辣椒素能给它们清爽的感觉，还有止痛的功效，所以鸟类吃起辣椒来像在嚼口香糖，而果实中的辣椒籽则会完整地经过鸟类的肠道排泄出来，完成一次又一次的播种。

副课文

大脑喜欢什么？

神经外科贺晓生教授最近发表在博客上的一篇关于"大脑爱好什么"的文章引起了很多人的兴趣。他认为大脑有10大"爱好"。

1. 喜欢色彩。平时使用有色笔或有色纸，能帮助记忆。色彩会影响大脑的认知和分析能力，因此大人的世界不要总是黑白分明，可以学学孩子，多用五颜六色的东西。

2. 喜欢菠菜。大脑是一台珍贵而复杂的发动机，必须补充"优质燃料"：最新鲜的水果和蔬菜，比如菠菜。据国外研究，多吃菠菜可以减少记忆力减退现象。

3. 喜欢水分。大脑电解质的运送大多依靠水分。所以身体缺水的时候，人会头疼、头晕、无法集中注意力。贺晓生建议，在做决定前或做用脑比较多的工作时，多喝一点儿水。

4. 喜欢与身体交流。如果你躺着或靠着什么东西，身体很懒散，大脑就会认为你正在做的事情一点儿都不重要。如果思考问题时，喜欢手里把玩一样东西，或下意识地敲敲桌面，离开椅背坐姿端正，哪怕跷着二郎腿，都会让大脑保持警觉。另外，散步或室内踱步是思考问题的好方式。

5. 喜欢运动。在临床上，贺晓生看过一个70多岁老人的大脑，发现他的脑回非常饱满，一点儿皱缩都没有。这样的老人，大多从事脑力或艺术类工作，在晚年还不断工作，是所谓的"活跃人"。"能让你去动脑琢磨的游戏，是最好的脑锻炼方法。"贺晓生说。

6. 喜欢自言自语。自言自语其实是一个人在对大脑说话，是巩固记忆、修整认识的一个很好的方法。但最好多说积极的话，比如不要说"我怎么老是迟到"，最好说"明天我一定不会迟到"，鼓励自己，增强大脑对这一想法的认知。另外，大脑需要重复，重复的间隔时间越短，记忆的效果越好。

7. 喜欢快速阅读。看书时，不要让目光一行一行，甚至一个字一个字地移动，而要让书离眼睛远一点儿，双眼一目十行地移动，让大脑尽可能接触很大范围的文字,会提高你的阅读能力。因为大脑的理解速度其实比你眼睛看到文字、嘴读出文字的速度都要快,读得慢反而会造成大脑怠工。

8. 喜欢充足的氧气。大脑虽然只占人体体重的2%,但耗氧量却达全身耗氧量的25%。充足的氧气可以让大脑快速思考,缺氧时,人会觉得没干什么活却非常疲惫、情绪善变、困得要命却睡不着。因此,每1~2周最好到山里去呼吸一次高质量的氧气,而不是整天在城市里吞吐汽车尾气。

9. 喜欢宽敞的环境。在30平方米的办公室里办公的人,和在10平方米的办公室里办公的人,思维方式是不一样的。贺晓生说,大脑喜欢宽敞的环境,视野开阔首先让人的心里不压抑,情绪好对大脑的思考会产生影响。

10. 喜欢适时休息。成人大脑集中精力最多只有25分钟,所以工作每20~30分钟,应该休息10分钟。贺晓生说:"用脑越多,消耗参与大脑运转的物质就越多,换一种用脑方式,可以让这种物质的来源增加,恢复大脑的思考能力。"

词语表

基础词语

1	黑白分明	hēi bái fēnmíng		sharp contrast between black and white
2	懒散	lǎnsǎn	【形】	sluggish, indolent
3	下意识	xiàyìshí	【名】	subconsciousness
4	端正	duānzhèng	【形】	upright
5	跷	qiāo	【动】	to lift a leg or figure
6	警觉	jǐngjué	【名】	alertness
7	踱步	duó bù		to pace
8	饱满	bǎomǎn	【形】	full
9	晚年	wǎnnián	【名】	one's old age
10	自言自语	zì yán zì yǔ		to talk to oneself
11	修整	xiūzhěng	【动】	to repair and maintain
12	快速	kuàisù	【形】	quick

13	一目十行	yí mù shí háng		to read rapidly	
14	怠工	dàigōng	【动】	to go slow at work	
15	善变	shànbiàn	【形】	changeable	
16	宽敞	kuānchǎng	【形】	spacious	6
17	开阔	kāikuò	【形】	broad	6

拓展词语

1	神经外科	shénjīng wàikē		neurosurgery
2	认知	rènzhī	【名】	cognition
3	菠菜	bōcài	【名】	spinach
4	发动机	fādòngjī	【名】	engine
5	电解质	diànjiězhì	【名】	electrolyte
6	脑回	nǎohuí	【名】	gyri
7	耗氧量	hàoyǎngliàng	【名】	oxygen consumption
8	尾气	wěiqì	【名】	tail gas

思考题

1. 大脑为什么喜欢色彩？
2. 大脑喜欢什么样的身体姿势？
3. "活跃人"指什么样的人？
4. 自言自语有什么好处？
5. 什么是快速阅读？大脑为什么喜欢快速阅读？
6. 你认为贺晓生教授说得有道理吗？你还有什么要补充的吗？

一张信用卡的秘密

课文

这是一张又薄又小的信用卡，它的使命就是被人刷来刷去，这里有很多秘密。它的原理和制作过程是怎样的呢？

在成为真正的信用卡之前，它只是一张普通的塑料卡片，躺在一家制卡厂的仓库里。银行发来了订制合约，卡片就会被拉到制卡车间，按统一规格加工。

在这里，塑料卡片变得五彩缤纷。订制这张卡片的是A银行，一家国有银行。除银行外，其他金融机构发行信用卡是非法的。

很快，这张塑料片的身体背面被贴上一张磁条。工作人员向磁条上注入了四项信息：卡主的姓名、卡号、有效期和验证码的最后三位数。卡片成型。卡上印制了三个标识：A银行、中国银联、VISA。这些标识赋予了这张卡特殊的身份：一张可以在国内外通用的双币卡。银行向制卡厂交付了每张一块多钱的制卡费后，一家邮递公司按照A银行的要求，把这些卡片分别寄出。这张信用卡的旅行开始了。它身上闪耀着财富的光环。

首先是一万元人民币的额度，这意味着，卡主人可以在卡里没有存款的情况下预先使用一万块钱。另外，它身上的银联和VISA标识，也是一笔钱。银行需要兑现向两方缴纳品牌费的承诺，也就是所谓的年费。每年，银行需要向VISA缴纳上千万美元的费用，相对来说，银联的品牌费就低得多。旅行的第三天，这张信用卡见到了它的主人，持卡人小吴当面签收了它。他是一个年轻的80后，每天在繁华都市里一座高层写字楼里上班。工作虽然繁忙，但他是"喜刷刷"大家族中的一员。

它很快就被主人带到一家咖啡厅，并在这里和大后方网络终端接上了头。这个大后方就是A银行的信用卡管理系统，关于信用卡的所有资料和任何动态全都在这里集聚。这家银行为这个系统的开发付出了几个亿的成本。

说起来，在这张信用卡出生前，这个系统已经对小吴的信息进行过信用等级评定，确信信用可靠，才能放行。虽然银行希望发行更多的卡片，但信用把关必不可少。卡片的发行环节中，售卡人或代理人千方百计地吸纳优质客户。

两个小时后，小吴和朋友喝完了咖啡，带着他心爱的新卡片到前台付账。他消费了200元。通过POS机的对接，这张信用卡的信息动态通过各个关卡，完成数据记录、数据审核等诸多环节。小吴输入密码，潇洒地签字。接下来的一个月，这张卡被刷了10次，一共消费了3800元。只要按时还款，他不用为刷卡消费支付任何额外费用，还能提高自己的信用级别。但他消费的每一笔钱，都会牵引出一大串利益链。

譬如这笔200元的咖啡账单，首先参与利益分配的是中国银联。商家要为这次交易支付1.2%的佣金，也就是2.4元人民币。凡是使用POS机的商家都要承担这个费用。刷卡完成的同时，商家其实只得到197.6元。商家也乐意吃点儿亏，因为这样会吸引更多持卡人前来消费，还是合算的。银联拿到这2.4元的佣金后，并不独吞，而是要进行二次分配。这家咖啡馆里的POS机是B银行安装的，人们称这样的银行为收单方。发行信用卡的A银行被称为发卡方。银联二次分配的原则是：发卡方、收单方和银联按照7∶2∶1的比例分成，也就是说，2.4元中，三方会分别得到1.68元、0.48元和0.24元。通过这张卡片进行利益分成的渠道，不仅仅是刷卡，还有ATM机取现。假设小吴在就近的D银行的ATM机上用信用卡取出了1000元现金，如此一来，银联就要向发卡的A银行收取2.6元的手续费，然后，再把其中的2块钱给布设ATM机的D银行作为回报，剩下6毛钱留给自己。如果A银行和D银行属于异地跨行，那么手续费就变为3.6元，D银行收取其中的3元。D银行安一台ATM机，就要花费一二十万元，理所当然要拿手续费的大头。不过，A银行可不是光赔不赚，这一次交易中，A银行会向小吴收取20块钱，这2%的金额叫做取现交易费。无论何种交易,如何分成,总是绕不开银联。银联可以理解为信用卡支付的一条道路。在中国国内,目前必须走这条路才能实现交易。但是,到了其他国家,负责清算的肯定就不是银联一家了。

　　信用卡固然很方便,无需财产担保,但也因此存在很多风险。没有按期还款的人很多,有人在明知没有还款能力的情况下,向多家银行申请了信用卡,频繁刷卡,大肆透支,之后躲避还款,最终被查获而落入法网。遇到这样的情形,银行方面就得不偿失了,而且很难杜绝这种犯罪行为。在信用卡部,工作人员经常讨论法律、黑客攻击和遏制犯罪的话题。在他们看来,运作信用卡不仅是一件高技术和高智商的事情,还要研究心理学和犯罪动机,甚至需要和罪犯打交道,毕竟信用卡诈骗的事件层出不穷,呈现逐年递增的趋势。

　　（改写自《一张信用卡的秘密》,张友红,《读者》2010年第24期）

词语表

基础词语

1	原理	yuánlǐ	【名】	principle	6
2	合约	héyuē	【名】	contract	
3	规格	guīgé	【名】	specifications	6
4	加工	jiāgōng	【动】	to manufacture	6
5	发行	fāxíng	【动】	to issue, to distribute	6
6	非法	fēifǎ	【形】	illegal	6
7	注入	zhùrù	【动】	to pour into	
8	验证	yànzhèng	【动】	to test and verify	6
9	成型	chéng xíng		shaping	
10	标识	biāozhì	【名】	mark, sign	
11	赋予	fùyǔ	【动】	to endow	6
12	邮递	yóudì	【动】	to send by post	
13	闪耀	shǎnyào	【动】	to shine	
14	光环	guānghuán	【名】	ring of light	

15	兑现	duìxiàn	【动】	to cash	6
16	当面	dāngmiàn	【副】	face to face	6
17	签收	qiānshōu	【动】	to sign after receiving sth.	6
18	繁华	fánhuá	【形】	fourishing	6
19	都市	dūshì	【名】	big city	6
20	繁忙	fánmáng	【形】	busy	6
21	动态	dòngtài	【名】	the movement (in a certain sphere of human activity)	6
22	集聚	jíjù	【动】	to get together	6
23	等级	děngjí	【名】	grade, rank	6
24	评定	píngdìng	【动】	to pass judgment on	
25	确信	quèxìn	【动】	to be convinced	
26	把关	bǎ guān		to check on	6
27	必不可少	bì bù kě shǎo		necessary	
28	吸纳	xīnà	【动】	to absorb	
29	对接	duìjiē	【动】	link up	
30	关卡	guānqiǎ	【名】	outpost, checkpoint	
31	审核	shěnhé	【动】	to examine	
32	潇洒	xiāosǎ	【形】	(of one's appearance and manner) natural and unrestrained	
33	额外	éwài	【形】	extra	6
34	级别	jíbié	【名】	grade	6
35	牵引	qiānyǐn	【动】	to tow	
36	譬如	pìrú	【动】	to take... for example	6
37	乐意	lèyì	【动】	to be glad	6
38	合算	hésuàn	【形】	worthwhile, paying	6
39	独吞	dútūn	【动】	to pocket profit without sharing with anyone else	
40	渠道	qúdào	【名】	channel	6
41	假设	jiǎshè	【连】	to suppose, to assume	6
42	布设	bùshè	【动】	to layout	
43	理所当然	lǐ suǒ dāng rán		deservedly	6

44	拿大头	ná dà tóu		to take the lion's share
45	担保	dānbǎo	【动】	to assure, to warrant	6
46	频繁	pínfán	【形】	frequent	6
47	大肆	dàsì	【副】	vigorously	6
48	躲避	duǒbì	【动】	to avoid
49	查获	cháhuò	【动】	to hunt down and seize	6
50	法网	fǎwǎng	【名】	dragnet
51	得不偿失	dé bù cháng shī		more a loss than gain	6
52	黑客	hēikè	【名】	hacker
53	遏制	èzhì	【动】	to keep within limits	6
54	犯罪	fàn zuì		to commit a crime
55	诈骗	zhàpiàn	【动】	to defraud	6
56	递增	dìzēng	【动】	to increase progressively	6

拓展词语

1	双币卡	shuāngbìkǎ	【名】	dual-currency card
2	年费	niánfèi	【名】	annual fee
3	喜刷刷	xǐ shuā shuā		to use credit cards happily
4	利益链	lìyìliàn	【名】	benefit chain
5	账单	zhàngdān	【名】	bill
6	佣金	yòngjīn	【名】	commission
7	收单方	shōudānfāng	【名】	the part who receive the bill
8	取现	qǔ xiàn		to take cash
9	异地	yìdì	【名】	place other than one's own hometown
10	跨行	kuà háng		inter-bank
11	分成	fēn chéng		to divide into tenths; proportional distribution
12	清算	qīngsuàn	【动】	to clear accounts
13	还款	huán kuǎn		to pay the debt
14	透支	tòuzhī	【动】	to overdraft

| 专有名词 |

中国银联　　Zhōngguó Yínlián　　China UnionPay

语言点

❶ 凡是

副词，意思是"只要是"，先提出总括某一范围内的全部，"凡是"后多跟名词短语，下文说明它们无一例外地如何，多有"都、全、无一不、无论如何"等。例：

① 凡是使用POS机的商家都要承担这个费用。
② 凡是他承诺的事，无论如何都会办到。
③ 凡是接受过他帮助的人，无一不感谢他。
④ 这次比赛，凡是参加的同学全可以免费旅行一次。
⑤ 凡是人才，我们都会重用和提拔。
⑥ 凡是使用中国护照的人，不管在哪儿，都会得到中国政府的保护。

❷ 通过　经过

"通过"作介词时指"以人或事物为媒介或手段而达到某种目的。"例：

① 通过这张卡片进行利益分成的渠道，不仅仅是刷卡，还有ATM机取现。
② 通过这件事，我对他有了更深的了解。

"通过"作动词时，意思是指："从一端或一侧到另一侧；穿过"。例：

火车安全通过了隧道。

"通过"作动词时，也指"议案、法律等经过法定人数的同意而成立，考试合格等"。例：

① 劳动法获得了通过。
② 他终于通过了面试，明天就可以来公司上班了。

"通过"作动词时还指"征求有关部门或人的同意等"。例：

这个问题要领导通过，才能做出决定。

"经过"作动词时，意思是"通过处所、时间、动作等。例：

① 我每天都从这家银行门口经过。
② 经过一年的治疗，他恢复了健康。
③ 教室经过打扫，干净多了。

"经过"作名词时，指过程、经历。例：

新郎和新娘介绍了他们的恋爱经过。

❸ 如此一来

插入语，"如此"意思是"这样做"，"一来"意思是"结果如何如何"，"如此一来"表示前面提到的某种状态变化或行为所产生的影响或结果。例：

① 假设小吴在就近的D银行的ATM机上用信用卡取出了1000元现金，如此一来，银联就要向发卡的A银行收取2.6元的手续费，然后，再把其中的2块钱给布设ATM机的D银行作为回报，剩下6毛钱留给自己。
② 这家公司实行了每年降价10%的政策，如此一来，公司销售额开始止跌回升了。
③ 天气发生了意想不到的变化，如此一来，我们只能改变旅游行程了。
④ 公司安装了出勤打卡机，如此一来，谁迟到了，都无法逃过老板的眼睛。
⑤ 洪水冲毁了公路，如此一来，救援计划只能暂时推迟了。
⑥ 中央银行提高了利率，如此一来，贷款者必须增加支出了。

❹ 肯定　一定

做副词时，两个词都表示"无疑问，必定、确定"的意思，基本可以互换。例：

① 但是，到了其他国家，负责清算的肯定（一定）就不是银联一家了。
② 他肯定（一定）不会同意。

但是，两个词还有一些不同点。

"肯定"做动词时，表示"从正面承认事物的存在或真实性"，跟"否定"相对。例：

① 老板充分肯定了我的设计。
② 老师肯定了我最近的进步。

做形容词时表示"确定、明确"。例：

① 请给我一个肯定的答复。
② 他去不去参加比赛，我们现在还不能肯定。

"一定"不能做动词，做形容词时表示"规定的、确定的"，只修饰名词，通常要带"的"。例：

① 每门课都有一定的教学要求。
② 我们要按一定的程序操作电脑。

"一定"作形容词时，也表示"相当的，某种程度的；适当的"，只修饰名词，必须带"的"。例：

① 我们的工作已经取得了一定的成绩。
② 这篇论文具有一定的水平，我同意发表。

"一定"作副词时表示"坚决或确定"。例：

① 你放心，我们一定会成功的。
② 我认为他一定会同意我们的要求的。

❺ 固然　虽然

"固然"是连词，用在前一分句，书面语。表示承认所说的是事实，引起下文转折，常用"但是、可是、然而、却"提出相对立的另一事实。例：

① 信用卡固然很方便，无需财产担保，但也因此存在很多风险。
② 郊区固然好，房子大，空气新鲜，然而上班路远也是事实。
③ 你说的固然有道理，可是这是董事会的决定，我也没办法改变。

"固然"还表示承认甲事实，也不否认乙事实，下文顺接，常用"也、还是、而且、又、更"提出并不对立的事实。例：

① 考试得第一固然好，得不到也没关系。
② 吸引外资，外方固然得益，我们其实更得益。
③ 这场比赛很重要，能现场观看比赛固然好，实在不行，就是能看电视转播也会很开心的。

"虽然"也是连词，用在前一分句，后一分句往往有"可是、但是"等表示转折，意思是"承认甲事为事实，但乙事并不因为甲事而不成立"；这时与"固然"的意思接近，只不过"固然"语气稍强，书面色彩强，"虽然"口语色彩强。例：

① 虽然（固然）我们很有钱，但也还要注意节约。
② 他虽然（固然）工作很忙，可是对学习并不放松。

"虽然"有时也用在后一分句，有"补充承认事实"的意味，这时不能用"固然"。

① 今晚却很好，虽然月光也还是淡淡的。
② 他不想打架，虽然不怕打架。

❻ 大肆

副词，没有顾忌的，不顾及后果地进行，多用于做坏的事情。后面跟动词或动词短语。例：

① 没有按期还款的人很多，有人在明知没有还款能力的情况下，向多家银行申请了信用卡，频繁刷卡，大肆透支，之后躲避还款，最终被查获而落入法网。
② 为了取得非法暴利，一些人大肆走私贩毒。
③ 地震灾区出现了歹徒大肆抢劫的严重事件。
④ 一些人大肆破坏电力设备，盗卖电缆、电线，对此警察组织了专项打击行动。
⑤ 侵略军占领了大片土地并大肆烧杀当地群众。
⑥ 为了竞选连任，他组织人大肆吹嘘自己。

练习

一 选词填空

> 理所当然　遏制　大肆　频繁　繁忙　递增
> 得不偿失　杜绝　额外　把关　加工　赋予

1. 经过卫生部门的努力，这一地区的流行性病毒传播得到了有效的（　　　）。
2. 他工作（　　　），经常没时间吃午餐。
3. 你如果上课只顾查字典，不注意听老师讲解是（　　　）的。
4. 我们必须（　　　）不遵守交通规则，乱穿马路的现象。
5. 最近一段时间以来，这一地区的地震非常（　　　），严重影响了居民的生活。
6. 我只做自己份内的工作，（　　　）的工作必须另外付我钱。
7. 我们公司只负责产品的设计，（　　　）任务由另外的公司承担。
8. 黑客为了报复政府，（　　　）攻击政府网站，造成了相当大的破坏。
9. 他撞坏了我的车，我提出赔偿要求是（　　　）的。
10. 我对自己的设计方案没有把握，还请你替我（　　　）。
11. 把50年前发生的那起重大事件调查清楚，是历史（　　　）我们的责任。
12. 这个国家的犯罪率很高，而且呈逐年（　　　）趋势。

二 用所给词语选择填空

> 肯定/一定　　通过/经过　　固然/虽然

1. 可以（　　　），在不远的将来，太阳能汽车将代替普通燃油汽车。
2. 别高兴得太早，能不能买到票还不（　　　）。
3. （　　　）10年的努力，他的发明终于成功了。
4. （　　　）谈判，双方达成了合作意向。
5. 我还是帮助了他，（　　　）我并不喜欢他。
6. 改编莎士比亚名剧，（　　　）是一次艺术的冒险，更是一次精神的冒险。

三 用所给词语完成句子

1. _____，但环境保护也是不能忽视的。（固然）
2. _____，都可以得到旅行补贴。（凡是）
3. 代表团乘坐的专机出现了故障，_____。（如此一来）
4. 由于警察局治安能力低下，_____。（层出不穷）

5. 如果你要去美国留学，_____。（担保）

6. _____，我们也不会失望的。（假设）

四 根据课文内容判断正误，对的打 √，错的打 ×

1. 在成为信用卡之前，卡片也必须妥善保存在银行。
2. 除银行外，还有一些金融机构可以发行自己的信用卡。
3. 制作信用卡过程中，银行要向制卡厂支付制卡费。
4. 银行需要向银联和VISA缴纳年费。
5. 银联有信用卡的管理系统，关于信用卡的所有资料和动态都在这里集聚。
6. 银行在信用卡出生前就对客户进行过信用评定。
7. 只要按时还款，客户不用为刷卡消费支付任何额外费用。
8. 在信用卡刷卡消费过程中，商家没有好处，所以商家都不愿意接受信用卡。
9. 在中国国内，银联是信用卡支付的必经道路，绕不过去的。
10. 信用卡透支给银行带来很大风险。

五 排序

1. A 毕竟信用卡诈骗的事件层出不穷，逐年增加
   B 在银行看来，运作信用卡
   C 甚至需要和罪犯打交道
   D 还要研究心理学和犯罪动机
   E 不仅是高技术和高智商的事情

2. A 每天在繁华都市里一座高层写字楼里上班
   B 但他是"喜刷刷"大家族中的一员
   C 小吴是一个年轻的80后
   D 工作虽然繁忙
   E 持卡人小吴当面签收了它

3. A 它更可能是生命的充实，内心的满足
   B 财富并不是人生的全部
   C 换来的报酬未必一定是金钱
   D 一个有理想的人，以自己的知识、技能促使社会进步、美好

E 以及受人肯定带来的荣誉感

4. A 一个离校自学的人
   B 师友切磋，亦有益于进德修业
   C 能体验更完善的"社会化"进程
   D 学生在校过集体生活
   E 就不会有这些方便

六 用所给词语说出或写出一段话

1. 请说明"信用卡的制作过程"。

   塑料卡片　合约　规格　加工　磁条　信息
   有效期　验证码　成型　标识　赋予　邮递

2. 请谈谈信用卡的风险。

   固然　担保　还款　频繁　大肆　透支　躲避
   查获　法网　得不偿失　杜绝　遏制　诈骗　层出不穷

七 阅读下列短文，根据短文内容选择唯一恰当的答案

有人问华人富豪李嘉诚做人成功的要诀为何，他认为做人成功的重要条件是，让你的敌人都相信你。要做到这样，第一是诚信。答应别人的事，明知自己吃亏都会去做，这样一来，人家说，在商业交往上，李嘉诚答应的事，比签合约还有用。

曾经，他有个对手，人家问他："李嘉诚可靠吗？"那人说："他讲过的话，就算对自己不利，他还是按诺言照做，这是他的优点。"答应人家的事，即使自己吃亏还是照做，让敌人都相信你，你就成功了。

举个例子，有一次，李嘉诚的长江集团公司将和一家拥有大量土地的公司进行合作，那家公司有个董事跟其他的同业是好朋友，有利益关系，就问他为什么要跟长江集团合作，不考虑其他公司。那个董事告诉朋友，因为他们主席说："跟李嘉诚合作，合约签好以后你就高枕无忧了，麻烦就没有了；跟其他人合作，合约签好后，麻烦才开始。"

这次合作，长江集团赚了很多钱，对方也赚了很多，是双赢。

敌人相信你，不单只因为你诚信，还因为他相信你不会伤害他，不会用不正当的手段来得到任何东西，或是伤害任何一个人。除了诚信，第二是自强不息，第三是要追求知识和准确的信息。

1. 李嘉诚认为做人成功的要诀不包括下面哪项？
   A. 诚信　　　　　　　　　　　　B. 自强不息
   C. 追求知识和准确信息　　　　　　D. 发展友谊
2. 下面哪项最说明李嘉诚的诚信？
   A. 不管有利与否，按诺言去做　　　B. 按合约去做
   C. 不轻易许诺　　　　　　　　　　D. 总是让自己吃亏
3. 李嘉诚的对手认为李嘉诚怎样？
   A. 相信他不会伤害对手　　　　　　B. 不用不正当手段得到任何东西
   C. 可靠　　　　　　　　　　　　　D. 自信
4. "跟李嘉诚合作，合约签好后你就可以高枕无忧了，麻烦就没有了；跟其他人合作，合约签好后，麻烦才开始"这句话说明李嘉诚
   A. 细心　　　　　　　　　　　　　B. 随和
   C. 有能力　　　　　　　　　　　　D. 守信用

副课文

人一生的三个钱包

　　人一生会有三个钱包，可以使用三种钱。一个是现金或资产，这些东西是物化的，可以看得到，比如在银行存了100万元，或者有100万元的房产、100万元的股票。第二个钱包是信用，决定着别人口袋的钱你能支配多少，比如你给某某打电话借100万元，结果下午钱就到账了。第三个是心理的钱包。花100万元，你觉得挺少的，因为你有1亿元。如果你只有1万元，花了9999元，你就会觉得快要破产了。同样一种花钱方式，在不同情境、不同心态下，你对钱多钱少的感觉不一样。

　　实际上，人的一生每天都在算这三个钱包，做一个好的企业，要放大第二个钱包，调整第三个钱包，守住第一个钱包。守住第一个钱包是根本，放大第二个钱包来促进第一个钱包的增长，第三个钱包是调整心理预期和实际的风险控制，不让自己处在高风险的地方，让心理钱包总是保持平衡。

　　我们来看一下钱包是怎么鼓起来的。人一生赚的钱大概有三个三分之一。第一个三分之一就是我们讲的现金和资产。它是怎么挣来的呢？就是在专业化领域里慢慢积累，贱买贵卖，寻找差价，再通过管理使其慢慢增长，赚的量取决于所占市场份额、整个市场的增长情况。第二个三分之一是国力增强给你发的奖金。一个国家或地区的经济腾飞要用二三十年时间，如果你能熬上十五六年，基本上就可以拿到这个奖金，现在人民币开始小幅度升值，即便你什么都不干，守着现在的钱包，10年后你的钱也涨了不少，国民财富不断增加，人民币不断升值，第二个三分之一的获得在于第一个三分之一的生意做得安稳，并能够坚持到发奖金的时候。第三个三分之一是全世界给你发的奖金。如果你有2亿美元的一个公司，符合在美国上市的条件，资本市场会给你的股票定价，以后你把股票抛了，就是全世界又给你发了一次奖金，像百度，是个新公司，没什么资产，但在资本市场得到投资人认可，可以预期回报，于是跨过第二个三分之一，直接到世界上拿奖金。

　　如果一生做得好，这三笔钱都能拿到，就可以变成很有钱的人，条件是你必须遵纪守法，每次奖励都是先要接受考察的，资本市场、法律、道德都在权衡你。李嘉诚做了几十年生意，挣了一些钱，港币升值又挣了一笔，通过不断上市挣了第三笔，所以做大了。多数人只能拿到其中的一部分钱，比如开个餐馆，一辈子挣的就那些钱，汇率的变化对他影响也不大。有的人就挣上市的钱，挣了一笔，由于第一个三分之一的基本功不好，没坚持把商业模型做好，上市的时候蒙了一把钱，就被别人揭穿了，最后就麻烦了，企业破产了。

做一个好的企业是可以挣到这三笔钱的。第一笔钱靠积累，第二笔钱靠耐心，第三笔钱靠智慧。

（改写自《人一生的三个钱包》，冯仑，《读者》2008年第14期）

词语表

基础词语

1	资产	zīchǎn	【名】	assets, property	6
2	物化	wùhuà	【动】	to materialize	
3	房产	fángchǎn	【名】	house property	
4	支配	zhīpèi	【动】	to control, to dominate	6
5	差价	chājià	【名】	price difference	
6	取决于	qǔjuéyú		be decided by	
7	国力	guólì	【名】	national power	
8	腾飞	téngfēi	【动】	to boom	
9	安稳	ānwěn	【形】	smooth and stable	
10	资本	zīběn	【名】	capital	6
11	抛	pāo	【动】	to throw	
12	认可	rènkě	【动】	to agree, to accept	6
13	遵纪守法	zūn jì shǒu fǎ		observing discipline and obeying the law	
14	奖励	jiǎnglì	【动】/【名】	reward	6
15	权衡	quánhéng	【动】	to weigh, to balance	6
16	基本功	jīběngōng	【名】	basic training, basic skill	

17	模型	móxíng	【名】	model	6
18	蒙	mēng	【动】	to deceive	6
19	揭穿	jiēchuān	【动】	to expose	

拓展词语

| 升值 | shēng zhí | | to revalue, to appreciate |

专有名词

| 1 | 李嘉诚 | Lǐ Jiāchéng | Li Kashing |
| 2 | 百度 | Bǎidù | Baidu |

思考题

1. 人的一生有哪三个钱包？
2. 做一个好的企业应该怎样处理这三个钱包？
3. 人一生赚的钱是哪几个三分之一？
4. 现金和资产一般是怎么赚来的？
5. 怎样理解国力增强会给你"发奖金"？
6. 怎样让全世界给一家企业发奖金？
7. 要拿到文章中提到的三笔钱有哪些条件？
8. 这篇文章给你哪些启发？

美的相貌从何而来？

课文

我常常希望人们有时间去街上走一走，坐一坐公共汽车，然后，可以观察一下所有在车上坐的人，无论在上班之前还是下班之后，看一下众生相，就会发现，人人脸上都有病相。

什么叫人人脸上都有病相呢？

这个人脸上有愁苦，那个人脸上有焦灼；带着孩子去看病的母亲的脸上忐忑不安；这个人脸上在生气，那个人脸上有嫉妒。他们脸上都显示了放不下的心理包袱，都有可以称之为病和累的东西。这些消极的情绪就会报复到那个人的容貌上。

大家去琢磨，你苦了，就是一副苦相。如果这个苦相要维持三十年呢？这个苦相、这个表情就变成了饱经沧桑的相貌。其实，不用三十年，一年就能改变相貌。有的人这一年心情不好，一年的愁苦就变成了相貌，一年的愤怒就变成了相貌。我有一句格言，叫做：相貌是凝固了的表情，表情是瞬间的相貌。所以你看，好的情绪又会报答你的容貌。这个老人一生比较乐观、开朗，安详、和蔼，高高兴兴，他到了晚年，就会慈眉善目，一个慈善相就成了相貌。这个相貌和他温和的性格，在他三十岁的时候，在他生育的时候，还会通过基因遗传给孩子，这个东西不但一代遗传，还会累代遗传呢。

人的相貌会变，眼睛的变化最大。小孩子刚出生，个个眼睛都明亮清澈，但一旦长大，眼睛就渐渐失却了晶莹纯净，多了一些迷蒙混浊，到了晚年，相貌的衰老更体现在眼睛上，不是目光呆滞就是深不可测。许多中学时代的同学，十多年不见，再次相见，就会发现，虽然岁月并没有大大改变昔日的容貌，但唯独眼睛的变化却非常大，特别是眼神，泄露出主人的曲折经历与情感遭遇。一个生活顺利、家庭幸福的人，他的眼神就会闪烁出柔和的神采；一个事业一帆风顺的人往往眼神中洋溢着神气。"眼睛是心灵的窗户"这话绝对有道理。

我们想一想，当你有一脸苦相的时候，时间长了就变成了相貌了。可是你知不知道，当你发怒的时候，你的五脏干吗呢？五脏六腑都是有相貌的。你神经紧张的时候，为什么肠胃容易痉挛呢？你的脸抽筋，胃也在抽筋嘛。那个胃原来挺好的，一抽就有表情，肯定有变化的。你额头皱着，你相应的器官肯定也在发皱。人的表情长久了，就变成相貌，五脏六腑的表情长久了，也就会变成相貌。你的肠胃老在发皱，时间长了就固定下来了，成了疾病，成了相貌，不是表情了。而且在你生育的时候还要遗传给孩子，这就是奥妙。

当你很恐惧，很担心时，为什么常常说"提心吊胆"呢？当你那个心理状态是提心吊胆的时候，可能你的心和胆非常紧张，好像被提得很高，直到嗓子眼儿，快要跳出来，你自己感觉感觉。我们的医学家如果愿意去测量，人处于提心吊胆的状态，他的心和胆的某些肌肉纤维肯定就是拉长的，悬挂起来的、吊起来的，这是很有可能的。

传统中医理论认为人的情绪与心情会对健康产生很大影响。一时的坏情绪也好，最近一段时间的坏心情也好，都会直接影响到人体内的各种器官。这时器官只能是被动地忍受伤害。比如说，过度的相思与忧愁会伤害到肺，《红楼梦》里的林黛玉，《家》里的梅表姐都是因为失恋，过分忧愁、思虑，天天以泪洗面，最终都因肺病而死。中医还认为，恐惧会伤害到肾脏，这一点也被现代医学所证明。人体肾脏表面有肾上腺，能够分泌肾上腺素，当人受到突然惊吓时，肾上腺素突然分泌大增，强烈刺激心脏，使其收缩力上升，使筋骨、心脏和肝的血管突然扩张，极易导致死亡。因此人们常说的"真是吓死人了"，是可能发生的。过度的欢喜会伤害心脏。大喜大悲很容易导致心脏病突然发作死亡，这样的现象在日常生活中是不难见到的。发怒会伤到肝，许多肝病的诱发因素就是一次大的生气，这种情况也很多。器官对坏情绪的容忍是有限的，因此，时常处于激烈的情绪和不好的心情之中，必然对身体造成极大的伤害。

　　人的表情、神态会凝固成为相貌，疾病实质上是五脏六腑的不正常的相貌。明白了这一点，我们可能就不会只试图保养外表，甚至受罪去整容，而疏忽心情和心态的调整了。我们有颗永远快乐的心，保持舒畅、温和的心情，我们就会有美的相貌和健康的身体，反之我们就会丧失健康。而要想保持快乐美好的心情和健康年轻的身体，说到底必须要有健康、积极的生活态度。心灵健康，身体才会健康，心中有爱，微笑才会自然，做一个脸上常挂笑容的人，这能令你看起来更加美丽。

　　（改写自《美的相貌从何而来？》，柯云路，《意林》2010年23期）

词语表

基础词语

1	众生相	zhòngshēngxiàng		all kinds of faces
2	病相	bìngxiàng		disease phase
3	愁苦	chóukǔ	【形】	sad
4	焦灼	jiāozhuó	【形】	very anxious
5	忐忑不安	tǎntè bùān		uneasy
6	嫉妒	jídù	【动】	to envy, to be jealous of	6
7	包袱	bāofu	【名】	package, burden	6
8	报复	bàofù	【动】	to retaliate	6
9	容貌	róngmào	【名】	one's appearance	6
10	饱经沧桑	bǎo jīng cāngsāng		to have experienced many vicissitudes of life	6
11	相貌	xiàngmào	【名】	looking
12	格言	géyán	【名】	aphorism
13	瞬间	shùnjiān	【名】	moment
14	报答	bàodá	【动】	to repay (a kindness, favor)	6
15	开朗	kāilǎng	【形】	optimistic	6

16	安详	ānxiáng	【形】	composed	6
17	和蔼	héǎi	【形】	friendly	6
18	慈眉善目	cí méi shàn mù		benignant looking	
19	温和	wēnhé	【形】	moderate	6
20	生育	shēngyù	【动】	to give birth to	6
21	晶莹	jīngyíng	【形】	sparkling and crystal-clear	6
22	纯净	chúnjìng	【形】	pure	6
23	迷蒙	míméng	【形】	mist	6
24	衰老	shuāilǎo	【形】	old and feeble	6
25	呆滞	dāizhì	【形】	lifeless	6
26	深不可测	shēn bù kě cè		abysmal or incomprehensible	
27	岁月	suìyuè	【名】	years	6
28	昔日	xīrì	【名】	former times	6
29	唯独	wéidú	【副】	only	6
30	眼神	yǎnshén	【名】	expression in one's eyes	6
31	泄露	xièlòu	【动】	to let out, to reveal	6
32	闪烁	shǎnshuò	【动】	to twinkle	6
33	柔和	róuhé	【形】	soft	6
34	一帆风顺	yì fān fēng shùn		to proceed smoothly without a hitch	6
35	洋溢	yángyì	【动】	to brim with	6
36	神气	shénqì	【形】	spirited, vigorous	6
37	皱	zhòu	【动】	to wrinkle, to crumple	6
38	奥妙	àomiào	【名】	secret	6
39	恐惧	kǒngjù	【形】	terrified	6
40	提心吊胆	tí xīn diào dǎn		be always on tenterhooks	
41	测量	cèliáng	【动】	to test	6
42	纤维	xiānwéi	【名】	fiber	6
43	悬挂	xuánguà	【动】	to hang	6
44	被动	bèidòng	【形】	passive	6
45	忍受	rěnshòu	【动】	to bear	6

#	词	拼音	词性	释义
46	相思	xiāngsī	【名】	yearning between lovers
47	忧愁	yōuchóu	【形】	depressed
48	思虑	sīlǜ	【动】	to think
49	以泪洗面	yǐ lèi xǐ miàn		tears bathed the cheeks
50	收缩	shōusuō	【动】	to contract
51	诱发	yòufā	【动】	to cause to happen
52	容忍	róngrěn	【动】	to tolerate
53	时常	shícháng	【副】	often
54	神态	shéntài	【名】	look
55	试图	shìtú	【动】	to try
56	保养	bǎoyǎng	【动】	to take care of
57	外表	wàibiǎo	【名】	appearance
58	受罪	shòu zuì		to have a hard time
59	疏忽	shūhu	【动】	to neglect
60	反之	fǎnzhī	【连】	otherwise
61	丧失	sàngshī	【动】	to forfeit, to lose

拓展词语

#	词	拼音	词性	释义
1	累代	lěi dài		several generations
2	五脏	wǔzàng	【名】	internal organs
3	五脏六腑	wǔ zàng liù fǔ		internal organs
4	痉挛	jìngluán	【动】	spasm
5	抽筋	chōu jīn		clonus
6	额头	étóu	【名】	forehead
7	中医	zhōngyī	【名】	Chinese medicine
8	肾脏	shènzàng	【名】	kidney
9	肾上腺	shènshàngxiàn	【名】	adrenal gland
10	分泌	fēnmì	【动】	to excrete
11	肾上腺素	shènshàngxiànsù	【名】	adrenalin
12	血管	xuèguǎn	【名】	blood vessel
13	整容	zhěng róng	【动】	to have a face-lift

专有名词

1	《红楼梦》 Hónglóumèng	*Dream of the Red Chamber*, the famous classical novel written by Cao Xueqin in Qing Dynasty, China
2	《家》 Jiā	*The Family*, famous modern novel, written by Bajin

语言点

1 相

名词，构词时位置在后，指相貌；外貌，所表现出的样子。例：

① 看一下众生相，你会发现，人人脸上都有病相。
② 这个老人长着一副慈善相，谁都愿意和他交往。

名词，表示坐、立等的姿态。例：

① 这个孩子没有人管过他，坐没坐相，站没站相，很没有教养。
② 他的站相很帅，像一个大明星。

2 唯独　唯一

两个词词性不同，用法也不同。

"唯独"副词，限定范围，意思是"单单"。上文多有与之相对比的内容。多修饰名词、名词短语、动词短语或主谓短语。例：

① 许多中学时代的同学，十多年不见，再次相见，就会发现，虽然岁月并没有大大改变昔日的容貌，但唯独眼睛的变化却非常大，特别是眼神，泄露出主人的曲折经历与情感遭遇。
② 我本来记性特好，唯独这次忘记了。
③ 大家都喜欢老师送的礼物，唯独他不喜欢。
④ 关于理想，他什么都想过，唯独没想过当演员。
⑤ 他什么课都喜欢，唯独不喜欢体育课。
⑥ 谁都有礼物，唯独没有我。

"唯一"是形容词，表示"只有一个，独一无二"。例：

① 快决定吧，这是唯一可行的办法。
② 孩子是她唯一的亲人。

❸ "一脸"及名量词

"脸"本来是名词,这里做临时量词,"脸"前面的数词只限于"一","一"相当于形容词"满",不能重叠表示遍指,可以看作还是"名词"。类似的有"一肚子不高兴"、"一院子树叶"、"一身泥"。例:

① 当你一脸苦相的时候,时间长了就变成了相貌。
② 昨晚你没睡好吗?怎么一脸的疲倦。
③ 好几年不见了,我和你有一肚子的话要说。
④ 秋风一吹,落了一院子的树叶。
⑤ 下雨天他摔了一跤,弄了一身泥。
⑥ 天太热,我出了一头汗。

❹ 处于　位于

两个词都是动词,但是意思和用法不同。

"处于"表示"在某种地位或状态",必带名词宾语。例如:处于领先地位、处于困难时期、处于昏迷状态。例:

① 人处于提心吊胆的状态,他的心和胆的某些肌肉纤维肯定就是拉长的。
② 这家公司的汽车生产技术处于世界领先地位。
③ 目前许多出口企业处于困难时期。
④ 目前国内物价处于较高水平。
⑤ 中国在人工合成胰岛素研究方面处于世界前列。
⑥ 这所大学正处于高速发展时期。

"位于"表示"位置处在某处"。例:

① 这所大学位于市中心。
② 中国位于亚洲大陆的东南部。

❺ 容忍　忍受

两个词都是动词,都有"抑制住不良环境、痛苦、困难、不幸等,不使表现出来"的意思,但是两个词在意思和用法上有区别。

"容忍"有宽容忍耐的意思,多用于对人或行为,多用否定形式或反问,很少直接带宾语。例:

① 器官对坏情绪的容忍是有限的,因此,时常处于激烈的情绪和不好的心情之中,必然对身体造成极大的伤害。
② 他的错误行为使人不能容忍。

③ 像他那样的人你怎么能容忍他那么久？
④ 我一直在容忍他的坏脾气，只是因为他是个孤儿。

"忍受"有"把痛苦、困难、不幸的遭遇等勉强承受下来"的意思，多直接带宾语。例：

① 他忍受着失恋的痛苦，完成了任务。
② 他无法忍受在国外生活的孤独感。
③ 老师忍受着病痛，坚持把课上完。
④ 我忍受不了他的坏脾气，决定和他分手。

6 试图　企图

两个词都是动词，但意思和用法不同。

"试图"的意思是"打算，想去试着做某事"，其结果多为不成功。语气比较正式。例：

① 明白了这一点，我们可能就不会只试图保养外表，甚至受罪去整容，而疏忽心情和心态的调整了。
② 我试图改变他的生活习惯。
③ 他试图为公司闯出一条新路，可是失败了。
④ 我试图忘记这件事，可是我做不到。

"企图"作动词时意思是"图谋、打算"，多含贬义。例：

① 敌人企图逃跑，被我军抓获了。
② 这个人企图欺骗顾客，被顾客发觉了。

"企图"还可以作名词，表示"意图"，多含贬义。

① 我们识破了无良商人以次充好的企图。
② 别误会，我们没有排挤你们的企图。

一　选词填空

> 嫉妒　收缩　测量　泄露　痉挛　深不可测
> 疏忽　相应　洋溢　诱发　保养　提心吊胆

1. 小王的丈夫是警察，工作很危险，每次丈夫执行任务，她都（　　　　）的。
2. 他因为不小心，（　　　　）了机密，给公司造成了重大损失。
3. 国庆节这天，街道上到处（　　　　）着节日的气氛。
4. 这台机器可以精确地（　　　　）建筑的高度。

5. 他总是（　　　　）同事的成功。
6. 由于一时（　　　　），我把护照忘在火车上了。
7. 他不敢往前走了，他担心在这个（　　　　）的山洞里会迷路。
8. 大量饮酒抽烟容易（　　　　）心脏病。
9. 金融危机，使我们公司的市场大大（　　　　）了。
10. 他的胃不好，经常发生胃（　　　　），非常痛苦。
11. 为了保证铁路安全，警察采取了（　　　　）的保护措施。
12. 他的汽车由于（　　　　）得很好，开了一年还像新车一样。

二 用所给词语选择填空

（一）

> 容忍/忍受　试图/企图　处于/位于　唯独/唯一

1. 他（　　　　）着疾病的痛苦坚持工作。
2. 随地吐痰的坏毛病是不能（　　　　）的。
3. 他（　　　　）说服妈妈同意他买那辆车。
4. 毒贩用汽车油箱偷运毒品的（　　　　）被发现了。
5. 晚会结束很久了，同学们还（　　　　）兴奋之中。
6. 新公寓（　　　　）外滩繁华地段。
7. 这是一套（　　　　）在售的高档二手房。
8. 大家都同意去南京旅游，（　　　　）他反对。

（二）

> 保持/维持　和蔼/慈善　相貌/表情　心情/心态　凝固/固定

1. 公司经营不善，能不能（　　　　）下去还说不定。
2. 她每天坚持健身，就是为了（　　　　）良好的体形。
3. 老师站起来，（　　　　）地看着他，要他不要紧张。
4. 很多人把自己的遗产捐献给政府或民间组织，用于发展（　　　　）事业。
5. 他的（　　　　）和那个世界著名影星非常相像。
6. 看到自己的作品无人理睬，他的（　　　　）很难看。
7. 看起来今天他的（　　　　）不错，见到每个人都主动打招呼。
8. 做一家金融企业的老板，必须有良好的（　　　　），才能应对各种风险。
9. 由于天气太冷，油漆已经（　　　　）了。
10. 他每天的起床时间是（　　　　）的。

三 在括号中填入适当的临时量词

> 一脸，一肚子，一院子，一身，一手

1. 小孩子从地上爬起来，哭着跑向母亲，他有（　　　）的委屈要告诉母亲。
2. 他对公司非常不满，总是有（　　　）的牢骚话要讲。
3. 昨晚的一场大风，刮下（　　　）的树叶来。
4. 大雨中他摔倒在泥塘里，弄了（　　　）泥。
5. 两个好朋友刚见面就有（　　　）的知心话要说。
6. 你看他（　　　）的苦相，就知道他的生活不幸福。
7. 昨天发生了什么事，怎么（　　　）的不高兴。
8. 这个小男孩不小心把颜料桶打翻了，弄了（　　　）颜料。

四 在括号中填入适当的临时量词

1. 如果环境改变了，我们的工作方法，＿＿＿＿＿＿＿＿＿＿＿＿＿＿＿＿。（相应）
2. 当你＿＿＿＿＿＿＿＿＿＿＿＿＿＿＿时，你必须保持冷静，然后再思考解决的办法。（处于）
3. 别担心，＿＿＿＿＿＿＿＿＿＿＿＿＿＿＿＿＿，公司的正常运营不会受到太大影响的。（不过……而已）
4. 邮箱里收到的那些大量的没有用的邮件，＿＿＿＿＿＿＿＿＿＿＿＿＿＿。（称之为）
5. 海盗开始登船了，乘客们＿＿＿＿＿＿＿＿＿＿＿＿＿＿＿＿＿。（忐忑不安）
6. 她的婚姻很不幸，丈夫经常找别的女人，她＿＿＿＿＿＿＿＿＿＿＿＿。（以泪洗面）

五 根据课文内容判断正误，对的打 √，错的打 ×

1. 人人身体有病，因此人人脸上都有病相。
2. 苦的表情要维持三十年，才凝固成苦的相貌。
3. 一个人的相貌在生育的时候，会通过基因遗传给下一代。
4. 一个人如果经受挫折和遭遇很多，人们会从他的眼神里看出来。
5. 一个人神经紧张的时候胃容易痉挛。
6. 人即使处于提心吊胆的状态，心和胆也不会是拉长的。
7. 人们情绪忧愁的时候会伤害到心脏。
8. 一次大的发怒有可能诱发肝病。
9. 从长期看，心情和心态不会影响到人的相貌。
10. 激烈的情绪只会对身体造成伤害，不会使相貌变丑。

六 排序

1. A 有的人这一年心情不好，一年的愁苦就变成了相貌，一年的愤怒就变成了相貌
   B 大家去琢磨，你苦了，就是一副苦相
   C 如果这个苦相要维持三十年呢？这个苦相，这个表情就变成了相貌
   D 因此，我有一句格言：相貌是凝固了的表情，表情是瞬间的相貌
   E 其实，不用三十年，一年就能改变相貌

2. A 这就是奥妙
   B 你的肠胃老在发皱，时间长了就固定下来了，成了疾病，成了相貌，不是表情了
   C 五脏六腑的表情长久了，也就会变成相貌
   D 而且在你生育的时候还要遗传给孩子
   E 人的表情长久了，就变成相貌

3. A 一个心理健康的人，一定具有良好的心理素质和正常的心理活动
   B 那么他一定是一个心理健康的人
   C 反过来讲，一个人如果具有良好的心理素质和心理状态，能够进行正常的心理活动
   D 即他必然有正常的智力、坚强的意志、丰富的感情、良好的个性心理特征和社会适应能力
   E 怎样衡量一个人是否心理健康呢

4. A 唯一的途径就是利用它来做最艰苦的工作
   B 让它养尊处优
   C 如果你希望将自己的右臂锻炼得更强壮
   D 相反，如果长期不使用你的右臂
   E 其结果就是使它变得更虚弱甚至萎缩

七 用所给词语写出或说出一段话

1. 谈谈人的脸上会有哪些病相。

   众生相　观察　无论……还是……都　愁苦

   焦灼　忐忑不安　嫉妒　生气

2. 为什么说疾病是器官不正常的相貌？

   不过……而已　发怒　恐惧　提心吊胆　神经紧张

   痉挛　五脏六腑　忧愁　思虑　肺　肾　肝　心　胆

3. 谈谈人的眼睛怎样随着年龄的变化而变化的。

   清澈　明亮　纯净　迷蒙　呆滞　混浊　深不可测

   泄露　遭遇　曲折　经历　幸福　得意　心灵的窗户

4. 谈谈你对自己相貌的看法。

   保养　心态　健康　心情　态度

   微笑　慈善　开朗　乐观

八 请将下面这篇文章缩写成一篇短文，要求如下：

（1）标题自拟；

（2）只需复述文章内容，不需加入自己的观点；

（3）内容完整，条理清楚；

（4）字数为400字左右。

我是一个空中飞人，常常因为商务活动乘飞机往返于欧美等国家。飞机上究竟哪个位置是最安全的呢？这是一个仁者见仁、智者见智的问题。有说靠近安全出口，有说靠近机翼，有说飞机后部，各种说法都有。一般飞机失事会伴随爆炸、失火、浓烟等现象，就算坐在安全出口，在事发的时候也被吓呆了，逃脱能力不强，也会丧命。正如我们的飞机设计师告诉我们的那样，飞机上哪个位置的安全系数都是一样的，没有所谓最安全的位置。所以说飞机哪个位置最安全，是由多方面的原因综合决定的，与飞机的质量、飞行员的技术、飞行时的自然状况和乘客的应变能力有着紧密联系，试想，要是从高空掉下来，无论坐在哪个位置，都足以让人粉身碎骨。

最安全的位置是自己选择的。当然，不是选择飞机上的座位，而是选择坐哪家公司的飞机，选择坐哪天的飞机。天气不好的时候，最好避免出行，声誉不好的航空公司自然也要谨慎考虑。

另外，还要提高自己险中求生的能力。经常乘飞机的朋友可以多看一些关于飞机失事如何生存的书籍，或者接受相关的培训，以防万一。当你增强了自身的求生素质，其实在心里也就给自己找了一个最安全的位置。

人生其实就是一个选择，不同的选择会结出不同的人生之果。我看到有个博友写他险些坐上了失事飞机，要不然我们大家也看不到他的文字了。一般飞机失事是由多种小事件加在一起而酿成的大错，但是也不是没有规律可循的。

1）我们应该选择坐大飞机。飞机越大，安全系数越高。所以小飞机、私人飞机都尽量少坐。

2）质量是否高，安全记录是否良好，这是非常重要的，按照比例来说，波音、空客应该是最安全的。经验和严格的质量控制是决定飞机安全性能的重要因素。比如波兰总统失事的专机，安全记录向来欠佳。

3）航空公司是否有雄厚的经济和技术实力，是否有先进的管理模式以及丰富的飞行经验。

4）要尽量选择直飞班机，减少转机次数，因为飞机失事一般是发生在起飞爬升、下降着陆的时候。

你要旅行，会选择什么样的航空公司呢？我想一定是对安全负责的航空公司。同理换位思考，为了自己的生命安全，为了家庭的幸福，为了社会的稳定，建议我们大家做工作都应认真，保证质量，精益求精。

副课文

身体揭示的"心病"

路易斯·海是一位美国的女心理学家。她有一个令人惊讶的说法——我们每个人创造了自己的疾病。她强调我们要学会倾听身体的语言。身体的语言，有时候是模糊的，有时候声东击西、含糊不清。我们要有和自己对话的经验。路易斯·海给出了一个身体语言的小词典。

"头发"代表力量。在某种程度上，也释放着求偶的信息。脱发，表示着健康程度的下降和过度紧张。

"耳朵"代表听的能力。当耳朵出现问题的时候，代表着在某种程度上，你再也不想听到某些东西了，代表着你对所听到的东西生气了。

"眼睛"代表看的能力。当眼睛出现问题的时候，通常代表着我们生活中有什么东西，是你不愿意看到的。比如我们有这么多戴眼镜的孩子，那就是他们对过重的学习负担的无声反抗，如果他们对这些无能为力，他们将在无意中调整自己的视力，这样他们就看不大清楚了，可以保护自己，不愿面对未来。

"颈部"代表灵活的能力。特别固执的人，尤其是对环境有某些顽固的感受的人，容易罹患严重的颈椎病。比如有些人就顽固地相信自己从小学来的方式是最好的。他们不愿意改变的时候，颈椎往往成了替罪羊。

"咽喉"代表我们大声说话的能力。表达你所希望得到的，你所企求的。当我们的喉咙出现问题的时候，通常意味着我们觉得自己说某些话是不恰当的。它还代表着身体内部的创造力。能量集中在咽喉部。比如，当你准备发言的时候，你通常要清清喉咙。

"后背"代表我们的支持系统。后背出现问题，意味着我们感到没有支持。如果觉得自己失去了家人、配偶、孩子、老板、朋友等人的支持，感觉到支持受到破坏的时候，人极容易感到背痛，丧失力量感。大家常常会说"身后有强大的力量""背负着重大的责任"，就是这个意思。当我们支持某个人的时候，我们会说，我会站在你的背后。还有，没钱或是害怕没钱的时候，也容易背痛。

"心脏"代表爱。如果你看到到处都是红色的桃心，就明白这个观念是如何深入人心了。

胃有病的时候,一般来说是有什么我们不得不下咽的东西,你得接受它,你必须强咽下去,可你不喜欢,于是你的胃就代表你提抗议了。

(改写自《身体揭示的"心病"》,毕淑敏,《中外健康文摘》2010年第5期)

词语表

基础词语

1	声东击西	shēng dōng jī xī		to look one way and row another
2	含糊	hánhu	【形】	ambiguous
3	经验	jīngyàn	【名】	experience
4	下降	xiàjiàng	【动】	to fall
5	反抗	fǎnkàng	【动】	to revolt
6	无能为力	wú néng wéi lì		helpless
7	固执	gùzhi	【形】	obstinate
8	顽固	wángù	【形】	stubborn
9	颈椎病	jǐngzhuībìng	【名】	cervical spondylosis
10	配偶	pèi'ǒu	【名】	spouse
11	替罪羊	tìzuìyáng	【名】	scapegoat
12	深入人心	shēn rù rén xīn		deeply rooted in people's mind

拓展词语

1	求偶	qiú ǒu		to seek a life partner
2	脱发	tuō fà		to lose one's hair
3	罹患	líhuàn	【动】	to suffer from a disease

思考题

1. 为什么说"每个人创造了他自己的疾病"?
2. 根据路易斯·海的观点,"脱发"表示什么?
3. 耳朵为什么会出现问题?
4. 当眼睛出现问题的时候,通常代表着什么?
5. 为什么特别固执的人容易患颈椎病?
6. 当人们准备发言的时候,为什么通常要清清喉咙?
7. 情绪不好,对胃有什么影响?
8. 你同意路易斯·海的看法吗?

10 新能源误解

课文

从地球蕴藏的能源数量来看,自然界不存在无限的能源资源。新能源是指传统能源之外的各种能源形式,是直接或间接地来自于太阳或地球内部所产生的热能。新能源对于解决当今世界严

重的环境污染问题和资源枯竭问题具有重要意义。但是,目前人们对新能源的开发和利用还存在一些误解。

有人认为核能不安全。在最近的一次美国全国民意调查中,72%的受访者对核电站可能发生的事故表示担忧。然而,截至2010年,在60年的核能运用历史中,并没有多少人直接死于核电站事故。

以往,人们总觉得石油等传统燃料更安全,但从统计数据上看,它们更加致命。全球每年,有好几百人因为开采煤炭而失去性命。煤电站的危害也不容忽视,煤电站释放的辐射远远超过核电站,每年有2.4万人因为煤电站污染而死亡,主要死于肺癌等疾病。石油生产也存在隐患,不久前发生的墨西哥湾漏油事故就是一例。

相比煤电站,核电站只释放少量二氧化碳。以美国为例,只需要几百座核电站就足以提供美国所需的全部电力,减少对化石燃料的依赖。

有人指出风力发电不稳定。首先必须承认风力是季节性的,这是它的本质。由于多变的气候,风力发电机实际生产的电力只相当于发电机不间断运转发电量的1/5。但是,能源专家已经想出了应对风力发电不稳定的对策。应对风力断断续续的最好办法就是建立连接不同地区的电网。开发一套监视系统,

能够显示风经过不同区域的状况。依据这些数据，能源公司可以预先制订计划，将一个地区多余的电能输送到需要的地区。

这一对策已经得到实验证实。斯坦福大学的一项最新研究发现，在足够多的风电站通过电网连接的情况下，它们生产的电力至少三分之一是可靠的。剩余的不可靠的部分依然可以通过其他方式加以利用，比如给电动车或电池充电，或加工成可存储的氢燃料。

然而，即使最完善的电网也有局限性。最乐观的估计认为，到2030年，风力发电可以提供全球所需电力的30%，核能、水电将成为风能的补充。在人们对环保愈来愈重视的今天，如果对风能这种零污染的能源不加以利用实在可惜。

更有人说，太阳能永远没有市场竞争力。太阳能电池板虽然贵——每平方英尺约100美元——但长期看绝对有利无弊。

据加州太阳能电力公司估计，一套家用太阳能电池组收回投资成本需要8—12年的时间。这取决于电池板的大小和不同地区的日照强度，这一估计存在巨大差异。随着光电技术的发展，收回成本的时间还会继续缩短。

化学工程师波尔·齐默曼说："如果采用最新的薄膜太阳能电池，收回成本的时间只需要1年。"由于生产规模的扩大，材料的改进，太阳能的投入成本持续下降，自1980年以来，太阳能电池的价格已经大幅下降。

也有人认为，潮汐能注定失败。海潮每天两次涨落，雷打不动，很难找到比它更可靠的自然能源。然而，迄今为止，潮汐能实验尚未取得人们预期的成果。近几年已经有两款新型潮汐涡轮发电机未能通过实际检验，扇叶和轮毂因无法承受不间断的潮水冲击而脱落。但是，如果现在就放弃利用潮汐能为时尚早。法国的Rance潮汐发电厂安装的发电机组，已经连续工作了40年，让人们看到利用潮汐能的希望。

最近，有人提出，水藻无处不在，可以将它变成廉价燃料。一些生物技术公司梦想利用这种小小的绿色生物生产每加仑几美分的廉价燃料，永久性地解决这个星球的交通动力问题，然而这真的能轻而易举地实现吗？

最适合制造生物柴油的微藻能将太阳能转化成油脂，但是实验显示，它们对生存环境相当挑剔。藻燃料研究者花了几十年时间,尝试在开放的池塘中繁殖这种微藻,但是,池塘很快就会被生存能力更强的本土藻类占据,以致产油的微藻失去立足之地。

封闭的生物反应器可以解决这一问题,但会导致成本大幅增加。此外,随着反应器数量增加,表面积与容积的比例逐渐减少,导致微藻无法充分接触阳光,减少它们的油脂产量。藻燃料最终也许能够变得廉价而实用,但还需要大量的实验和昂贵的设施。

由此可见,通往新能源的道路上,诱人的机遇和危险的陷阱并存,选择最佳道路需要清醒的头脑,绝不能盲目跟随。

（改写自《新能源误解》,宇编译,《读者》杂志 2011 年第 2 期）

词语表

基础词语

1	蕴藏	yùncáng	【动】	to hold in store	6
2	无限	wúxiàn	【形】	infinite	
3	间接	jiànjiē	【形】	indirect	6
4	枯竭	kūjié	【形】	exhausted	6
5	核能	hénéng	【名】	nuclear energy	
6	民意调查	mínyì diàochá		survey of public opinion	
7	受访者	shòufǎngzhě	【名】	interviewee	
8	担忧	dānyōu	【动】	to be anxious	
9	截至	jiézhì	【动】	by a specified time	6
10	以往	yǐwǎng	【名】	in the past	6
11	致命	zhìmìng	【形】	fatal	
12	开采	kāicǎi	【动】	to mine	6
13	煤炭	méitàn	【名】	coal	
14	不容	bùróng	【动】	do not allow	
15	癌	ái	【名】	cancer	6

16	足以	zúyǐ	【动】	to be enough to	6
17	化石	huàshí	【名】	fossil	6
18	风力	fēnglì	【名】	wind-force	
19	间歇	jiànxiē	【名】	space, intermission	
20	运转	yùnzhuǎn	【动】	to revolve	
21	应对	yìngduì	【动】	to respond	
22	断断续续	duànduànxùxù		intermittence, off and on	6
23	依据	yījù	【介】/【名】	according to; basis	6
24	加以	jiāyǐ	【动】	to inflict	
25	存储	cúnchǔ	【动】	to store	
26	取决	qǔjué	【动】	to be decided by, to depend on	
27	日照	rìzhào	【名】	sunshine	
28	物美价廉	wù měi jià lián		excellent quality and reasonable price	6
29	投入	tóurù	【动】	to invest in	
30	大幅	dàfú	【形】	by a wide margin	
31	潮汐	cháoxī	【名】	tide	
32	注定	zhùdìng	【动】	to be doomed	
33	尚未	shàngwèi	【副】	not yet	
34	预期	yùqī	【动】	to expect	6
35	冲击	chōngjī	【动】	to lash	6
36	脱落	tuōluò	【动】	to fall off	
37	水藻	shuǐzǎo	【名】	algae	
38	为时尚早	wéi shí shàng zǎo		the time is not yet ripe	
39	梦想	mèngxiǎng	【动】/【名】	to dream of; dream	6
40	加仑	jiālún	【名】	gallon	
41	轻而易举	qīng ér yì jǔ		easy to accomplish	6
42	柴油	cháiyóu	【名】	diesel oil	6
43	转化	zhuǎnhuà	【动】	to change, to transform	
44	挑剔	tiāoti	【动】	to nitpick	6
45	池塘	chítáng	【名】	pond	6

46	本土	běntǔ	【名】	mainland	
47	以致	yǐzhì	【连】	so that	6
48	立足	lìzú	【动】	to have a foothold on	6
49	产量	chǎnliàng	【名】	output	6
50	最终	zuìzhōng	【形】	final	
51	诱人	yòu rén		alluring	
52	机遇	jīyù	【名】	oppotunity	6
53	并存	bìngcún	【动】	to coexist	6
54	清醒	qīngxǐng	【形】	clear-headed, sober	6
55	盲目	mángmù	【形】	blind	6
56	跟随	gēnsuí	【动】	to follow	6

拓展词语

1	核电站	hédiànzhàn	【名】	nuclear power plant
2	煤电站	méidiànzhàn	【名】	van eck
3	氢	qīng	【名】	hydrogen
4	薄膜	báomó	【名】	membrane
5	涡轮发电机	wōlún fādiànjī		turbogenerator
6	轮毂	lúngǔ	【名】	wheel hub
7	反应器	fǎnyìngqì	【名】	reactor
8	表面积	biǎomiànjī	【名】	surface area
9	容积	róngjī	【名】	volume

专有名词

1	墨西哥湾	Mòxīgē Wān	Gulf of Mexico
2	斯坦福大学	Sītǎnfú Dàxué	Stanford University

语言点

① 不容

"不可以、不允许"的意思,表示比较强烈的否定,后边多跟动词。例:

① 煤电站的危害也不容忽视。
② 时间很紧,任务紧迫,不容拖延。
③ 这个消息的真实性不容质疑。
④ 国家的领土主权不容侵犯。

"不容"还有"不能容纳,不能宽容"的意思,可直接做谓语。例:

① 猫狗为何水火不容?
② 不少人抱怨这个地方这也不好那也不行,特别是说这个城市如何不容外地人。

② 相比

"相比较"的意思,用来引入比较的对象,常用结构为"与/跟/和……相比","相比……"。

① 相比煤电站,核电站只释放少量二氧化碳。
② 与健康相比,金钱微不足道。
③ 和其他季节相比,秋天是色彩缤纷的季节。
④ 相比去年,今年的考试题难了很多。

③ 足以

动词,"完全可以、够得上"的意思。"足以"后常常跟动词短语,否定形式为:不足以+动词短语。

① 以美国为例,只需要几百座核电站就足以提供美国所需的全部电力。
② 房价大跌足以引发经济灾难。
③ 这些事实足以说明问题。
④ 你的理由还不足以说服我。

④ 依据

介词,"根据"的意思,用来引进行为的凭据或结论的前提。"依据"有较强的书面语色彩,多用于书面语。例:

① 依据这些数据,能源公司可以预先制订计划。
② 依据大家的要求,从明天起,推迟半小时上班。

名词，表示下结论或行动的基础。

① 你这样做并没有什么科学依据。
② 你认为该案如何处理，处理的法律依据是什么？

❺ 加以

动词，表示如何对待和处理前面提到的事物。后边必须带双音节的动词，这些动词具体表示对待和处理的方式。例：

① 剩余的不可靠的部分依然可以通过其他方式加以利用，比如给电动车或电池充电。
② 如何才能发现孩子的兴趣并加以培养呢？
③ 改革过程中发现问题要及时加以解决。
④ 如果你发现错误却不加以改正，那么你就很难有进步。

连词，表示进一步的原因或条件，相当于"加上"，多用于书面语。例：

① 明明本来就很聪明，加以学习很努力，所以他的学习成绩一直很好。
② 夏天天气热，加以没去医院好好护理，小丽的伤口发炎了。

❻ 取决于

"取决"动词，意思是"由某种条件来决定"，一般都跟"于"连用，用"取决于"引入决定的条件，相当于"由……决定"，后边必须带宾语。例：

① 一套家用太阳能电池组收回投资成本需要8-12年的时间，这取决于电池板的大小和不同地区的日照强度。
② 我们的未来取决于今天的行动。
③ 他能不能得到这份工作，取决于他能否通过面试。
④ 企业好与坏，决定因素在营销，取决于你能卖掉多少产品。

练习

一、选词填空

> 机遇　冲击　挑剔　蕴藏　预期　断断续续
> 截至　枯竭　盲目　以致　清醒　轻而易举

1. 经济危机对中国的出口贸易（　　　）很大。
2. 他的腿摔得很严重，（　　　）几个月都得躺在床上。
3. 大学生不能（　　　）自信，应该正确认识自己的优点和缺点。
4. 这个问题我一直想不出解决的办法，没想到他却（　　　）地解决了。
5. 去美国演出，对她来说是一次很好的（　　　），对她以后的事业将有很大的帮助。
6. 听说人的头发里（　　　）着很多人体的信息，如性别、年龄等。
7. 网络电话效果不太好，声音（　　　）的，听不清楚。
8. 我们应该停止讨论石油何时（　　　）的问题，马上去寻找新的能源。
9. 我对食物并不（　　　），只要能填饱肚子就可以了。
10. （　　　）今天，我们收到了180封来信。
11. 这次考试她非常紧张，因此成绩没有（　　　）的好。
12. 虽然身上受了伤，可是他的头脑还十分（　　　）。

二、用所给词语完成句子

1. A：你怎么刚来没几天就要走啊？
   B：＿＿＿＿＿＿＿＿＿＿＿＿＿＿＿＿。（不容）
2. A：你喜欢上海还是北京？
   B：＿＿＿＿＿＿＿＿＿＿＿＿＿＿＿＿。（相比）
3. ＿＿＿＿＿＿＿＿＿＿＿＿＿＿＿＿＿＿，公司决定将年终会议安排在海南举行。（依据）
4. A：爸爸，我去北京五天，你只给我两千块钱，够不够啊？
   B：＿＿＿＿＿＿＿＿＿＿＿＿＿＿＿＿。（足以）
5. 做错了没关系，＿＿＿＿＿＿＿＿＿＿＿＿＿＿＿＿＿＿＿。（加以）
6. 他能不能拿到奖学金，＿＿＿＿＿＿＿＿＿＿＿＿＿＿＿＿＿＿。（取决于）

三、根据课文内容判断下列句子的对错，对的打√，错的打 ×

1. 新能源对于解决当今世界严重的环境污染问题和资源枯竭问题具有重要意义，所以人们对新能源都有正确的认识。

2. 作者认为，与核电站相比，煤电站几乎没什么危害。
3. 墨西哥湾漏油事故说明石油生产也存在隐患。
4. 有人认为风力极不可靠，是因为风力常常断断续续的。
5. 目前，风力可以提供全球所需电力的30%。
6. 在作者看来，太阳能电池板很贵，所以太阳能永远没有市场竞争力。
7. 海潮每天两次涨落，雷打不动，所以潮汐能是非常可靠的自然能源。
8. 到目前为止，潮汐能实验还没有取得人们预期的成果，所以应该放弃潮汐能。
9. 微藻在开放的池塘中生存能力很强。
10. 藻燃料最终也许能够变得廉价而实用，但是现在还没有实现。

四 排序

1. A 以美国为例
   B 减少对化石燃料的依赖
   C 核电站只释放少量二氧化碳
   D 相比煤电站
   E 只需要几百座核电站就足以提供美国所需的全部电力

2. A 最近斯坦福大学的一项研究发现
   B 它们生产的电力至少三分之一是可靠的
   C 比如给电动车或电池充电，或加工成可存储的氢燃料
   D 在足够多的风电站通过电网连接的情况下
   E 剩余的不可靠的部分依然可以通过其他方式加以利用

3. A 车辆操作难度也增加了许多
   B 开车打手机时
   C 这些都是不安全的因素
   D 有资料表明
   E 驾车人的反应速度降低

4. A 今后资源将越来越重要
   B 另一方面他们也暂时不愿意动用这一资源
   C 其实目前国外做深海开发业务的国家并不多
   D 因为一方面对环境破坏还是比较大

E 大多为缺油国家如巴西、安哥拉等，欧美国家很少

五 用所给词语说出或写出一段话

1. 假设你是一位能源专家，你给大家介绍什么是新能源及其重要性。

   蕴藏　自然界　资源　传统
   污染　枯竭　开发　利用

2. 能源专家介绍风力发电面临的困难和解决办法。

   间歇性　本质　多变　不可靠　应对　连接
   电网　监视系统　区域　依据　输送

六 阅读下列短文，根据短文内容选择唯一恰当的答案

有人做过统计，北京市有60万个水龙头和20万个马桶漏水，一年要滴答掉近亿吨自来水，这个数字实在有些惊人。不过，这个数字跟洗车业浪费掉的水比起来，却又是小巫见大巫了。城市的水资源浪费如此巨大，难怪有人说，我们不要把子孙后代的水也用掉了。

为了缓解供水紧张的局面，许多城市都在寻找措施。西安、武汉等地相继调高水价，上海和成都也准备通过提价来唤醒人们的节水意识，天津则采取果断措施，关闭了100多家洗车场。前不久北京市也出台了26项节水措施，这些措施中，最让人担心的是对居民实行定额用水，最让人开心的是发放200万只节水龙头，最让人称心的则是强制令洗车场必须使用自动循环水设施。

看节水政策，能从中找到一些新的变化，那就是政府部门不再仅仅依赖价格行为和行政手段，而是把科技也引入到了节水之中。陶瓷片节水龙头与过去的铸铁水龙头比起来，漏水情况明显减少。整顿洗车业是个老问题，有的城市用一刀切的办法扫除洗车场点，但是效果并不明显，固定的场所取缔了，洗车游击队又出现了，水资源浪费更为严重，而且更难管理。北京市这次在洗车业中推广安装循环水洗车装置，这实际上是用科技行为与行政手段相结合，治到了洗车业浪费水资源的病根子。

1. 水龙头和马桶漏水与洗车业相比哪一个浪费更严重？

   A. 漏水更严重　　　　　　B. 洗车业更严重
   C. 一样严重　　　　　　　D. 无法比较

2. 首先采取关闭洗车场的措施的是哪一城市？

   A. 西安　　　　　　　　　B. 上海
   C. 北京　　　　　　　　　D. 天津

3. 老百姓最担心的节水措施是什么?
   A. 提高水价
   B. 对居民实行定额用水
   C. 发放节水龙头
   D. 强令洗车场使用自动循环水装置

4. 作者认为节水政策中出现了怎样的新变化?
   A. 科技含量增加
   B. 节水意识增强
   C. 国家行政强制
   D. 依赖价格行为

副课文

一个甲烷气泡引发的灾难

2010年4月20日,墨西哥湾发生的漏油事故导致该地区面临前所未有的生态灾难。现已查清,墨西哥湾"深水地平线"钻井平台爆炸是由一个甲烷气泡引发的。

出事前,工人在钻井底部设置并测试一处水泥封口,随后降低钻杆内部压力,试图再设一处水泥封口。这时,设置封口时引起的化学反应产生热量,促成一个甲烷气泡生成。这个甲烷气泡从钻杆底部高压处上升到低压处,突破数处安全屏障和原油突然朝工人们喷射而来,一直喷到高达70多米的高空中。当甲烷气体遇到附近的石油工人的宿舍处的火源,即刻发生爆炸,并燃起大火。"深水地平线"沉入墨西哥湾,沉没后大量漏油,造成周边生态环境被破坏。

甲烷这类密度很小的氢氧化物,在很深的洋底的巨大水压作用下可能成为固态。当这些固态甲烷由于某些原因而破裂后,可能成为气体而迅速上升,在上升过程中水压不断减小,因而形成了越来越大并且急速上升的巨大气泡。你可别小看了这个甲烷气泡,澳大利亚墨尔本市蒙纳什大学的计算数学教授约瑟夫·莫纳翰通过计算机建模分析,当巨大的甲烷气泡上升到水面而爆裂的时候,形成了一个巨大的空腔,轮船会瞬间坠入其中。这可能是导致百慕大三角地区和北海海域内海轮神秘失事的罪魁祸首。

气象学家一直担忧,全球气候变暖将导致北极永冻地区冰层融化,释放出永冻层封住的大量甲烷。研究人员到北极地区的西斯匹次卑尔根海域,他们使用声呐探测到,从海底升起的甲烷气泡串数量超过250个。分析显示,这一海域的水温在过去30年里上升了1摄氏度,它30年前可以在海下360米处稳定存在,而现在要到400多米深处才能稳定存在。地球温度上升使得更多的永冻层融化,进而释放出更多的甲烷,整个过程往复循环,永冻层释放出来的甲烷令地球温度进一步上升。如果全北极海域都出现类似情况,那么每年将会释放出数千万吨甲烷,甲烷这种温室气体,吸热能力是二氧化碳的30倍,这可能使全球变暖加剧,并陷入恶性循环。

也就是说，美国墨西哥湾的事故是人祸也是天灾，而且如果我们再不注意环保，类似的事故还会加剧产生，将来引发地球爆炸的可能也是有的。

（改写自《一个甲烷气泡引发的灾难》，苗向东，《读者》2010年第20期）

基础词语

1	气泡	qìpào	【名】	bubble
2	灾难	zāinàn	【名】	disaster
3	水泥	shuǐní	【名】	cement
4	封口	fēngkǒu	【名】/【动】	seal
5	屏障	píngzhàng	【名】	barrier
6	喷射	pēnshè	【动】	to erupt
7	火源	huǒyuán	【名】	ignition source
8	即刻	jíkè	【副】	instantly
9	沉没	chénmò	【动】	to sink
10	密度	mìdù	【名】	density
11	固态	gùtài	【名】	solid state
12	破裂	pòliè	【动】	to break
13	上升	shàngshēng	【动】	to ascend
14	急速	jísù	【副】	rapidly
15	爆裂	bàoliè	【动】	to burst apart
16	坠入	zhuìrù	【动】	to fall into
17	失事	shī shì	【动】	to have an accident
18	北极	běijí	【名】	the North Pole
19	海域	hǎiyù	【名】	sea area
20	探测	tàncè	【动】	to explore
21	恶性循环	èxìng xúnhuán		vicious circle

拓展词语

1	甲烷	jiǎwán 【名】	methane
2	钻井平台	zuànjǐng píngtái	drilling platform
3	钻杆	zuàngǎn 【名】	drill pipe
4	原油	yuányóu 【名】	crude oil
5	氢氧化物	qīngyǎnghuàwù 【名】	hydroxide
6	建模	jiànmó 【动】	modeling
7	空腔	kōngqiāng 【名】	cavity
8	永冻地区	yǒngdòng dìqū	permafrost area
9	声呐	shēngnà 【名】	sonar

专有名词

1	澳大利亚	Àodàlìyà	Australia
2	墨尔本	Mòěrběn	Melbourne
3	蒙纳什大学	Méngnàshí Dàxué	Monash University
4	约瑟夫·莫纳翰	Yuēsèfū Mònàhàn	Joseph Monaghan
5	百慕大	Bǎimùdà	Bermuda

思考题

1. 墨西哥湾漏油事故中的甲烷气泡是从哪儿来的？
2. 甲烷气泡为什么会引起钻井平台的沉没？
3. 甲烷在什么情况下是固态的？
4. 百慕大三角地区和北海海域内海轮神秘失事的原因可能是什么？
5. 气象学家担忧，全球气候变暖会导致什么问题？
6. 文中所说的"恶性循环"是指什么？
7. 为什么说墨西哥湾的事故是天灾也是人祸？
8. 你觉得地球真的有可能爆炸吗？在实际生活中，人们应该如何注意环保？

11 航天飞行中的惊险瞬间

课文

2003年10月15日,中国首次发射载人飞船——神舟五号,航天员杨利伟搭乘航天飞船绕地球14圈,标志着中国航天技术的巨大飞跃,中国航天事业达到又一高峰,杨利伟本人荣获"航天英雄"称号。在《天地九重》一书中他回忆了太空飞行中的惊险瞬间。

9时整,火箭尾部发出巨大的轰鸣声,几百吨高能燃料开始燃烧,八台发动机同时喷出炽热的火焰,高温高速的气体,几秒钟就让发射台下的上千吨水沸腾,化为蒸汽。我曾经在现场看过火箭发射的场面,简直令人震撼。火箭和飞船总重达到487吨,当推力让这个庞然大物升起时,大漠颤抖,天空轰鸣。此时身在飞船中,虽然能听到火箭点火、发射时的声音,觉得噪音很大,但远不像在外面感觉的那样震耳欲聋。

火箭起飞,垂直上升。我全身用力,肌肉紧张,整个人僵硬得像一块铁。因为很快就有动作要做,所以全神贯注,眼睛一动不动地看着仪表盘,手里拿着操作盒。开始时飞船非常平稳,缓慢地、徐徐升起,甚至比电梯还平稳。我心想:这很平常啊,也没多大劲啊!后来我知道,飞船的起飞是一个逐渐加速的过程,各种负荷是逐步加大的,要提前做好准备。但当时,没有人有过坐火箭的真实经验,并不清楚会有怎样的变化。我一看情况远不像训练中想象的压力那么大,心里稍有释然,全身紧绷的肌肉渐渐放松下来。

"逃逸塔分离","助推器分离"……火箭逐步地加速,我感到了有压力在渐渐增加。因为这种负荷我们训练时承受过，对照平时训练，曲线变化甚至还小些，我的身体感受还挺好，觉得没啥问题。但就在这个时候，火箭上升到三四十公里的高度时，火箭和飞船开始急剧抖动，产生了共振。这让我感到非常痛苦。人体对10赫兹以下的低频振动非常敏感，它会让人的内脏产生共振。而这时不单单是低频振动的问题，是这个新的振动叠加在大约6G的一个负荷上。这种叠加过于强烈，我们从来没有进行过这种训练。意外出现了，共振是以曲线形式变化的，痛苦感越来越强烈，五脏六腑似乎都要碎了，我几乎难以承受。心里就觉得自己快不行了，到了承受不住的地步，再持续一会儿必定会昏迷。当时，我的脑子还是非常清醒的，以为是飞船起飞时固有的现象。其实，起飞阶段发生的共振并非正常现象，持续时间再长一点儿后果不堪设想。共振持续了26秒后，慢慢减轻。当从那种难受的状态解脱出来之后，一切不适都不见了，我感觉到从没有过的轻松和舒服，如释千钧重负，如同一次重生，我甚至觉得这个过程很耐人寻味。但在痛苦的极点，就在刚才短短一刹那，处境危险，我真的以为自己要牺牲了。飞行回来后我详细描述了这个难受的过程。鉴于这个情况，工作人员做了深入分析，发现共振问题的根源主要来自火箭的振动。之后改进了技术工艺，解决了这个问题。在神舟六号飞行时，大体得到了改善，在神七飞行中再没出现过这种情况。

2003年10月16日4时31分，我接到返航命令。6时04分，飞船呼啸着进入大气层，这时产生了近4G的过载，我的前胸和后背都承受着很大压力。但让我紧张以至于惊慌还另有原因：先是飞船与大气摩擦，产生的高温把坚硬的舷窗外面烧得一片通红；接着在通红的窗外，各种碎片接连划过。接下来看到的情况不由得让我非常紧张：右边的舷窗局部出现裂纹，纹路就跟强化玻璃被打碎之后那种小碎块一样，眼看着它越来越多……说不恐惧那是假话，你想啊，外边可是1600至1800摄氏度的超高温度。

当时突然想到，美国的"哥伦比亚号"航天飞机不就是这样出事的嘛，一个防热板先出现一个裂缝，然后高温就让这个超级航天器解体了。现在，这么一个舷窗坏了，那还了得！先是右边舷窗出现裂纹，等到它裂到一半时，左边的舷窗也开始出现裂纹。这时我反倒放心一点了，因为参照以往实验，这种故障重复出现的概率不高。

回来之后才知道,当初飞船的舷窗外做了一层防烧涂层,是这个涂层烧裂了,而不是玻璃窗本身。以往每次做飞船发射与返回的实验,返回的飞船舱体经高温烧灼,舷窗部位被烧得黑漆漆的,工作人员看不到这些遍布的裂纹,如果不是在飞船舱内目睹,谁都不会想到有这种情况。

(改写自《火箭上升时,我以为自己要牺牲了》,杨利伟,《意林》2010第9期)

词语表

基础词语

1	首次	shǒucì	【数量】	the first time	
2	发射	fāshè	【动】	to shoot (a projectile)	6
3	载人	zài rén		manned	
4	飞船	fēichuán	【名】	airship	
5	搭乘	dāchéng	【动】	to travel by (some transportation)	
6	飞跃	fēiyuè	【动】	to leap	6
7	高峰	gāofēng	【名】	high peak	6
8	荣获	rónghuò	【动】	to have the honor to get or win	
9	称号	chēnghào	【名】	title	6
10	惊险	jīngxiǎn	【形】	alarmingly dangerous	
11	轰鸣	hōngmíng	【动】	to thunder	
12	炽热	chìrè	【形】	burning hot	
13	火焰	huǒyàn	【名】	flames	6
14	沸腾	fèiténg	【动】	to boil	6
15	场面	chǎngmiàn	【名】	scene	6
16	震撼	zhènhàn	【动】	to shake	
17	推力	tuīlì	【名】	thrust	
18	庞然大物	páng rán dà wù		formidable giant	
19	颤抖	chàndǒu	【动】	to tremble	6

20	震耳欲聋	zhèn ěr yù lóng		deafening, ear-splitting	
21	垂直	chuízhí	【形】	perpendicular	6
22	僵硬	jiāngyìng	【形】	stiff	6
23	全神贯注	quán shén guàn zhù		with breathless interest	
24	徐徐	xúxú	【形】	slowly	
25	释然	shìrán	【动】	to feel relieved	
26	紧绷	jǐnbēng	【形】	taut	
27	对照	duìzhào	【动】	contrast	6
28	抖动	dǒudòng	【动】	to shake, to tremble	
29	叠加	diéjiā	【动】	to overlap	
30	剧烈	jùliè	【形】	violent, acute	6
31	地步	dìbù	【名】	(undesirable) condition, plight	6
32	必定	bìdìng	【副】	be sure to	6
33	昏迷	hūnmí	【动】	in a coma or stupor	6
34	固有	gùyǒu	【形】	inherent	6
35	不堪	bùkān	【副】	can't bear	6
36	释	shì	【动】	to set free	
37	千钧重负	qiān jūn zhòng fù		an exceptionally heavy load or responsibility	
38	耐人寻味	nài rén xún wèi		intensely interesting	
39	极点	jídiǎn	【形】	the utmost	
40	一刹那	yíchànà	【名】	in a split second	
41	处境	chǔjìng	【名】	(unfavorable) situation	6
42	根源	gēnyuán	【名】	source, origin	6
43	大体	dàtǐ	【副】	generally	6
44	返航	fǎnháng		to return to port (or base)	
45	呼啸	hūxiào	【动】	to whistle	6
46	惊慌	jīnghuāng	【形】	alarmed	
47	摩擦	mócā	【动】	to rub against	6
48	坚硬	jiānyìng	【形】	hard and solid	6
49	接连	jiēlián	【副】	in a row, in succession	6

50	不由得	bùyóude	【副】	can't help doing sth.	6
51	局部	júbù	【名】	in part	6
52	纹路	wénlù	【名】	lines	6
53	超级	chāojí	【形】	of a super class	6
54	解体	jiětǐ	【动】	to disjoint	6
55	反倒	fǎndào	【副】	on the contrary, instead	6
56	参照	cānzhào	【动】	to consult, to refer to	6
57	故障	gùzhàng	【名】	breakdown (of machinery)	6
58	当初	dāngchū	【名】	originally, at first	6
59	部位	bùwèi	【名】	position	6
60	黑漆漆	hēiqīqī	【形】	pitch-dark	6
61	遍布	biànbù	【动】	to be found everywhere	6
62	舱	cāng	【名】	cabin (of a ship)	6
63	目睹	mùdǔ	【动】	to witness	6

拓展词语

1	蒸汽	zhēngqì	【名】	steam
2	仪表盘	yíbiǎopán		panel
3	负荷	fùhè	【名】	load
4	逃逸塔	táoyìtǎ		escape tower
5	助推器	zhùtuīqì	【名】	booster
6	大气层	dàqìcéng	【名】	atmospheric layer
7	过载	guòzài	【动】	to overload
8	舷窗	xiánchuāng	【名】	porthole, scuttle
9	强化玻璃	qiánghuà bōli		tempered glass
10	涂层	túcéng	【名】	coating
11	舱体	cāngtǐ	【名】	cabin
12	低频	dīpín	【名】	low frequency

专有名词

1	杨利伟	Yáng Lìwěi	Yang Liwei
2	神舟五号	Shénzhōu Wǔhào	Shenzhou V
3	哥伦比亚号	Gēlúnbǐyà Hào	Space Shuttle Columbia

语言点

❶ 过于

副词，表示超过一定限度，意思是"太……了"，后面可以跟形容词、形容词短语或主谓短语。例：

① 这种叠加过于强烈，我们从来没有进行过这种训练。
② 不要过于悲观，我们还有希望打败对方。
③ 这个地方过于人烟稀少了，方圆几十里看不到一处房子。
④ 大家因过于兴奋和刺激，怎么也睡不着。
⑤ 这个孩子过于老实，常常受人欺负。
⑥ 因为天气过于炎热，街上几乎没有一个人。

❷ 必定　一定

都可以做副词，做副词时意思相近，但"必定"语气更强。两个词的意思和用法不同。

"必定"只能做副词，表示"判断或推论的确凿或必然"。例：

① 心里觉得自己快不行了，到了承受不住的地步，再持续一会儿必定会昏迷。
② 有全体同事的共同努力，这项设计必定能按时完成。

"必定"还表示"意志的坚决"。例：

① 你放心，后天我必定来接你。
② 只要有信心，我们必定能克服这次危机。

"一定"做副词时，表示"坚决或确定"。例：

① 我一定要努力工作，做出成绩来。
② 他这么长时间还没来，一定是没赶上车。

"一定"还可以做形容词，表示"规定的，确定的"。例：

① 每个员工都要按一定的程序进行操作。

"一定"做形容词时，也表示"固定不变，必然"。例：

① 诗歌的好坏与长短并没有一定的关系。

"一定"做形容词时的另一个意思是"特定的（属性）"。例：

① 一定的建筑格局都是一定社会文化的反映。

"一定"还可以表示"相当的"。例：

① 我们已经取得了一定的成绩，还要继续努力。

❸ 鉴于

介词，表示根据或原因；考虑到。用于书面语。可以修饰主谓短语表示"行为的根据"。例：

① 鉴于这个情况，工作人员做了深入分析，发现共振问题的根源主要来自火箭的振动。
② 鉴于前一阶段销量下滑的问题，公司召开了专门会议讨论对策。
③ 最近交通事故频发，鉴于此，我们必须加强道路管理工作。

也可以用在前一分句，表示原因，指"引以为戒或作为经验教训的事情"。例：

① 鉴于部分学生生活困难，学校决定给困难学生一些生活补助。
② 鉴于高速铁路通车分流了部分客源，航空公司决定降低票价。
③ 有关部门鉴于物价上涨过快的情况，宣布了限价法令。

❹ 大体　大概

两个词都可以做副词，但还有其它用法，两个词意思和用法都有区别。

"大体"做副词，多用于口语，表示"就主要方面或多数情况说如此"，也可以说"大体上"。例：

① 在神舟六号飞行时，大体得到了改善，在神七飞行中再没出现过这种情况。
② 这座教学楼年底大体能完工。
③ 他这学期的各科成绩大体上还不错。

另外也可以表示"粗略地、概括地，说明行为所涉及的内容不十分精确、详尽"。例：

① 两座建筑的风格大体一致。
② 上海市的人均收入大体上有4000元人民币。

"大体"做名词时，意思是"重要的道理"。例：

① 他是一个识大体、顾大局的好员工。

"大概"做副词时表示"有很大的可能性"。例：

① 天上的云并不厚，晚上大概不会下雨。
② 从这里到无锡，大概有100多公里距离。

"大概"做形容词时表示"不十分精确或不十分详尽"。例：

① 那里的路我记不太清，只有个大概的印象。
② 我们昨天把可能遇到的困难做了个大概的分析。

"大概"做名词时，表示"大致的内容或情况"例：

① 他不说，我也猜出了个大概。
② 知道个大概就可以了，没有必要掌握每一个细节。

❺ 以至于

连词，表示"在范围、程度、数量、时间等方面延伸或发展，一直到"多连接短语，表示上一分句的结果。多用于口语。例：

① 但让我紧张以至于惊慌的另有原因：先是飞船与大气摩擦，产生的高温把坚硬的舷窗外面烧得一片通红。
② 这段时间实在太忙了，以至于我三天没怎么睡觉。
③ 他不相信所有的人，以至于无法和任何人相处。
④ 他忙于找工作，以至于忘记给女朋友打电话。
⑤ 上海的变化真快，以至于一年后我找不到原来的弄堂了。
⑥ 这个国家的政府越来越不稳，以至于很快被推翻。

❻ 接连　连续

两个词意思接近，但词性和用法不同。

"接连"副词，一般后面跟动词和数量词或只跟数量词，表示"连续发生或出现"。例：

① 先是飞船与大气摩擦，产生的高温把坚硬的舷窗外面烧得一片通红；接着在通红的窗外，各种碎片接连划过。
② 他今天接连接到了三个邮包和两封信。
③ 交通事故和火灾接连发生，市长非常焦虑。
④ 我接连跑了几个商场都没有买到中国旗袍。
⑤ 接连两天，都有不认识的人来找我，请我帮忙。
⑥ 接连有人报警，警车都派光了。

"连续"动词，表示"一个接一个"。例：

① 这家航空公司连续十年无事故。
② 他连续创造了三个世界纪录。

7 不由得

副词，表示"自己抑制不住，禁不住；不禁"，上下文多有抑制不住的原因。多用于修饰动词短语，有时也修饰主谓短语或形容词。例：

① 接下来看到的情况不由得让我非常紧张：右边的舷窗局部出现裂纹，纹路就跟强化玻璃被打碎之后那种小碎块一样，眼看着它越来越多。
② 球进了！观众不由得站起来大声鼓掌欢呼。
③ 看到这激动的场面，同学们不由得流下了眼泪。
④ 说到激动处，他的脸也不由得红了起来。
⑤ 看到很多人来听课，举止不由得别扭起来。
⑥ 飞机剧烈地上下抖动，乘客不由得惊叫起来。

一 选词填空

| 发射 | 飞跃 | 颤抖 | 僵硬 | 必定 | 剧烈 |
| 固有 | 根源 | 目睹 | 遍布 | 当初 | 处境 |

1. 在开幕式现场，上万人亲眼（　　　）了这一盛况。
2. 在这片草原上（　　　）着许多漂亮的蒙古包。
3. 这是我国的（　　　）领土，任何国家不得侵犯。
4. 我们公司最近几年取得了（　　　）式发展。
5. 事实证明，（　　　）的决定是正确的。
6. 我们发现问题的（　　　）在于企业员工没有改进工艺的积极性。
7. 由于天气恶劣，航天局决定取消今天的卫星（　　　）计划。
8. 考试中他非常紧张，手一直在（　　　）。
9. 在冰冷的海水中游了2个小时，他的身体变得非常（　　　）。
10. 在激烈的竞争中，这家传统管理模式的公司（　　　）危险。
11. 我认为环保事业的发展（　　　）会促进环保企业的发展。
12. 两车相撞，造成两部车体发生（　　　）爆炸。

二 用所给词语填空

| 必定 / 一定 | 大体 / 大概 | 接连 / 连续 |

1. 我把你的翻译稿（　　　）修改了一遍。

2. 事故的（　　　　）我已经向上级做了口头报告。
3. 奇怪的事情（　　　　）发生，令市民非常不安。
4. 三月份这座城市（　　　　）下了20天的雨。
5. 经验告诉我们，一个人过分骄傲（　　　　）失败。
6. 我（　　　　）要把你安全送回家。

三 用所给词语或结构完成下列句子

1. 听着那个令人悲伤的故事，_____。（不由得）
2. 校长不但没有责怪我们，_____。（反倒）
3. _____，我建议推迟比赛。（鉴于）
4. 这场地震造成的损失十分巨大，_____。（以至于）
5. 由于今天大雾，_____。（接连）
6. _____，汽车无法通行。（过于）

四 根据课文内容判断对错，对的打√，错的打×

1. 中国第一位航天员是杨利伟。
2. 航天员在飞船里听不到火箭发射时的噪音。
3. 火箭起飞时，杨利伟的精神非常紧张。
4. 火箭逐步加速时，航天员承受从没有过的负荷。
5. 火箭和飞船共振时，航天员非常痛苦。
6. 共振问题无法解决，因此航天员非常危险。
7. 飞船返航时与大气摩擦，把舷窗烧裂了。
8. 美国哥伦比亚号航天飞机解体是由于防热板开裂。
9. 航天员发现左右舷窗出现裂纹更加紧张了。
10. 飞船返回后，工作人员看到飞船表面舷窗部位的裂纹。

五 排序

1. A 要提前做好准备
   B 飞船的起飞是一个逐渐加速的过程
   C 后来我知道
   D 各种负荷是逐步加大的
   E 但当时没有人清楚会有这样的变化

2. A 但在痛苦的极点，我真的以为自己要牺牲了
   B 当从那种难受的状态解脱出来以后
   C 共振持续了26秒后，慢慢减轻
   D 如同一次重生，我甚至觉得这个过程耐人寻味
   E 我感觉到从没有过的轻松和舒服

3. A 每天都绞尽脑汁地教育孩子
   B 绝大多数父亲不懂"教育"二字的真正含义
   C 可结果正相反，孩子简直就成了他们的冤家
   D 为此，自从有了女儿，我就常问自己会当父亲吗
   E 天天对着干，几乎就要把他们气死了

4. A 这种对动物的疼惜，使他成为宠物名医和流浪猫狗的守护神
   B 他说："想到动物被遗弃后的伤感、失落与痛苦，真是于心不忍"
   C 因此最反对人抛弃宠物
   D 深知动物与人一样有感情、有感知
   E 杜白医师行医多年

六 用所给词语说出或写出一段话

1. 用你的话，谈谈中国首次发射载人航天飞船——神舟五号时的情况。
   轰鸣　燃烧　发动机　炽热　沸腾
   场面　震撼　推力　颤抖　震耳欲聋

2. 用你的话，谈谈这次航天飞行中的惊险瞬间。
   急剧　抖动　共振　低频　强烈　剧烈
   承受　昏迷　不堪　耐人寻味　一刹那　处境

七 请将下面这篇文章缩写成一篇短文，要求如下：

（1）标题自拟；
（2）只需复述文章内容，不需加入自己的观点；
（3）内容完整，条理清楚；
（4）字数为400字左右。

1891年，美国南部休斯敦（Houston）城的威廉姆·马什·莱斯（William Marsh Rice）先生捐资建立了莱斯（Rice）大学，这是美国最早的一所私立学校。

修建校园时莱斯规定，原址上的橡树一棵也不许动，要精心保护，从始建到完工，橡树一棵没少，共689棵。

于是，第一年招生就招了689名学生。

人们大不理解，有人说他神经有问题，本来至少可招1000名学生。而私立学校是靠学费生存，一个老师给50个学生讲课和给100个学生讲课没什么区别。

莱斯却继续要求师生分片培育橡树和新栽橡树，直到把校园栽到"饱和"为止。如果橡树妨碍了基建用地，必须不惜代价把橡树移栽到校园另一个地方，并且必须保证它能成活，否则下一年就必须相应地减少招生。倘若下一年的招生计划增加了，学校要做的第一件事就是先栽够相应数目的橡树，如果不幸有些没有存活，就会有相应的学生倒霉了。

此时，有人似有所悟，而更多的人是更加疑惑，有人说他可能是"橡树精"。

到1902年，校园里的橡树终于"饱和"了，共4890棵。这时，重病中的莱斯立下一个规定：无论到何时，学校里的学生不许超过4890人。

莱斯去世后，莱斯大学渐渐声名鹊起，成了"美国南部哈佛"，而且，人们为他建起雕像——"美国私立学校至尊先驱"。

直到2008年，325公顷的校园里，还有4890棵郁郁葱葱的橡树，而全校学生总数为4850人，比橡数的总数略少。而在公立学校，325公倾的校园，至少有学生9000名。

其实道理很简单：一平米内长一棵树和一平米内长10棵树当然不同，对台上教师的个性化教育的可能性而言，一个教室坐20个学生和坐50个学生当然不同。

太简单的道理，却总是有太多的人难以效仿，道理也很简单：利欲所致。

莱斯大学限制的只是学生的数量，对有意来任教的世界一流的专家、学者不仅来者不拒，而且还主动向那些一些著名学者抛出"绣球"。学生总数不到5000名，但教师总数超过500名，教师与学生比大于1∶10。

在2007美国的大学排行榜上，从第1名到第21名全部是私立大学，从第22名开始，才有公立大学。排名第22的是公立的加州伯克利大学（University of California at Berkeley）。而它与第21名在实力上相距甚多。

大自然有其不可更改的规律。同一块土地上，茁壮成长的橡树是有限的；而一个大学可容纳的学生也是有限的，打破了学生和师资以及办学条件的和谐，导致的必然是教学质量的下降以及学校声誉的下降，最终会影响学校的长远发展。其实，莱斯大学以橡树为师，遵循的是自然的客观定律，长盛乃是必然的。

副课文

我们为什么不会从地球上掉下去？

因为地球有地心引力，它不会让任何东西掉下去，它只会把这些东西牢牢吸引在它的表面。地球上的所有东西都不例外，包括天空、海洋，以及人类。

牛顿曾经解释过地球引力的作用原理，比如当你抛出一件东西时，它会怎样落地，又为什么会落地，以及我们怎样才能控制它落地的速度等等。他还告诉我们，引力不仅可以吸引物体掉落到地面上，还会造成物体之间彼此相互吸引。物体的体积越大，这种吸引力就越强。而地球是我们生活的这个世界上最大的物体，所以地球上的所有东西就都被它的超强引力吸引住了。磁铁有引力是因为它们有磁性，那为什么体积大的物体也有引力呢？牛顿的引力理论非常巧妙，一直以来我们利用这个原理解决了很多问题，从行星运转到人类登月。可遗憾的是，他始终没有说清楚引力到底是什么东西。这种力量从何而来，为什么会存在？连牛顿自己也没有弄明白。

在200年后，艾伯特·爱因斯坦勇敢地提出了一套创新的理论，大致包括：太空并不"空"，也不是一个平面，它更像是一块布满凸起和凹坑的布。太空中的物体（比如恒星和行星）使这块布产生扭曲、变形。引力就是由这个结构中滚动进凹坑（或活动在凸起周围）的物体产生的。这么说吧，我们可以把太空想象成一大块柔软的橡胶薄片，把太阳想象成一个篮球。"扑通！"篮球被扔到了橡胶中央，那么在它砸下去的地方将会发生变形，在篮球周围就会形成一个凹陷的大坑，对吧？这时，我们再往橡胶上扔一些鹅卵石或网球，你就会发现：有的鹅卵石和网球会直直地向前滚去，而有的则由于离篮球比较近，所以会在篮球周围旋转，甚至绕出一道弧线，最后再掉进大坑里面。还有的鹅卵石甚至会围绕着篮球转上整整一圈。所以行星才会围绕太阳运转。不只是行星，还包括小行星和彗星。也正是因为这样，卫星才会绕着行星运转，人造卫星和宇宙飞船才会绕着地球运转。

一般说来，体积较大的物体都会在太空中砸出凹坑，其他体积较小的物体就可以绕着它运转，或是直接与它发生碰撞。如果体积大的物体的速度和动量达到一定程度，体积小的物体就会永远绕着它转下去。而如果大物体的速度不够快，体积小的物体就会掉进坑里，最终停留在大物体的旁边。所以说，行星、彗星和小行星都是在绕着一个由太阳形成的引力坑运转的。月亮则是在绕着地球形成的引力坑运转的。发射火箭和人造卫星时，人们会把它们投放到引力坑边缘，再让它们绕着这个坑转圈，直到人们需要它返回为止。

我们的地球：天空、大海、沙滩、冰川、树、动物和人其实都是待在地球形成的坑里，被引力牢牢地吸引在地球表面的。所以我们都不会掉下去。

（改写自《我们为什么不会从地球上掉下去？》，墨菲、丁一、施伟，《意林》2010年第7期）

词语表

基础词语

1	布满	bùmǎn	【动】	to fill sth. up
2	凸起	tūqǐ	【动】	to bulge
3	凹坑	āokēng	【名】	pit
4	扭曲	niǔqū	【动】	to twist
5	变形	biàn xíng		to change shape
6	柔软	róuruǎn	【形】	soft
7	砸	zá	【动】	to pound	6
8	鹅卵石	éluǎnshí	【名】	cobble (stone)
9	卫星	wèixīng	【名】	satellite	6
10	动量	dòngliàng	【名】	momentum
11	停留	tíngliú	【动】	to stay (at a place)
12	火箭	huǒjiàn	【名】	rocket	6
13	牢牢	láoláo	【副】	firmly

拓展词语

1	地心引力	dìxīn yǐnlì	gravity
2	磁铁	cítiě 【名】	magnet
3	磁性	cíxìng 【名】	magnetism
4	恒星	héngxīng 【名】	fixed star
5	行星	xíngxīng 【名】	planet
6	橡胶	xiàngjiāo 【名】	rubber
7	彗星	huìxīng 【名】	comet
8	冰川	bīngchuān 【名】	glacier

专有词语

1	牛顿	Niúdùn	Newton
2	艾伯特·爱因斯坦	Àibótè Àiyīnsītǎn	Albert Einstein

思考题

1. 我们为什么不会从地球上掉下去？
2. 牛顿是怎样解释地球引力作用的原理的？
3. 牛顿没有解决哪些问题？
4. 爱因斯坦是怎样解释"太空不空"的？
5. 爱因斯坦是怎样解释太阳和其他星球的引力关系的？
6. 为什么说行星、彗星和小行星都是在绕着一个由太阳形成的引力坑运转的？
7. 发射火箭和人造卫星时人们是怎样做的？
8. 谈谈你对这篇文章所提观点的看法。

12 国家的形象宣传

课文

一天，美国男孩吉姆捧着可乐和薯片，坐在电视机前等着看篮球赛。忽然，他被一则具有东方特色的广告吸引住了。画面中的西方男孩和吉姆一样年轻、有活力，他背着巨大的旅行包，行走在泰姬陵、印度门、阿格拉堡，在充满印度色彩的音乐声中，恰巧赶上了印度传统的洒红节，只见人们用彩色的粉末相互喷洒，欢乐充满了大街小巷。这个青年也被热情的印度人洒了个五颜六色。他站在人群中新奇地体会着这独特的节日风俗，脸上流露出愉悦的神情。路旁恰巧有只邮筒。这个男孩突发奇想，从包里找出了一张明信片，写下"不可思议的印度"，然后把明信片投入邮筒，寄向了远在地球另一端的家……躺在沙发里的吉姆看到这里，一时之间竟然忘记了吃薯片，他的心底第一次涌起了对印度这个东方古国的神往。CNN（美国有线新闻网）播放的这则印度广告就这样悄悄地改变了一些人对印度的看法：原来印度并非一个贫穷落后的国家，而是一个令人惊喜又充满神奇色彩的国度。

2009年11月，同样在CNN，"中国制造，世界合作"的中国广告出现在观众眼前，它被很多人认为是中国国家形象广告。如何树立国家对外形象，其实，每个国家都有自己巧妙的方式。国家形象的宣传，越"软"越好。

2008年3月19日，当时担任日本对外事务大臣的高村正彦主持了一场别开生面的任命仪式，任命卡通形象——机器猫为动漫"大使"。这只深受人们欢迎的机器猫表示："我将尽力让世界各地的人了解日本人在想什么，日本人的生活方式以及我们希望创造怎样的未来。"据悉，"大使"的主要使命是"访问世界、广交朋友"。实际上，这次史无前例的任命仪式只是日本政府"酷文化"战略的一步，即通过输出动漫等文化产品来"树立日本的形象，推销日本的梦想"，让人听到"日本"一词立刻联想到酷，以此吸引其他国家民众的心。伊拉克战争刚一结束，日本政府就免费将动画片《足球小子》送给伊拉克电视台播放，向战后伊拉克人民输出日本的价值观念。

像日本这样成功的"软宣传者"还有韩国。20世纪90年代中期，中国CCTV播放了首部韩国电视连续剧——《爱情是什么》，创下了4.3%的高收视率。由于影片在周末放映，以至于商场的销售人员抱怨该剧影响了营业额。当时正逢中韩建立外交关系不久，有外交官感慨地说："几十名外交官经过数十年的努力取得的成果还不及一部电视剧。"伴随着韩剧，"韩流"一词孕育而生。"韩流"不仅为韩国赚取了大笔外汇，更加深了人们对韩国的正面印象和亲近感。

长久以来，英国总是和"守旧、传统、缺乏活力"这样的词语相连。上世纪90年代中期开始，英国发起了"酷英国"活动，力图建立全新的国家形象。2003年，利用英国首相布莱尔访华的时机，英国在华开展了一场声势浩大的国家公关行动——"创意英国"（Think UK）。活动持续了将近一年，在广州、深圳、北京和上海等中国城市举办了数百场派对、沙龙等活动，内容包括文化艺术、时尚设计、科学技术、体育传媒、金融等领域。据统计，超过10万的中国民众通过这些活动感受到了一个富有创新活力和进取精神的新英国。

9.11事件之后，美国的旅游产业一落千丈。一则推广美国观光业的广告引用了美国前总统小布什的演讲内容，鼓励本国民众安心过日子，邀请外国游客放心来美国旅游。在广告中，美丽的空中服务员响应总统的号召说："乘坐飞机并享受美国的著名景点。"

首脑，本来就是一国之领袖，领袖、精英常在世界的新闻节目中出现，请他们来做本国的代言人，不仅效率高，而且广告的品质似乎也顿时得到了升级。看到如此积极的形象代言人，坐在电视机前的你，能不动心吗？

（改写自《国家的形象宣传》，吴晓芳《读者》2010年第10期）

词语表

基础词语

1	捧	pěng	【动】	to hold in both hands	6
2	薯片	shǔpiàn	【名】	potato chips	
3	活力	huólì	【名】	vigor	6
4	赶上	gǎnshàng	【动】	to catch up with	6
5	粉末	fěnmò	【名】	powder	6
6	喷洒	pēnsǎ	【动】	to spray	6
7	巷	xiàng	【名】	lane	6
8	新奇	xīnqí	【形】	novel	6
9	流露	liúlù	【动】	to reveal	6
10	愉悦	yúyuè	【形】	joyful	6
11	神情	shénqíng	【名】	to expression	6
12	端	duān	【名】	to hold sth. level with hand	6
13	神往	shénwǎng	【动】	to be carried away	6
14	神奇	shénqí	【形】	magic	6
15	大臣	dàchén	【名】	minister	6
16	别开生面	bié kāi shēng miàn		to break fresh ground	6
17	任命	rènmìng	【动】	to appoint	6
18	卡通	kǎtōng	【名】	cartoon	6
19	动漫	dòngmàn	【名】	comic and animation	6
20	据悉	jù xī		according to reports	6
21	酷	kù	【形】	cool	6
22	输出	shūchū	【动】	to export	6
23	联想	liánxiǎng	【动】	to associate with	6
24	民众	mínzhòng	【名】	the public	6
25	连续剧	liánxùjù	【名】	TV series	5
26	收视率	shōushìlǜ	【名】	audience ratings	
27	放映	fàngyìng	【动】	to project	6

28	逢	féng	【动】	to come across	6
29	外交官	wàijiāoguān	【名】	diplomat	
30	感慨	gǎnkǎi	【动】	to sigh with emotion	6
31	取得	qǔdé	【动】	to obtain	
32	不及	bùjí	【动】	not as good as	
33	伴随	bànsuí	【动】	to accompany	6
34	孕育	yùnyù	【动】	to breed	6
35	外汇	wàihuì	【名】	foreign exchange	
36	亲近	qīnjìn	【形】	be close to	
37	守旧	shǒujiù	【形】	conservative	
38	发起	fāqǐ	【动】	to propose	
39	力图	lìtú	【动】	to try hard to	6
40	首相	shǒuxiàng	【名】	prime minister	
41	开展	kāizhǎn	【动】	to develop	6
42	声势	shēngshì	【名】	momentum	6
43	浩大	hàodà	【形】	huge	
44	公关	gōngguān	【名】	public relations	6
45	派对	pàiduì	【名】	party	
46	沙龙	shālóng	【名】	salon	
47	传媒	chuánméi	【名】	mass media	
48	一落千丈	yí luò qiān zhàng		to suffer a disastrous decline	
49	观光	guānguāng	【动】	to go sightseeing	6
50	演讲	yǎnjiǎng	【动】	to address, to give a lecture	6
51	安心	ānxīn	【形】	be relieved	
52	游客	yóukè	【名】	tourist	
53	号召	hàozhào	【动】	to call, to appeal	6
54	景点	jǐngdiǎn	【名】	scenic spots	
55	首脑	shǒunǎo	【名】	head	
56	领袖	lǐngxiù	【名】	leader	6
57	代言	dàiyán	【动】	to endorse	

| 58 | 升级 | shēng jí | to upgrade |
| 59 | 动心 | dòng xīn | to be moved mentally |

拓展词语

| 1 | 韩剧 | Hánjù | South Korean television drama |
| 2 | 韩流 | Hánliú | South Korean fad |

专有名词

1	泰姬陵	Tàijīlíng	Taj Mahal
2	印度门	Yìndùmén	Gateway of India
3	阿格拉堡	Āgélābǎo	Agra Fort

语言点

1 悄悄

副词，在句中作状语。意思是没有声音或声音很低，行动不让人知道或发现。例：

① 印度在CNN播放的这则广告就这样悄悄地改变了一些人对印度的看法。
② 他上课迟到了，就在教室后边悄悄找了个座位坐了下来。
③ 开会的时候，几个人在下边悄悄地说着什么。
④ 妈妈怕把孩子吵醒，悄悄地走了出去。

2 据悉

意思是"根据得到的消息知道"，不是亲自看到或者听到的，而是经过其他媒体或者别人转载或转述的。常作为一个小句单独使用，引出后边的消息内容。多用于书面语。

① 据悉，"大使"的主要使命是"访问世界、广交朋友"。
② 据悉，今年入境旅游、观光的人数已超过千万。
③ 据悉，中国2010年第一季度GDP年增约11.9%。
④ 据悉，招商银行将赴台湾设立代表处。

3 观念　观点

都是名词，都有"看法"的意思，但两个词的语义侧重点有所不同。
"观念"是人们在长期的生活和生产实践当中形成的对事物的总体的综合的认识，侧重指一个群体对事物的总的看法。例：

① 日本政府免费将动画片《足球小子》送给伊拉克电视台播放，向战后伊拉克人民传递了日本式的价值观念。
② 现在有些农村还有重男轻女的观念。
③ 有些传统观念必须打破。
④ 在古代，中国人的等级观念非常强。

"观点"是"观察、考虑、评价事物时所处的位置或采取的态度"，指具体的人对客观事物的具体看法。例：

① 这只是我个人的观点，供大家参考。
② 我的观点是房价在五年内肯定要大跌。
③ 王鹏总是很直接地表达自己的观点。
④ 说实话，我并不赞同你的观点。

❹ 不及

动词，"比不上，不如"的意思。

① 几十名外交官经过数十年的努力取得的成果还不及一部电视剧。
② 这个厂的产品质量不及那个厂。
③ 美国今年的就业和零售业数据不及预期。
④ 爷爷的头脑远不及以前清楚。

"不及"还有"赶不上、来不及"的意思，常见的搭配有"措手不及、过犹不及、躲避不及、始料不及"等。例：

① 彼得来参加聚会到得太早，使我们措手不及。
② 安妮刚被提升了工资，所以她的辞职是我们始料不及的。

❺ 伴随 随着

"伴随"和"随着"都有"一个事物跟着另一个事物发生"的意思，但两个词的语义侧重及语法特点都有所不同。

"伴随"是动词，侧重于"伴"，强调陪伴性、同时性，更书面语一些，宾语一般为名词或代词。例：

① 伴随着韩剧，"韩流"一词孕育而生。
② 这本书伴随了我很多年。
③ 愿幸福和快乐永远伴随你！
④ 我记得母亲的那些教导，它们一直伴随着我，而且已经陪伴了我一生。

"随着"则侧重于"随",强调从属性、依随性。"伴随"后边可以只跟名词,而"随着"在句中必须有相应的动作来交代"从属""依随"的行为是什么。例:

① 经济发展了,人民生活水平自然也会随着提高。
② 一看主任进了办公室,几个工人也随着进去了。
③ 随着年龄的增长,他变得成熟起来。
④ 随着时间的推移,历史终于证明了他是清白的。

6 长久以来

"从很长时间以前到现在"的意思,常用在句子开头,单独成句,也可以放在句中做定语。例:

① 长久以来,英国总是和"守旧、传统、缺乏活力"这样的词语相连。
② 长久以来,我一直习惯被人照顾。
③ 写小说是我长久以来的愿望。
④ 这是我长久以来总结出的经验。

练习

一 选词填空

| 活力 | 力图 | 神奇 | 感慨 | 观光 | 别开生面 |
| 联想 | 代言 | 流露 | 任命 | 号召 | 一落千丈 |

1. 这次回国,他们到云南、贵州等地(　　　),深深感受到了国家这几年的巨大变化。
2. 由于他的勤奋,再加上他的专业背景,刚毕业没几年他就被(　　　)为公司的人事部主管。
3. 自从迷上了网络游戏,弟弟的成绩(　　　)。
4. 你应该多运动运动,体育锻炼会让你充满(　　　)。
5. 地震发生后,卫生部(　　　)大家义务献血支援灾区。
6. 航空公司曾(　　　)使飞机正点起飞,但最终还是因为天气太差而不得不推迟起飞时间。
7. 电话里对方不停地说着什么,他的脸上(　　　)出不耐烦的神情。
8. 一看到成群的马,就让我(　　　)到美丽的大草原。
9. 看完这个老电影,奶奶(　　　)良多。
10. 手机真是(　　　)啊,通过它我们可以听到千里之外的声音。
11. 出名后,找他做广告的人很多,他先后(　　　)了手机、电脑等电子产品。

12. 最近我们学校举办了一场（　　　　　）的话剧比赛，吸引了校内外的许多观众观看。

二 用所给词语填空

　　　　观念 / 观点　　　　伴随 / 随着

1. 今天我们是自由讨论，请大家尽情发表自己的（　　　　）。
2. 都现代社会了，你还觉得女孩子不需要读很多书，这种（　　　　）太落后了。
3. 中国人传统的消费（　　　　）是崇尚节约。
4. 蔬菜的品种和数量多了，价格也就（　　　　）降下来了。
5. 许多人跑到出事地点，老李也（　　　　）跑了过去。
6. 无论我搬了多少次家，这架钢琴一直（　　　　）着我。

三 用所给词语完成句子

1. A：我刚才是不是睡着了？小明进来我都没发现。
   B：_____。（悄悄）
2. A：你喜欢上海还是北京？
   B：_____。（不及）
3. A：这么破的书桌你怎么还留着呀？
   B：_____。（伴随）
4. A：_____。（据悉）
   B：这个消息是真的吗？你怎么知道的？
5. A：很多中国人好像很喜欢存钱，不太愿意花钱。
   B：_____。（长久以来）
6. A：你的汉语已经说得很好了。
   B：_____。（不及）

四 根据课文内容判断下列句子的对错，对的打 √，错的打 ×

1. 印度传统的洒红节上，人们会用彩色的粉末相互喷洒。
2. 印度在 CNN 上播放广告是为了吸引人们去投资。
3. 很多人认为中国广告"中国制造，世界合作"是一个很好的商业广告。
4. 机器猫被任命为动漫"大使"是为了树立日本的形象，推销日本的梦想。
5. 日本和韩国都是成功的"软宣传者"。
6. "韩流"虽然没有为韩国赚到外汇，但是加深了人们对韩国的正面印象和亲近感。
7. 一直以来，英国给人留下了富有创新活力和进取精神的印象。

8. 9.11事件对美国的旅游产业影响很大。

五 排序

1. A 写下"不可思议的印度"
   B 寄向了远在地球另一端的家
   C 然后把明信片投入邮筒
   D 这个男孩突发奇想
   E 从包里找出了一张明信片

2. A 创下了4.3%的高收视率
   B 以至于商场的销售人员抱怨该剧影响了营业额
   C 中国CCTV播放了首部韩国连续剧——《爱情是什么》
   D 由于影片在周末放映
   E 上世纪90年代中期

3. A 许多野生动物也失去了生活条件
   B 保护动物，保护环境
   C 今天在长城上举行这次活动
   D 现在世界上的原始森林已经消失了一半
   E 就是希望大家像保护万里长城一样

4. A 期间将放映至少500部影片
   B 在放映的所有影片中，有一半出自亚洲人之手
   C 本届电影节的最大特点是宣传亚洲人自己拍摄的电影
   D 第8届新加坡国际电影节将于4月17日至5月2日举行
   E 从而使本届电影节成为亚洲规模最大的电影节

六 用所给词语说出或写出一段话

1. 日本外事大臣介绍任命机器猫为动漫"大使"的目的。
   深受欢迎　使命　访问　输出
   树立　推销　梦想　联想　吸引

2. 请你谈谈韩国"软宣传"的成功经验。

外交关系　首部　连续剧　收视率
韩剧　韩流　赚取　印象　亲切感

七　阅读下列短文，根据短文内容选择唯一恰当的答案

有一段时间，我身体不舒服，在家静养。一天，我无聊地躺在床上玩手机，发现电话簿里竟储存了几百个号码。我随意挑选了一个号码试着拨过去，传来的却是电脑提示语言："您拨的号码是空号。"

我不禁很感叹：是啊，我和好些朋友已经很长时间没联系了。忽然，我产生了一个念头：何不把电话簿梳理一遍，把空号删除。

于是，我开始拨打。第一个电话通了，但一声铃响过后，我就挂机了——我只想试探这个号码是否还被主人使用，并不想说什么。

我机械地操作着，忽然有个电话见缝插针地打进来："怎么只响了一下就断了？有什么事吗？"我忙说道："没事，就是想知道你在做什么。"他回答："我呀，在驾驶学校学开车呢。现在还买不起车，不过只要我努力，有车的日子还会远吗？"这位朋友，曾有过一次惊天动地的恋爱，但恋人最终离开了他，投入了一个"小款"的怀抱。听了朋友的表白，我知道他已经开始以一种积极的心态生活了。

电话使我内心充满感激——一位朋友问我是否还犯胃病，他向我推荐一种新药；有位朋友问我供楼的贷款是否还清……听着听着，我的眼角有点湿润了。曾以为，平淡的日子，长长的沉默，朋友们都消失了隔阂了，谁知一声铃响，他们好像又来到了我身边。

的确，随着生活节奏的加快，人们变得忙碌、浮躁、功利了，不自觉地与朋友疏远了。可实际上，人无论何时何地也离不开朋友。

1. "我"随意挑选一个号码拨过去，是因为：
   A. 有重要的事情　　　　　　　　B. 想和朋友联系
   C. 无聊　　　　　　　　　　　　D. 需要帮助
2. "我"打算清理电话号码，说明：
   A. "我"有很多朋友　　　　　　　B. "我"和很多朋友没什么联系了
   C. "我"的手机容量有限　　　　　D. "我"想和朋友联系
3. "听着听着，我的眼角有点湿润了"这句话的意思是什么？
   A. 我的眼睛疼了　　　　　　　　B. 我伤心了
   C. 我感动了　　　　　　　　　　D. 我着急了
4. 根据文章，下面哪一个说法是正确的？
   A. 作者身体很好　　　　　　　　B. 作者有过一次惊天动地的恋爱
   C. 作者的朋友买了车在学习开车　D. 作者买房子的钱是向银行借的

副课文

日本细节

日本人把衣食住行的小事当作大事来做,其中的细节更是处理得尽善尽美。

先讲"食",超市里的蔬菜不止有"生产履历",还附上生产者的姓名和照片。这样一方面可以加强生产者的责任感,另一方面能增进消费者对商品的亲近感。为了确保超市的冷藏区保持恒温,工作人员每小时都会检查温度,使消费者对产品的新鲜度能够绝对放心。

不仅在超市,日本人对温度的讲究已经延伸到了每一个领域:马桶是温的,公共厕所的洗手水是热的,连日本航空公司经济舱的餐盘上,都配有一颗小小的热石头,为餐饭尽微薄的保温之力。

讲到飞机餐,每当空姐问你吃鱼还是吃鸡时,你是不是都在不确定之中做出选择的呢?日航体谅乘客的心理,事先附上一份食物的图片,因此,无论鱼餐、鸡餐,一目了然。经济舱是如此,更不必说头等舱了!

谈到"住"。东京人的家虽小,但各类设备功能齐全。以马桶来说,除了保温以外,如厕完起身之后,马桶立刻会依据人坐在上面的时间,自动估算出需要的水量并放出水,使用者无需动手即可轻松离去。

厨房是蟑螂经常出没的地方,一般人通常先用杀虫剂喷,再拿卫生纸战战兢兢地包起来丢掉。而蟑螂的繁殖力超强,一般杀虫剂并不能消灭虫卵。日本人发明了一种杀虫剂,它喷出的凝胶一碰到蟑螂就会凝固,像蚕茧一样把蟑螂包裹起来,如此无论扫还是抓,都不再觉得恶心,也可以有效阻断蟑螂的繁殖。

浴室里一定有牙刷。买牙刷时,你是否清楚软毛、中毛和硬毛的区别?在日本,牙刷就像化妆品一样,商家会拆封一支专门让顾客触摸。这很细心,不是吗?但也许唯独日本人想到了。

讲到"行",有些日本车的头顶安装着一条"感恩尾巴",当车子并入另一车道时,驾驶员可操纵那条尾巴摇摆,向允许其插进来的车表示感激。

再看地铁。日本的地铁上人挤人,可是彼此不会闻到旁人的体味。因为市场上消除体味的商品很多,市场的区分很细,甚至有专门替银发族消除体味的香水。

人们坐巴士到机场时，上车前司机会先问你去哪一个航站，因为不同的航站，贴在旅客行李上的标签颜色不一样。一张标签系在行李上，另一张由乘客保存。比如一辆巴士先到二号航站，那么所有二号航站的行李都会被卸下，地勤人员会跟下车的乘客一一比对行李标签。

日本人对于生活的每一个细节，都细致到了极点，让不富裕的凡夫俗子也能过得舒适、优雅。我们每个人都追求幸福，持久的幸福感不是来自于革命性的重大事件，而是来自无数日常生活中的小事。要过幸福的生活，国人应该在衣食住行每一件小事上更细心、更讲究、更精致、更深入。

（改写自《日本细节》，晨风，《读者》杂志2010年第19期）

词语表

基础词语

1	履历	lǚlì	【名】	resume	
2	微薄	wēibó	【形】	slight	
3	体谅	tǐliàng	【动】	to show understanding for	6
4	附上	fùshàng	【动】	to affix to	
5	如厕	rú cè		to go to the toilet	
6	出没	chūmò	【动】	to haunt	
7	喷	pēn	【动】	to spray	
8	卫生纸	wèishēngzhǐ	【名】	toilet paper	
9	战战兢兢	zhàn zhàn jīng jīng		trembling with fear	
10	恶心	ěxīn	【形】	disgusting	6
11	拆封	chāi fēng		to take off a seal	
12	感恩	gǎn ēn		to feel grateful	
13	操纵	cāozòng	【动】	to operate, to control	6
14	体味	tǐwèi	【名】	body odour	5
15	巴士	bāshì	【名】	bus	
16	标签	biāoqiān	【名】	label	

17	系	jì	【动】	to fasten	5
18	卸	xiè	【动】	to unload	6
19	比对	bǐduì	【动】	to compare	6
20	富裕	fùyù	【形】	rich	6
21	凡夫俗子	fánfū súzǐ		ordinary people	
22	优雅	yōuyǎ	【形】	elegant	6
23	革命	gémìng	【名】	revolution	5

拓展词语

1	冷藏	lěngcáng	【动】	cold storage
2	恒温	héngwēn	【名】	constant temperature
3	经济舱	jīngjìcāng		economy class
4	蟑螂	zhāngláng	【名】	cockroach
5	杀虫剂	shāchóngjì	【名】	insecticide
6	凝胶	níngjiāo	【名】	gel
7	地勤人员	dìqín rényuán		ground crew

专有词语

| 日航 | Rì Háng | Japan Airlines |

思考题

1. 日本超市里的蔬菜包装上为什么印有生产者的姓名和照片？
2. 日本人对温度的讲究表现在哪些方面？
3. 为什么说东京人的家小得有尊严？
4. 日本人发明的一种除蟑螂的杀虫剂有什么特别之处？
5. 日本出售牙刷的商家想到了什么细节？
6. 什么是"感恩尾巴"？
7. 作者认为，持久的幸福感来自哪儿？你同意这个观点吗？
8. 你认为细节对一个国家来说重要吗？请你谈谈你的看法。

13 电视机的发明

课文

发明家触电倒地

1925年的一天，伦敦一家最大的百货店顾客盈门。一批又一批的顾客拥向店内两间相连的小室。据说有人发明了一种机器，能当场把接收到的图像再现出来。观众们乘兴而来，但扫兴而归。因为他们看到的仅仅是模糊不清的影子和闪烁不定的轮廓。"这不是吹牛吗？这叫什么图像？真丢人！""对不起，对不起。目前的技术还没有办法实现。"

发明家贝尔德在一旁无奈而又尴尬地回答着人们的追问。贝尔德是个了不起的英国青年，当时无线电技术已经广泛运用于通信、广播了，世界上许多发明家，其中有最伟大的科学家和工程技术大师，都想发明能转播现场实况的电视机，但都没有成功。贝尔德立志要发明电视机。

1906年，年仅18岁的贝尔德从故乡苏格兰移居英格兰西南部，在那里建立了一个实验室，着手电视的研制。

贝尔德没有实验经费，只好自己动手，从旧货摊儿、废物堆里找来种种代用品，装配了一整套用胶水、细绳、火漆及密密麻麻的电线黏合串联起来的实验装置。贝尔德用这套装置夜以继日地进行实验，用心地装了拆、拆了装，不断加以改进。失败接踵而来，长期的饥饿与劳累使得他的健康状况变得极坏。工夫不负有心人，1924年春天，他终于成功地发射了一朵十字花，那图像还只是一个忽隐忽现的轮廓，发射距离只有3米。

然而,他突然变成了伦敦的新闻人物,但这不是由于他实验的成功,而是由于一次几乎让他送命的意外事故。

原来为了得到高电压,他把几百只手电筒缠绕连接起来。一不小心,他触及了一根连接线,电流当即把他击倒在地,他身体蜷成一团,一只手烧伤,不省人事。事故发生的次日早晨,《每日快报》用大字标题报道:《发明家触电倒地》。

赶紧把那个疯子打发走

1925年,伦敦一家最大的百货商店的老板找上门来,向贝尔德提出一个诱人的合同:每周给25英镑报酬,免费提供一切必要材料,条件是贝尔德每周三次在该百货商店电器部将新发明进行公开表演。

这位发明家虽然知道这套设备对广大公众公开表演还为时过早,但为了解决研究经费,只得同意签订合约。结果是很多顾客对贝尔德的发明不屑一顾,面对发射机和接收机,几乎没人真正明白它的意义。

贝尔德对这种仓促无效的实验和出洋相的表演也厌烦透了,他向百货商店提出终止合同的要求,把实验器材装车搬回家里。这时,他再一次陷入困境。吃饭有一顿没一顿的,衣服破了、鞋子穿洞,他都没有钱补,身体状况变得更加糟糕。因为没有钱付房租,房东扬言叫人把他赶出去。他访问报社,想通过报纸的宣传引起人们的关注,但记者们都断定他不可能成功,几乎都回答说:"你能传送一张脸给大家看,就是我们的新闻了!"好几次,他一到报社门口就被粗鲁的门卫拒之门外,因为门卫早被吩咐:赶紧把那个疯子打发走!

这一切挫折都不能让贝尔德半途而废,山穷水尽之时,苏格兰寄来了500英镑。这是两个堂兄弟汇给他作为入股资金的。贝尔德又开足马力,精力充沛地实验一件又一件的装置。他唯一的"搭档",是一个木偶头像,他为它取名为"比尔",他要通过发射机把比尔的脸传送到邻室的接收机上。

1925年10月2日是贝尔德一生中最为激动的一天。这天他在室内安上了一台能使光线转化为电信号的新装置,希望能用它把"比尔"的脸显现得更逼真些。下午，他接上电源，按动机器上的按钮，"比尔"的图像一下子清晰逼真地显现出来。他简直不敢相信自己的眼睛，揉了揉眼睛仔细再看，那不正是"比尔"的脸吗？

贝尔德兴奋得蹦起来，此时浮现在他脑际的只有一个念头：赶紧找一个活的"比尔"来，传送一张活生生的人脸出去。

贝尔德楼下是一家影片出租商店，这天下午店内正在营业，突然间"楼上搞发明的家伙"闯了进来，碰上第一个人便抓住不放。那个被抓的人便是年仅15岁的店员威廉·台英顿。

几分钟之后，贝尔德在"魔镜"里看到了威廉·台英顿的脸——那是通过电视播送的第一张人脸。接着，威廉得到许可也去朝那接收机内张望，看见了贝尔德自己的脸映现在屏幕上。实验成功了！

（改写自《电视机的发明》，弓勋，转引自《读者》2007年第24期）

词语表

基础词语

1	盈门	yíngmén	【形】	full of guests	
2	相连	xiānglián	【动】	to be linked together	
3	当场	dāngchǎng	【副】	on the spot	6
4	再现	zàixiàn	【动】	to reappear	
5	乘兴而来，扫兴而归	chéng xìng ér lái, sǎo xìng ér guī		come in high feather, but return crest fallen	
6	轮廓	lúnkuò	【名】	outline	6
7	吹牛	chuī niú		to boast	6
8	丢人	diū rén		to lose face	6
9	追问	zhuīwèn	【动】	to question closely	
10	实况	shíkuàng	【名】	what is actually happening, live show	
11	立志	lì zhì		to be determined to	
12	故乡	gùxiāng	【名】	birthplace, hometown	

13	研制	yánzhì	【动】	to research and produce	
14	动手	dòng shǒu		to start work	6
15	摊儿	tānr	【名】	stall, vendor's stand	6
16	装配	zhuāngpèi	【动】	to assemble	
17	火漆	huǒqī	【名】	sealing wax	
18	密密麻麻	mì mì má má		very dense	
19	黏合	niánhé	【动】	to bind	
20	串联	chuànlián	【动】	to connect in series	
21	夜以继日	yè yǐ jì rì		day and night	
22	接踵而来	jiē zhǒng ér lái		on the heels of	
23	饥饿	jī'è	【名】	hunger	6
24	劳累	láolèi	【形】	tired	
25	工夫不负有心人	gōngfu bú fù yǒuxīn rén		everything comes to him who waits	
26	忽隐忽现	hū yǐn hū xiàn		flicker	
27	送命	sòng mìng	【动】	to meet one's end	6
28	缠绕	chánrào	【动】	to wind around	6
29	触及	chùjí	【动】	to touch	
30	蜷	quán	【动】	to curl up	
31	不省人事	bù xǐng rén shì		be unconscious	
32	报酬	bàochóu	【名】	remuneration	6
33	为时过早	wéi shí guò zǎo		premature	
34	不屑一顾	bú xiè yí gù		not worth a single glance	6
35	仓促	cāngcù	【形】	hastily	6
36	出洋相	chū yángxiàng		to make an exhibition of oneself	6
37	厌烦	yànfán	【动】	to be sick of	
38	扬言	yángyán	【动】	to threaten to, to spread abroad	
39	断定	duàndìng	【动】	to make a judgment	6
40	粗鲁	cūlǔ	【形】	rough, rude	6
41	门卫	ménwèi	【名】	entrance guard	
42	拒之门外	jù zhī mén wài		to slam the door in sb.'s face	

43	吩咐	fēnfù	【动】	to instruct (a subordinate, a child, etc.) to (do sth.)	6
44	打发	dǎfa	【动】	to send, to dispatch	
45	挫折	cuòzhé	【名】	frustration	6
46	半途而废	bàn tú ér fèi		to give up halfway	6
47	山穷水尽	shān qióng shuǐ jìn		at the end of one's tether	
48	堂兄弟	tángxiōngdì	【名】	male first cousins on the father's side	
49	入股	rù gǔ	【动】	to become a shareholder	
50	开足马力	kāi zú mǎ lì		to put into high gear	
51	充沛	chōngpèi	【形】	plentiful, abundant	6
52	搭档	dādàng	【名】/【动】	partner; to work together	6
53	木偶	mùǒu	【名】	carved wooden figure	
54	逼真	bīzhēn	【形】	lifelike, almost real	
55	电源	diànyuán	【名】	the power source or supply	6
56	清晰	qīngxī	【形】	distinct	6
57	显现	xiǎnxiàn	【动】	to appear, to show	
58	蹦	bèng	【动】	to jump	6
59	许可	xǔkě	【动】	to permit	6
60	张望	zhāngwàng	【动】	to look around	

拓展词语

1	无线电	wúxiàndiàn	【名】	radio, wireless
2	触电	chù diàn		to get an electric shock
3	图像	túxiàng	【名】	image
4	电压	diànyā	【名】	voltage
5	电流	diànliú	【名】	electric current
6	电器	diànqì	【名】	electric equipment
7	光线	guāngxiàn	【名】	light, rays
8	按钮	ànniǔ	【名】	button
9	播送	bōsòng	【动】	to transmit, to broadcast

| 10 | 映现 | yìngxiàn | 【动】 | to mirror |
| 11 | 屏幕 | píngmù | 【名】 | screen |

专有名词

| 1 | 苏格兰 | Sūgélán | Scotland |
| 2 | 英格兰 | Yīnggélán | England |

语言点

❶ 当场　当即

两个词都是副词，但意思和用法不同。

"当场"的意思是"就在那个场合、那个地方或那个时候"。例：

① 据说有人发明了一种机器，能当场把接收到的图像再现出来。
② 警察当场抓住了破坏商店玻璃的歹徒。
③ 工程师当场解决了施工难题，工程可以继续了。

"当即"意思是"立即，马上就"，语气比"立即"强，强调"就在当时行动或发生"。例：

① 一不小心，他触及了一根连接线，电流当即把他击倒在地，他身体蜷成一团，一只手烧伤，不省人事。
② 接到指挥部的命令，士兵当即出发。
③ 地震突然发生，市长当即决定让居民紧急撤离。

❷ 运用　使用

两个词都是动词，都有"使事物产生作用，为某种目的服务"的意思，但意思和用法有不同。

"运用"指"根据事物的特性加以利用"，宾语多是理论、方法、手段、技术等抽象事物。例：

① 贝尔德是个了不起的英国青年，当时无线电技术已经广泛运用于通讯、广播了，世界上许多发明家、其中有最伟大的科学家和工程技术大师，都想发明能传播现场实况的电视机，但都没有成功。
② 消费者要运用法律手段维护自己的权益。
③ 我们要把学到的科学知识运用到生活实际中去改善生活。
④ 我要运用新技术加强环境保护工作。

"使用"表示"使人员、工具、器物、资金等具体事物为某种目的服务"。例：

① 人类很早就能够制造和使用工具。

② 如果要使用学校里的计算机需要先获得密码。
③ 这家公司由于资金使用不当而破产了。
④ 我的小孩4岁就开始使用筷子吃饭了。

❸ 传播　传送

都是动词，表示"把某种物质由一方交给另一方，由一处到另一处"。不同的是"传播"是指大范围散布、传送，既可以是外力推行，也可以是自行散布，使用范围广，宾语多是消息、理论、主张、知识、思想、经验、事迹等抽象事物，也可以是能够广泛散布的具体东西，如"病毒"、"细菌"等。例：

① 世界上许多发明家，其中有最伟大的科学家和工程技术大师，都想发明能传播现场实况的电视机，但都没有成功。
② 当今现代生物技术已经在农村得到广泛传播。
③ 艾滋病病毒是通过体液传播的。
④ 有关明星私生活的消息往往传播很快。

"传送"指"把东西由一处送到另一处"，宾语多是具体事物，如：信函、物品、消息、声音等。例：

① 他访问报社，想通过报纸的宣传引起人们的关注，但记者们都断定他不可能成功，几乎都回答说："你能传送一张脸给大家看，就是我们的新闻了！"
② 我的电脑传送图像很慢，可能是网络速度的问题。
③ 传真机是利用电信号传送文字和照片的。
④ 如果需要传送信函，我总是找这家快递公司来办。

❹ 吩咐　嘱咐

都是动词，都有"让某人做某事"的意思，但两个词的意思不同。

"吩咐"多指口头命令或指派。例：

① 好几次，他一到报社门口就被粗鲁的门卫拒之门外，因为门卫早被吩咐：赶紧把那个疯子打发走！
② 老板吩咐我下班以前必须把文件做好。
③ 部长，需要我做什么，您尽管吩咐。

"嘱咐"不含命令和指派语气，只是"出于关心和爱护，告诉对方记住要怎样，不要怎样"。例：

① 妈妈再三嘱咐我要注意交通安全。
② 医生嘱咐病人要好好休息，不要乱跑。
③ 我经常嘱咐我的孩子，开车绝对不要喝酒。

❺ 清晰　清楚

都是形容词，都表示"容易让人看到、了解"，都和"模糊"相反，不同的是"清晰"着重指轮廓、线条和细微之处都不模糊，词义比"清楚"要重，使用范围窄，多形容图像或声音，不能重叠。例：

① 下午，他接上电源，按动机器上的按钮，"比尔"的图像一下子清晰逼真地显现出来，他简直不敢相信自己的眼睛，他揉了揉眼睛仔细再看，那不正是"比尔"的脸吗？
② 老师讲的普通话吐字清晰，声音圆润，很好听。
③ 这张照片不太清晰，不能用在护照上。

"清楚"着重指事物整体或面貌、内容等不模糊，可形容声音、话语、数目、头脑、事实等，范围广，可以重叠为"清清楚楚"。例：

① 这件事我记得很清楚，他当时没有开车，来晚了。
② 这句俗语的意思我还是不太清楚。
③ 离得太远，我看不清楚广告上的字。

"清楚"作动词时表示"了解了，明白了"。例：

① 我不清楚他为什么突然离开。
② 这个问题你清楚了吗？

❻ 赶紧

副词，多修饰动词、动词短语。

表示情势需要，不容迟缓；连忙。用于陈述句，上下文多有说明不容迟缓的内容。例：

① 老板刚走进办公室，突然摔倒，员工们赶紧把他扶起来。
② 快下雨了，赶紧把外面晒着的衣服拿进房间吧。
③ 听到老板叫我，我赶紧跑了过去。
④ 看到一位孕妇上了公交车，我赶紧把自己的座位让给她。

表示抓紧时机，毫不拖延；尽快。多用于祈使句。上下文有时有必须抓紧的原因。例：

① 好几次，他一到报社门口就被粗鲁的门卫拒之门外，因为门卫早被吩咐：赶紧把那个疯子打发走！
② 你赶紧来，大家都等你开会呢。
③ 没时间了，赶紧出门，否则就要迟到了。
④ 赶紧收拾行李，飞机很快就要起飞了，我们现在就去机场。

练习

一 选词填空

| 当场 | 轮廓 | 动手 | 报酬 | 仓促 | 许可 | 不屑一顾 |
| 粗鲁 | 充沛 | 断定 | 搭档 | 吩咐 | 挫折 | 半途而废 |

1. 比赛开始时，对手对我们（　　　　），但结果我们打败了他们。
2. 距离太远，我们只能看到那座大厦的（　　），上面的字完全看不清楚。
3. 小孩子真是精力（　　），旅客们都睡着了，只有他们还在玩耍。
4. 年轻的时候经历些（　　）有好处，可以使人坚强。
5. 他学过一段时间的钢琴，也练习过一段时间的舞蹈，但都（　　　　）。
6. 我每星期都会去养老院帮工作人员义务干活，不要任何（　　）。
7. 对我来说，我的狗是我最好的（　　），它发现猎物，我开枪。
8. 比赛已经进行到下半场，我可以（　　）我们的校队一定会赢。
9. 汽车在半路上出了故障，司机下车自己（　　）修理。
10. 他的演讲太让人感动了，很多人（　　）捐款。
11. 这次旅行走得太（　　）了，我有很多东西都忘带了。
12. 这里是海军基地，不经（　　）游客不得进入。
13. 老板昨天（　　），把这个计划书再修改一遍。
14. 我不喜欢（　　）的人，请给我介绍一位有礼貌的朋友。

二 用所给词语填空

| 清晰/清楚 | 传播/传送 | 运用/使用 | 当场/当即 | 吩咐/嘱咐 |

1. 问题已经调查（　　）了，孩子们饮用的牛奶是被污染了的。
2. 这种照相机照出来的图像非常（　　）。
3. 经过商量，居民们决定（　　）法律武器，维护他们的权益。
4. 这台洗碗机由于（　　）不当，完全损坏了。
5. 在春天，这种病毒的（　　）速度很快。
6. 现在，越来越多的人使用手机（　　）图片。
7. 炸弹突然爆炸，车上的人被（　　）炸死。
8. 看到孩子们渴望的眼神，校长（　　）决定，允许孩子们都进入模拟太空舱。
9. 我一定记住父母的（　　），努力学好汉语。
10. 先生，您有什么要求，尽管（　　），我们会为您尽力服务的。

三 用所给词语完成句子

1. ＿＿＿＿＿＿＿＿＿＿＿＿＿＿＿＿＿＿＿＿＿＿＿，大家都不相信他了。（吹牛）
2. 他没能完成学业，＿＿＿＿＿＿＿＿＿＿＿＿＿＿＿＿＿＿＿＿。（丢人）
3. 在公司陷入困境之时，他被任命为总经理，＿＿＿＿＿＿＿＿＿＿＿＿。（着手）
4. 晚会上他喝多了酒，＿＿＿＿＿＿＿＿＿＿＿＿＿＿＿＿＿＿。（出洋相）
5. 玛丽失业很久了，＿＿＿＿＿＿＿＿＿＿＿＿＿＿＿＿＿＿。（有一顿没一顿）
6. 环保组织一再呼吁停建高尔夫球场，＿＿＿＿＿＿＿＿＿＿＿＿。（引起……关注）
7. 他很想当带电视台的主持人，但＿＿＿＿＿＿＿＿＿＿＿＿。（拒之门外）
8. 我很喜欢他的画，＿＿＿＿＿＿＿＿＿＿＿＿＿＿＿＿＿＿。（逼真）

四 根据课文判断对错，对的打√，错的打×

1. 1925年，发明家贝尔德成功发明了电视机。
2. 1906年，贝尔德开始研制电视。
3. 研制电视损害了贝尔德的身体。
4. 当实验成功的时候，伦敦《每日快报》第一时间给予了报道。
5. 1925年，贝尔德在百货公司的公开表演受到了观众的喜爱。
6. 贝尔德厌烦了表演，他中止了与百货商店的合同。
7. 在贝尔德陷入经济困境的时候，有人借给他500英镑。
8. 贝尔德通过发射机传送的第一个图像是店员威廉·台英顿的。

五 排序

1. A 贝尔德却立志要发明电视机
   B 都想发明能转播现场实况的电视机，但都没成功
   C 世界上许多发明家，其中有最伟大的科学家和工程技术大师
   D 当时无线电技术已经广泛运用于通信、广播了
   E 贝尔德是个了不起的英国青年

2. A 他身体蜷成一团，一只手烧伤，不省人事
   B 原来为了得到高电压，他把几百只手电筒连接起来
   C 事故发生的次日早晨，报纸上用大字标题进行了报道
   D 一不小心，他触及了一根连接线，电流当即把他击倒在地
   E 他突然成为新闻人物，但这不是由于实验成功，而是由于一场事故

3. A 如果一个人的双脚完全静止，安分得有点过分，那他正在撒谎
   B 每个人都关注眼睛和脸部
   C 因此，是否说谎的可靠迹象是脚部动作
   D 观察双脚，能判断一个人是否撒谎
   E 但人们善于控制这些部位的动作

4. A 双脚是不用语言沟通的神奇渠道
   B 人的心理指向往往从脚语中泄露出来
   C 对谈话对象的看法、情绪和心理状态
   D 脚部的秘密语言在很大程度上表露我们的性格特征
   E 脚部让我们露马脚的原因，可能是因为它们是反馈最少的身体部位

六 用所给词语说一段话或写一段话

1. 谈谈贝尔德中止与百货商店的合同后的困境。
   陷入　有一顿没一顿的　糟糕　扬言　访问　报社
   关注　断定　粗鲁　拒之门外　吩咐　赶紧

2. 描述一下贝尔德最后成功的场景。
   激动　显现　逼真　清晰　简直　兴奋
   赶紧　传送　营业　便是　映现　屏幕

七 请将下面这篇文章缩写成一篇短文，要求如下：

（1）标题自拟；
（2）只需复述文章内容，不需加入自己的观点；
（3）内容完整，条理清楚；
（4）字数为400字左右。

大部分人买车看重的是品牌、性能和价格。其实，汽车颜色也很重要，颜色的选择不仅是个性主张的表达，更关乎行车安全。

科学研究发现，人们挑选什么颜色的车，除与车主职业有关外，还与其性格有很大关系。心理学家发现，开红色汽车的人，具有较强烈的进取心，往往比较自信，一有机会经常会开快车；白色汽车车主的性格往往比较温和，喜欢让自己的车亮丽整洁，不爱惹是生非；黑色是天然的公务车，心理学家指出它是工作狂的最爱；蓝色意味着车主生性冷静，有较强的分析力；鲜黄色表示车主乐观、好交际；如果车身颜色是浅色系如淡紫、淡绿、灰棕或香槟色，则车主可能多愁善感，有点儿忧郁倾向。

但你也许并不知道，汽车颜色还与安全紧密相连。

澳大利亚最大的汽车保险公司就汽车颜色与交通事故发生频率之间的关系进行了一番研究。结果表明：撞车等交通事故的发生，与汽车颜色有着密切的联系。其中，黑色汽车是最容易发生事故的。在白天，黑色汽车发生事故的概率比白色汽车高12%，而在傍晚和凌晨，这一数字高达47%。灰色和银色汽车的危险性仅次于黑色汽车，然后是红色、蓝色和绿色汽车，再其次是黄色汽车，而白色汽车最安全。

科学研究表明，行车安全性不仅受其安全视线的影响，而且还受到车身颜色能见度的影响。有些颜色在汽车遭遇紧急危险时，会起到加剧肇事的副作用；相反，有一些颜色却能从某种程度上减弱或遏制车祸的发生。深色车（黑、灰、绿、蓝等颜色）发生交通事故的概率，远高于明亮的（黄、白色）汽车。

那么究竟开什么颜色的车上路最安全呢？人们一般认为红色醒目，容易引起司机的注意，有利于交通安全。但在长时间行车时，红色容易引起司机的视觉疲劳，不利于对其他淡色物体的观察，从这一点上讲又十分不利于安全。汽车颜色专家认为，一般来说，浅淡鲜亮颜色的车比深色车要安全一些。科学家们在对1000多辆各色汽车进行调研后发现：白色是最佳选择，出车祸的概率最小。这可能与白色对光线的反射率较高、易于识别有关。不过，如果进行合理的搭配，也可提高某些暗色的视觉效果，如蓝色或者绿色和白色相配就比较醒目，被不少国家用于警车上，这也是多色搭配车身显得比较时尚的原因。

副课文

科学源于对世界的童真

1620年，比利时学者范·黑尔蒙特做了许多在当时具有轰动效应的实验，他的世界观是魔法与科学的结合体。他对一棵树百思不得其解，栽在盆子里的树长大了，土却没少掉，由此他认为一切变化都只来源于水。他的实验为一个神秘过程的探究开了先河，后来人们才发现，植物成长不仅需要水，还要空气、阳光。

另一个医生则对人体本身充满好奇，为此他把自己的生活都搬到了秤盘上，包括工作台、椅子、床。他在秤盘上度过了30年，记录每天进食的食物的重量，以及所排泄的废物和自身体重的变化。他得出的结论是惊人的：人所排泄的大小便只占进食重量的很小一部分——其余的部分都被蒸发掉了。

阅读科学史上的这些实验，让我们百感交集，即便现在看来是多么简明的常识，而在当时却是极其神秘的谜团。而每一次科学的进步，每一个对于这世界的新知，都源于那些好奇者对于这世界的童真。

如果两块重量不等的石头自由坠落，较重的那块，会比较轻的那块更快到达地面吗？

两千年前古希腊学者亚里士多德是这样认为的，但是17世纪的伽利略对此却困惑不已：如果这一论断正确，那么把较重的石头和较轻的石头绑在一起，它下落时，慢的就会拖住快的，同时快的也会拉动慢的，它们下落的速度应该介于两个速度之间。另一方面，两块石头绑在一起更重，所以必定会比单独下落更快，那么，亚里士多德的定律就自相矛盾、不攻自破了。

200年前，宾夕法尼亚大学的博士弗斯刚满18岁，为了研究黄热病的传播途径，他除了把病人的呕吐物喂给狗和猫吃，后来还把自己当成了实验动物。他在前臂上切开创口，敷上病人的呕吐物；后来又在身体的其他20个部位重复这一实验。而后，弗斯把呕吐物滴入眼睛，或吞下由烘干并压缩后的呕吐物制成的药片，最后，他喝下了稀释成不同浓度直到完全不稀释的呕吐物……最后他证明了——黄热病并不通过消化道传染。100年后，真相大白，这种疾病是通过蚊子传播的。

有些实验让我们感觉辛酸，而有些实验则让我们哑然失笑：达尔文曾对着蚯蚓吹奏笛子、弹钢琴以及大喊大叫，试图让蚯蚓大吃一惊，而最后他发现蚯蚓没有听觉。

科学的谜语是永远解不完的，直到1999年仍然有人进行着关于饥饿的实验。食欲专家劳尔斯招待3组女士吃烤饼：第一组人光吃烤饼；第二组人吃同样的烤饼和356克水混成的浓汤；第三组人分开吃烤饼和356克水。最后她得到的结论是，食物的能量没有变化——水不含卡路里——但汤却更容易饱人。不管怎样，这一实验对于那些千方百计减肥的人会有所启发。

（改写自《科学源于对世界的童真》，周华诚，《读者》2010年第21期）

词语表

基础词语

1	源于	yuányú	【动】	to root
2	童真	tóngzhēn	【名】	purity
3	轰动	hōngdòng	【动】	to cause a great sensation
4	魔法	mófǎ	【名】	magic
5	百思不得其解	bǎi sī bù dé qí jiě		to remain bewildered despite much thought
6	冰棍	bīnggùn	【名】	forzen sucker
7	探究	tànjiū	【动】	to make a thorough inquiry
8	先河	xiānhé	【名】	anything that is advocated earlier
9	惊人	jīngrén	【形】	astonishing
10	蒸发	zhēngfā	【动】	to evaporate
11	百感交集	bǎi gǎn jiāo jí		the moment that all sorts of feelings mixed together
12	简明	jiǎnmíng	【形】	simple and clear
13	坠落	zhuìluò	【动】	to fall, to drop
14	困惑	kùnhuò	【形】	bewildered, confused

15	不已	bùyǐ		endlessly, unceasingly	
16	自相矛盾	zì xiāng máo dùn		self-contradictory	
17	不攻自破	bù gōng zì pò		to collapse of itself	
18	呕吐	ǒutù	【动】	to vomit	6
19	前臂	qiánbì	【名】	forearm	
20	烘干	hōnggān	【动】	to dry by heat	
21	压缩	yāsuō	【动】	to compress	6
22	辛酸	xīnsuān	【形】	sad, bitter	
23	哑然失笑	yǎ rán shī xiào		be unable to stifle a laugh	
24	吹奏	chuīzòu	【动】	to perform	
25	笛子	dízi	【名】	flute	
26	大吃一惊	dà chī yì jīng		be startled at	

拓展词语

1	秤盘	chèngpán	【名】	weighing scale
2	进食	jìn shí		to eat, to take food
3	排泄	páixiè	【动】	to drain
4	论断	lùnduàn	【名】/【动】	judgement; to discuss and judge
5	定律	dìnglǜ	【名】	law
6	黄热病	huángrèbìng	【名】	yellow fever
7	创口	chuāngkǒu	【名】	wound
8	敷	fū	【动】	to apply
9	稀释	xīshì	【动】	to dilute
10	浓度	nóngdù	【名】	concentration
11	蚯蚓	qiūyǐn	【名】	earthworm
12	卡路里	kǎlùlǐ	【量】	calorie

专有名词

1	比利时	Bǐlìshí	Belgium
2	希腊	Xīlà	Greece
3	亚里士多德	Yàlǐshìduōdé	Aristotle
4	伽利略	Jiālìlüè	Galileo
5	达尔文	Dáěrwén	Darwin

思考题

1. 课文里的医生是怎样证明"人所排泄的大小便只占进食重量的很小一部分"？
2. 伽利略是怎样证明亚里士多德的定律是自相矛盾的？
3. 为了研究黄热病的传播途径，弗斯做了什么？
4. 弗斯最后证明了什么？
5. 达尔文的试验让我们感觉怎样？
6. 谈谈课文中的饥饿试验。
7. 想减肥的人可以从饥饿试验中受到什么启发？
8. 这篇文章想告诉读者什么？

14 贩卖"时间差"的富豪

课文

"世界上的有形资源毕竟有限，所以靠贩卖有形之物，你永远无法发大财。"这是卡洛斯·斯利姆·埃卢十岁时父亲教给他的一句话。

父亲是黎巴嫩人，年轻时逃避政治迫害，漂洋过海来到墨西哥城，经营起一家"导航之星"干货店。斯利姆从小在店里长大，耳濡目染父亲的经营技巧。他深深地爱上了经商，那种靠经商来成就理想和价值的信念，在他幼小的心田扎下了根，期待着开出绚烂的奇葩。

父亲也看出他有经商的天赋，有心栽培他，要把他锤炼成商海里扬帆远航的巨舰，于是到他可以独立思考的年龄时，便每周给他5比索零花钱，要求他记下花销的项目，然后抽空检查账单，帮他分析如何销费更合理。后来，斯利姆渐渐有了微薄的积蓄，便常去廉价市场淘玩具，再转手卖给其他孩子，开始了自己的经营生涯。

有一次，他碰见渔民扛着一条大比目鱼在集市上卖，开价200比索。凭着耳濡目染的经验，他知道买下它，再转手卖出，一定能挣一笔钱。于是，他买下鱼，运到另一个集市去卖，果然赚了160比索。他兴奋地将此事告诉父亲，没想到父亲不但没夸奖他，却罚他站了一下午，到吃晚饭时才对他说，如果将那条鱼晒干放到冬天卖，价格将是现在的两倍，而如果明年海产歉收，价格将会再涨一倍以上。

他这才知道自己错了，原来作为商人，赚不赚钱并非最重要，重要的是不能犯下轻易将产品卖出的错误。

"你的意思是,卖鱼本身并非最赚钱,而周密地斟酌何时买,又选定何时卖,中间的时间差才最赚钱?"他愣愣地望着父亲,憨憨地问。

父亲微笑着点了头,给他讲了一个流传在西亚地区的故事。乞丐哈里里终生庸庸碌碌,成天做的事就是收集别人家收割后丢弃的麦梗,将麦梗堆满了屋前屋后还不知足。人们不明白他的意图,嘲笑他是疯子傻子,他不辩解也不搭腔,只是低着头继续捡麦梗,傻傻地说,要是冬天下大雪,烧着麦梗取暖就不怕冷了。

可是冬天没下雪,而是发生了一场战争,战火波及各地。战争结束后,一场浩大的沙尘暴席卷而来,家家户户种下的庄稼因土地贫瘠,颗粒无收,于是人们想起哈里里,发觉他屋前屋后堆满了可以用来燃烧后作肥料的救命麦梗。人们纷纷掏钱向他买麦梗,哈里里当然知道麦梗在这时的重要性,有意抬高了价格。

就这样,曾经被人们认为最傻也最穷的哈里里,成了方圆数百里最富有的人。

父亲认真地说:"唯有靠心中的听力,听到别人听不到的声音,听见现时和未来的差别,才真正算得上懂经营。"

他将父亲的话铭记于心,从此再不去贩卖玩具,而是改成选购印有球员头像的棒球卡,以锻炼自己"心的判断力"。与其他喜欢收集棒球卡的孩子不同,他从不购买那些球场上格外抢眼特别风光的球员头像,而是留心揣摩今天表现一般但潜力巨大的球员,然后毅然决定批量购进,待这些球员表现日益突出后再转手,赚取高额的差价。

掌握了赚钱的方法后,斯利姆如鱼得水,开始把钱用来购买政府债券,投资国家最大的银行,进入股票市场,靠着准确的预期判断,都获得了不小的收益。

他的嗅觉越来越灵敏,热衷于收集各类公司信息。在20世纪80年代中期墨西哥经济困难时,他游街串巷地听行情、听市情,待听清楚走势之后果断出手,倾尽财力将一批经营不景气或周转不灵的公司购入囊中,以勇者姿态进军到电信、采矿、烟草等赢利能力极高的行业,不到十年公司的市值就增长了300倍，他也建立起宏大的商业帝国。

正是凭着用心听出的"时间差"，他在短时间内疯狂入账230亿美元，创下最近10年全球个人资产增值速度最快的纪录，个人拥有财富超过比尔·盖茨，成为新的世界首富。

在谈及成功的秘诀时，他轻松地说："经商就跟小时候进行卡片交易一样，关键是要判断清楚供给和需求。在其他男孩都渴望得到更多卡片时，你手中持有以前低价买进的大量卡片，自然就能赢得更高价值。"

或许创富真的很简单，只要掌握了时间差的规律，乞丐都能成为最富有的人。而世间最宝贵也最难把握的就是时间，只有用心去听清它，听懂它，才能创造源源不断的财富。

（改写自《贩卖"时间差"的富豪》，张小平，《读者》2010年第19期）

词语表

基础词语

1	贩卖	fànmài	【动】	to sell	6
2	发财	fā cái		to become rich	6
3	迫害	pòhài	【动】	to persecute	6
4	导航	dǎoháng	【动】	to navigate	6
5	耳濡目染	ěr rú mù rǎn		be imperceptibly influenced by what one constantly sees and hears	
6	经商	jīng shāng		be in business	6
7	信念	xìnniàn	【名】	conviction	6
8	心田	xīntián	【名】	one's heart	
9	绚烂	xuànlàn	【形】	bright and dazzling	
10	奇葩	qípā	【名】	exotic flowers	
11	栽培	zāipéi	【动】	to plant and cultivate	6
12	锤炼	chuíliàn	【动】	to temper	
13	扬帆远航	yáng fān yuǎn háng		to sail the ocean	

14	零花钱	línghuāqián	【名】	pocket money	
15	花销	huāxiāo	【名】	expenses	
16	抽空	chōu kòng	【动】	to find time to do sth.	6
17	积蓄	jīxù	【名】	saving	
18	生涯	shēngyá	【名】	career	
19	集市	jíshì	【名】	market	
20	赚取	zhuànqǔ	【动】	to earn	
21	赞扬	zànyáng	【动】	to praise	6
22	轻易	qīngyì	【副】	easily	
23	周密	zhōumì	【形】	thoroughly considered	6
24	斟酌	zhēnzhuó	【动】	to consider carefully	6
25	憨	hān	【形】	ingenuous, foolish	
26	乞丐	qǐgài	【名】	beggar	6
27	终生	zhōngshēng	【名】	all one's life	
28	庸庸碌碌	yōng yōng lù lù		mediocre and unambitious	
29	成天	chéngtiān	【副】	all the time	6
30	收割	shōugē	【动】	to reap, to harvest	
31	麦梗	màigěng	【名】	straw	
32	知足	zhīzú	【动】	be content with one's lot	6
33	意图	yìtú	【名】	intention	6
34	嘲笑	cháoxiào	【动】	to ridicule	6
35	疯子	fēngzi	【名】	lunatic	
36	答腔	dā qiāng	【动】	to reply	
37	波及	bōjí	【动】	to involve	
38	席卷	xíjuǎn	【动】	to roll up like a mat	
39	庄稼	zhuāngjia	【名】	crops	
40	贫瘠	pínjí	【形】	barren, infertile	
41	颗粒无收	kē lì wú shōu		no kernels or seeds are gathered, as in a year of scarcity	
42	发觉	fājué	【动】	to become aware of	6
43	方圆	fāngyuán	【名】	circumference	

44	铭记	míngjì	【动】	to engrave (or imprint) on one's mind or memory	
45	棒球	bàngqiú	【名】	baseball	
46	留心	liú xīn	【动】	to pay attention	
47	揣摩	chuǎimó	【动】	to try to fathom	
48	毅然	yìrán	【副】	resolutely	6
49	如鱼得水	rú yú dé shuǐ		to feel just like fish in water	
50	债券	zhàiquàn	【名】	bond	6
51	收益	shōuyì	【名】	benifit	6
52	灵敏	língmǐn	【形】	sensitive	6
53	热衷	rèzhōng	【动】	to be enthusiastic about	
54	走势	zǒushì	【名】	trend	
55	果断	guǒduàn	【形】	resolute	6
56	周转	zhōuzhuǎn	【动】	(of funds) turnover	6
57	囊中	náng zhōng		in the pocket	
58	宏大	hóngdà	【形】	grand	
59	帝国	dìguó	【名】	empire	
60	供给	gōngjǐ	【动】	to supply	6
61	源源不断	yuán yuán bú duàn		in an end less flow	

拓展词语

1	干货	gānhuò	【名】	dried food and nuts
2	开价	kāi jià		to quote a selling price
3	转手	zhuǎn shǒu		to sell what one has bought
4	歉收	qiàn shōu		to have a crop failure
5	沙尘暴	shāchénbào	【名】	sandstorm
6	增值	zēng zhí		to rise or increase in value
7	赢利	yíng lì		to profit
8	市值	shìzhí	【名】	market capitalization
9	肥料	féiliào	【名】	fertilizer
10	选购	xuǎngòu	【动】	to pick out and buy

11	批量	pīliàng	【副】	batchly
12	景气	jǐngqì	【名】	prosperity
13	电信	diànxìn	【名】	telecom

专有名词

1	卡洛斯·斯利姆·埃卢	Kǎluòsī Sīlìmǔ Āilú	Carlos Slim Helu
2	黎巴嫩	Líbānèn	Lebanon
3	墨西哥城	Mòxīgē Chéng	Mexico City
4	比索	bǐsuǒ	Peso

语言点

1 轻易　容易

两个词都可以做形容词，但意思和用法不同，"轻易"还可以做副词。

"轻易"做副词时，表示轻率地或随便地进行。多用于有否定意思的句子中。例：

① 他这才知道自己错了，原来作为商人，赚不赚钱并非最重要，重要的是不能犯下轻易将产品卖出的错误。

② 事情还没有成功，他不会轻易放弃的。

③ 他很小气，从不肯轻易把钱借给别人。

"轻易"做形容词，表示"做起来容易简单"。例：

① 这么难的动作，他却轻易地完成了。

② 对手很厉害，胜利不会那么轻易得到的。

③ 两门外语，他都轻易地通过了，真了不起。

"容易"是形容词，表示"做起来不费事的"。例：

① 这篇课文很容易，我都看懂了。

② 很多人都知道，事情是说起来容易，做起来难。

"容易"还表示"发生某种变化的可能性大"。例：

① 吃没洗过的水果很容易生病。

② 白色的衣服容易脏。

❷ **斟酌　考虑**

都是动词，都有"思索，然后做出判断或决定"的意思，但意思和用法还有不同之处。

"斟酌"指"考虑事情、文字等是否可行或是适当"。例：

① 卖鱼本身并非最赚钱，而周密地斟酌何时买，又选定何时卖，中间的时间差才最赚钱。
② 他再三斟酌，才在合同上签了名。
③ 这篇文章的有些字句，你还要再斟酌一下。

"考虑"仅仅指"思索问题，以便作出决定"。例：

① 这个问题我们还需要考虑一下再回答你。
② 他突然辞职是欠考虑的。
③ 我正在考虑换个工作。

❸ **波及　涉及**

都是动词，后面可以跟宾语，经常有表示结果的"到"。但是两个词还有不同点。

"波及"的意思是"牵涉到，影响到"，"波及"重在"影响"。例：

① 可是冬天没下雪，而是发生了一场战争，战火波及各地。
② 这次金融危机波及了整个世界。
③ 严重的水灾波及到南方多个省市。

"涉及"意思是"牵涉到，关联到"，"涉及"重在"关联"。例：

① 这次学校的改革将涉及到许多人。
② 这起受贿案件涉及到警察局里的一些高级警官。
③ 这个问题涉及面非常广，处理起来没那么容易。

❹ **日益**

副词，意思是"一天比一天；不断地。"用于书面语。

"日益"后面可以跟双音节形容词和形容词短语。例：

① 与其他喜欢收集棒球卡的孩子不同，他从不购买那些球场上格外抢眼特别风光的球员头像，而是留心揣摩今天表现一般但潜力巨大的球员，然后毅然决定批量购进，待这些球员表现日益突出后再转手，赚取高额的差价。
② 中国近年来经济发展很快，人民的生活也日益改善。
③ 只要大家努力，我们的公司一定会日益兴旺发达、繁荣强大的。

"日益"后面还可跟动词或动词短语。例：

① 中国的消费水平日益提高。
② 随着技术的进步,各种高科技产品日益增加了。
③ 这两个国家的关系日益密切。

❺ 凭着

介词,表示"依据的基点;依据、根据",使句子书面化,它所构成的介词短语可以修饰主谓短语。例：

① 凭着多年跟随父亲的经验,他知道买下它,再转手卖出,一定能挣一笔钱。
② 正是凭着用心听出的"时间差",他在短时间内疯狂入账230亿美元,创下最近10年全球个人资产增值速度最快的纪录,个人拥有财富超过比尔·盖茨,成为新的世界首富。
③ 他凭着坚强的毅力终于完成了学业。
④ 单单凭着自己在超市的工作是不能养活全家人的。
⑤ 凭着外语的优势,她终于被这家大公司录用了。
⑥ 他不想依赖任何人,想凭着个人的力量爬上山顶。

❻ 轻松　放松

两个词意思相近,但还有不同点。

"轻松"是形容词,表示"感到没有负担,不紧张",指的是感觉和心情。例：

① 在谈及成功的秘诀时,他轻松地说："经商就跟小时侯进行卡片交易一样,关键是要判断清楚供给和需求。在其他男孩都渴望得到更多卡片时,你手中持有以前低价买进的大量卡片,自然就能赢得更高价值。"
② 考试结束了,同学们看起来都很轻松。
③ 我们的足球队轻松地取得了比赛的胜利。

"放松"是动词,表示"对事物的注意或控制由紧变松",指的是行为。例：

① 我要给你打针了,请你放松肌肉。
② 地震过去两天了,人们渐渐放松了警惕。
③ 他放松了对自己的要求,所以学习退步了。

练习

一 选词填空

> 迫害　信念　赞扬　周密　嘲笑　果断
> 意图　发觉　毅然　收益　灵敏　周转

1. 这家公司最近遇到了严重的资金（　　　）不灵的问题，甚至没有钱付员工工资。
2. 我们今年的目标是提高公司的（　　　），进一步扩大在中国的投资。
3. 这个月的营销计划非常（　　　），请老板放心。
4. 为了学习汉语，他（　　　）辞去了那个非常好的工作。
5. 即使你的汉语不太好，也要敢于讲话，不要怕别人（　　　）你。
6. 这个体操运动员的动作非常（　　　），观众们很喜欢他的表演。
7. 经济危机来临之前，他就（　　　）地卖掉了手中的债券，因此没有任何损失。
8. 她帮助贫困老人的事迹得到了人们的广泛（　　　）。
9. 这位黑人政治家曾经遭受过种族主义政府的（　　　）。
10. 目前我们还不能确定对手的进攻（　　　），还只能采取加强防守的战术。
11. 有一个小偷想在公交车上偷他的东西，被他（　　　）了。
12. 不管遇到什么挫折，我自己开办公司的（　　　）不会改变。

二 用所给词语填空

> 轻松/放松　波及/涉及　斟酌/考虑　轻易/容易

1. 这几天的考试太紧张了，你需要好好（　　　）一下。
2. 他找到了一份非常（　　　）的工作，真令人羡慕。
3. 这场暴风雪的影响已经（　　　）到整个欧洲。
4. 经调查，这起贪污案件（　　　）到许多政府高官。
5. 经过仔细（　　　），我认为自己还是放弃今年的总统大选为好。
6. 飞机马上就要起飞了，我没时间（　　　）就登机了。
7. 这个问题（　　　）解决，就交给我办吧。
8. 老板很严格，你去请假，他（　　　）不会答应的。

三 用所给词语完成句子

1. _____，玛丽的舞蹈表演非常成功。（凭着）
2. 我们的企业发展目标虽然很明确，但是_____。（轻易）
3. _____，普通民众的生活水平明显下降了。（日益）
4. 我最近很忙，已经好久没去书店了，_____。（抽空）
5. 现在我们公司资金缺乏，_____。（惟有……才）
6. 老板很欣赏他，_____。（栽培）

四 根据课文判断对错，对的打√，错的打×

1. 卡洛斯·斯利姆·埃卢的父亲是个失败的商人。
2. 卡洛斯·斯利姆·埃卢从小就喜欢经商。
3. 卡洛斯·斯利姆·埃卢开始做生意时，把便宜买来的玩具转卖给同龄儿童。
4. 卡洛斯·斯利姆·埃卢卖掉大比目鱼，赚了钱，他的父亲赞扬了他。
5. 他的父亲告诉他，作为商人，没有比赚钱更重要的了。
6. 卡洛斯·斯利姆·埃卢终于明白正确选择买和卖的时间才最赚钱。
7. 乞丐哈里里靠把握时间差赚了钱，成了富翁。
8. 卡洛斯·斯利姆·埃卢只购买有潜力现在还不出名的棒球队员的卡。
9. 卡洛斯·斯利姆·埃卢利用"时间差"使个人资产超过比尔·盖茨。
10. 掌握时间差的规律实际上是要能够判断清楚供给和需求。

五 排序

1. A 果然赚取了60比索
   B 有一次，他碰见渔民扛着一条大比目鱼在集市上卖，开价200比索
   C 于是，他买下鱼，运到另一集市去卖
   D 凭着多年跟随父亲的经验他知道买下它，再转手卖出
   E 一定能挣一笔钱

2. A 成为新的世界首富
   B 创下最近10年全球个人资产增值速度最快的纪录
   C 他在短时间内疯狂入账230亿美元
   D 个人拥有财富超过比尔·盖茨
   E 正是凭借着用心听出的"时间差"

3. A 不管你怎样手舞足蹈地拦它
   B 时间不会为你刹住，也不会尾随你而来
   C 对于时间，人是一点办法也没有的
   D 它还是会从你面前飞驰过去
   E 时间是迎面走来的，你只能等待，等他来了，也只能让它过去

4. A 更不能说是在支配时间
   B 却绝不能说你是在安排时间
   C 你只能安排你自己
   D 在时间允许的情况下
   E 人可以支配时间，这句话绝对站不住脚

六 用所给词语说一段话或写一段话

1. 用你的话，讲述乞丐哈里里的故事。
   终生　庸庸碌碌　成天　收集　丢弃　意图
   嘲笑　搭腔　波及　发觉　纷纷　抬高

2. 20世纪80年代起卡洛斯·斯利姆·艾卢是怎样赚钱的。
   嗅觉　灵敏　热衷　收集　游街串巷　走势
   果断　景气　周转　囊中　姿态　赢利

七 请将下面这篇文章缩写成一篇短文，要求如下：

　　著名投资家、"股神"沃伦·巴菲特是一个很热爱家庭的人。当人们都以他的财富来衡量他的伟大时，他却说衡量成功的标准应该是真正爱你的人的数目。

　　有一天，他发现他的儿子豪伊的体重接近两百磅，显然已经胖得不行了。于是他就对儿子说："你应该减肥了，你的体重应该降到182.5磅才健康。"

　　忙于农场事业的儿子显然不以为然，说："爸爸，算了吧。我想我是永远瘦不下去了。"

　　巴菲特笑着说："别这样，不如我们做笔交易吧。现在按合同你每年都得将所经营农场的总收入中的26%交给我，但是如果你能将体重降到182.5磅以下，那么你只需要给我22%的收入就可以了。"

　　儿子很惊讶地说："您确定可以这样做吗？"

　　巴菲特说："我确定，一言为定。"

　　很快，豪伊果然将体重降到了182.5磅以下，于是在给父亲交收入时，他只给了22%。巴菲特欣然接受了。

豪伊笑着问父亲说："爸爸，您因为一个玩笑就损失了农场4%的收入，对于您这样享誉全球的投资家，就不觉得这笔交易您很亏吗？"巴菲特微笑着说："不。亲爱的，我并没有亏，因为我现在拥有了一个身体健康的儿子，这是我人生中一笔最成功的交易。"

豪伊听巴菲特这样说，非常感动，于是走过去紧紧地拥抱住自己苍老的父亲。

这个世界上，即便是一个用毕生精力追逐金钱的人，他心中最好的财富仍是家人和爱。

1. 沃伦·巴菲特认为衡量成功的标准应该是
   A. 热爱家庭 　　　　　　　　　　B. 财富
   C. 爱你的人的数目 　　　　　　　D. 你帮助人的多少
2. 沃伦·巴菲特要和儿子豪伊做什么交易？
   A. 免除儿子应上缴总收入的比例 　B. 提高儿子应上缴的总收入比例
   C. 鼓励儿子减肥 　　　　　　　　D. 鼓励儿子学会独立经营
3. 在沃伦·巴菲特看来，心中最好的财富是
   A. 公司和股票 　　　　　　　　　B. 家人和爱
   C. 金钱 　　　　　　　　　　　　D. 健康
4. 你认为这篇文章最好的题目应该是
   A. 父与子的交易 　　　　　　　　B. 减肥的交易
   C. 财富的教育 　　　　　　　　　D. 最成功的交易

副课文

耶鲁教授给女儿上的经济课

一天，我在开车送14岁的女儿陈笛上学的途中，她问起："盖茨为什么这么富？他怎么会有近600亿美元的财富？"

作为耶鲁金融学终身教授的我顿时来了兴趣，开始尽可能通俗地讲给她其中的道理："盖茨21岁的时候，创办了微软公司。1986年3月微软股票上市，那时他30岁，就成了亿万富翁！其实，盖茨能拥有亿万财富，并不是说他已经实现了这么多的盈利收入，而是在他公司上市后，股票市场对微软未来的前景非常看好，愿意给微软的股票很高的价格。也就是说，是股市帮助盖茨把未来的收入提前变现，他今天的财富不是靠过去已赚的收入累计起来，而是未来收入的提前累计。"

陈笛："为什么微软会这么值钱？它跟别的公司有什么差别？"

"第一个原因可能是软件商业模式的特点，因为一旦微软花成本开发出一种软件，比如Windows，那么，每多卖一份Windows，收入是260美元，可是其成本接近零，也就是说，这260美元是纯利润，净赚。今天全世界有6亿多的电脑用户，哪怕中间只有1亿人购买，这也是260亿美元的收入！你说，这么大的市场，况且每卖一份软件的边际成本又几乎为零，这种商业模式怎么会不赚钱呀！"

陈笛："餐馆、制造公司等的运营成本、材料成本、福利成本很高，那为什么还有人去开餐馆、建制造公司呢？"

"的确，各个行业都可以有赚钱机会，关键还得看有没有办法降低成本，或者巧妙地创新商业模式。星巴克咖啡店创始者霍华德·舒尔茨通过开咖啡馆成为亿万富翁，更确切地说，他的财富是13亿美元！他于1985年成立星巴克公司的前身，今天星巴克的市值是254亿美元。"

陈笛："像星巴克这样既没有新科技，又是一个老掉牙的行业，怎么还有机会呢？"

"首先在于规模，星巴克今天有差不多1.3万家分店，遍及全球，这是星巴克跟微软类似的地方，都有广大的消费群体。"

陈笛："为什么星巴克的品牌这么好，世界各地的人都愿意去，都愿意为星巴克咖啡付这么高的价格？他们是不是花很多钱做广告？"

"的确，几乎所有公司品牌都要花大钱做广告，以此在消费者群体中建立信任和形象。可星巴克没有花过一分钱做广告，但它的品牌却是全球咖啡行业中最有影响的，这是星巴克最大的成功秘诀。为什么星巴克不用花钱做广告就能建立顶尖品牌呢？最重要因素就是全球化和全球范围内的人口流动，为星巴克这样的品牌连锁店带来空前的机会。世界各地都有星巴克，不管到哪儿，我都没有时间、也没兴趣去了解当地的咖啡馆。因此，如果一看到那里有星巴克，很自然，我肯定会去那里，因为我熟悉他们的咖啡单和咖啡口味，一进去就知道要什么，就像在新西兰的星巴克一样。换句话说，一旦新西兰的星巴克把我变成了顾客，我就成了世界各地星巴克的顾客。因此，是全球化带来的跨国人口流动造就了星巴克，为星巴克节省广告开支，使它每卖一杯咖啡的边际成本很低。"

（改写自《耶鲁教授给女儿上的经济课》，陈志武，《读者》2010年第8期）

词语表

基础词语

1	通俗	tōngsú	【形】	understandable and liked by the general public
2	创办	chuàngbàn	【动】	to establish
3	值钱	zhíqián	【形】	valuable
4	净赚	jìngzhuàn		net earnings
5	购买	gòumǎi	【动】	to buy
6	餐馆	cānguǎn	【名】	restaurant
7	科技	kējì	【名】	science and technology
8	老掉牙	lǎodiàoyá	【形】	out of date
9	遍及	biànjí	【动】	to extend all over
10	群体	qúntǐ	【名】	group

11	顶尖	dǐngjiān	【形】	top-notch
12	流动	liúdòng	【动】	to flow
13	连锁	liánsuǒ	【名】	chain
14	跨国	kuà guó		multinational, transnational
15	造就	zàojiù	【动】	to bring up

拓展词语

1	创始者	chuàngshǐzhě	【名】	founder
2	股市	gǔshì	【名】	stock market
3	变现	biànxiàn	【动】	to liquidate
4	边际成本	biānjì chéngběn		marginal cost

专有名词

| 1 | 耶鲁 | Yēlǔ | YALE |
| 2 | 微软公司 | Wēiruǎn gōngsī | Microsoft Corporation |

思考题

1. 为什么说是股市帮助盖茨把未来的收入提前变现的？
2. 为什么微软会这么值钱？它跟别的公司有什么差别？
3. 一个行业要赚钱关键看什么？
4. 星巴克成功的原因主要在哪儿？
5. 星巴克品牌为什么没有花钱做广告？
6. 什么给星巴克这样的品牌连锁店带来空前的机会？
7. 谈谈什么是"边际成本"？
8. 谈谈汽车商业模式与软件商业模式的区别？

15 管理者先要管好自己

——李嘉诚谈管理经验

课文

（一）赋予企业生命

成功的管理者应是伯乐，伯乐的责任是选拔"比他更聪明的人才"，但绝对不能挑选名气大却妄自标榜的企业明星。高度竞争的社会中，高效组织的企业，亦无法容纳那些滥竽充数、小心翼翼、无精打采的员工。

挑选团队成员，忠诚是基本的，但仅有忠诚却能力低的人或道德水平低下的人，迟早会累垮团队、拖垮企业，是最不可靠的人。要建立齐心协力的团队，第一条准则就是能聆听得到沉默的声音，问自己团队和你相处有无乐趣可言？你是否开明公正、宽宏大量？你能否承认每一个人的尊严和创造能力？

管理团队要知道什么是正确的"杠杆心态"。杠杆定律的始祖阿基米德曾说："给我一个支点，我可以撬起整个地球。"支点是效率和节省资源策略的出发点，不知从什么时候开始，人们把这概念简单扭曲为让人迷惑的"四两拨千斤"，教人以小博大。聪明的管理者专注研究，精算出的是支点的位置，支点的正确无误才是结果的核心。这门工夫依靠你的专业知识和综合实力，能洞察出那些看不见的联系之层次和次序。今天，我们看见很多公司只看见千斤和四两的直接可能性，而忽视支点的可能性，因过度扩张而陷入困境。

"天行健，君子以自强不息"。要保持企业生生不息，不单是时下流行的在介绍企业时在宣传册上打上使命，或是懂得说上两句人文精神的话，而是在商业秩序模糊的地带，力求建立正直诚实的良心。

（二）实现自我管理

要做一个成功的管理者，态度与能力一样重要。想当一个好的管理者，首要任务是知道自我管理是一项重大责任。在变化万千的世界中，发现自己是谁，了解自己要成为什么模样，是建立尊严的基础。

自我管理是一种静态管理，是培养理性力量的基本功，是人把知识和经验转变为能力的催化剂。人生在不同的阶段中，要经常反思自问：我有什么心愿？我有宏伟的梦想，但我懂不懂得什么是节制的热情？我有与命运作战的决心，但我有没有面对恐惧的勇气？我自信能力天赋过人，但有没有面对顺流逆流时恰当处理的心力？

很多人总是把不当的自我管理与交厄运混淆在一起，这是消极无奈和不负责任的人生态度。我14岁还是穷小子时，对自己的管理方法很简单：我必须赚取一家人勉强生存的费用，我也知道没有知识，改变不了命运。所以，我一方面坚守角色，虽然当时只是小工，我还是坚持把每样交给我的事做得妥当出色；另一方面绝不浪费时间，把省下来的一分一毫，都购买实用的旧书籍。我知道，要成功怎能光靠运气？缺少学问知识，即使好运降临你也不知道。

还有，讲究仪容整齐清洁是自律的表现，谁都能理解贫困的人包装选择不多，但能选择自律态度的人，更容易备受欣赏。

（三）不可无傲骨

企业核心责任是追求效率及盈利，尽量扩大自己的资产价值，其立场是正确及必要的。商场每一天如残酷的战场，负责任的管理者捍卫企业和股东的利益，已经筋疲力竭。永无止境的开源节流、科技更新及投资增长，却未必能创造就业机会。市场竞争和社会责任每每两难兼顾，很多时候，也只是在众多社会问题中略尽绵薄之力而已。

要建立没有傲心但有傲骨的团队，在肩负经济组织特定及有限责任的同时，也要努力不懈，携手服务贡献于社会。

传统的儒家思想推崇道德标准的作用，而今天很多商业管理课程则强调效益和盈利是衡量企业成功与否的主要标准，这两种有着明显冲突和矛盾的标准都是不完整的，最重要的是寻求两者圆满的融合。一个有使命感的企业家，在捍卫公司利益的同时，更应重视以努力正直的途径取得良好的成就。

很多媒体问我，如何做一个成功的商人？其实，我很害怕被人这样定位。我首先是做一个人，其次是做一个商人。人生中最关键的成功方法就是找到导航人生的坐标。没有原则的人会漂流不定。有正确的坐标，做什么角色都可以保持真我，都会有不同程度的成就，并且生活得更快乐更精彩。

（改写自《管理者先要管好自己》，李嘉诚，《读者》2010年第19期）

词语表

基础词语

1	选拔	xuǎnbá	【动】	to select	6
2	名气	míngqì	【名】	reputation	
3	妄自	wàngzì	【副】	presumptuous	
4	标榜	biāobǎng	【动】	to brag, to flaunt sth. good	
5	亦	yì	【副】	also	6
6	滥竽充数	làn yú chōng shù		to be included in a group just to fill in a vacancy	
7	小心翼翼	xiǎo xīn yìyì		with exceptional caution	6
8	无精打采	wú jīng dǎ cǎi		lackadaisical	6
9	低下	dīxià	【形】	low	
10	迟早	chízǎo	【副】	sooner or later	
11	垮	kuǎ	【动】	to collapse	
12	齐心协力	qí xīn xié lì		to pull together	6
13	准则	zhǔnzé	【名】	norm	6
14	聆听	língtīng	【动】	to listen respectfully	
15	乐趣	lèqù	【名】	fun	6
16	开明	kāimíng	【形】	open-minded	6
17	宽宏大量	kuānhóng dàliàng		generous	
18	杠杆	gànggǎn	【名】	lever	6

19	始祖	shǐzǔ	【名】	first ancestor	
20	撬	qiào	【动】	to pry	
21	出发点	chūfādiǎn	【名】	starting point	
22	迷惑	míhuò	【动】	to confuse	6
23	专注	zhuānzhù	【动】	to be absorbed in	
24	工夫	gōngfu	【名】	skill	5
25	洞察	dòngchá	【动】	to have an insight into	
26	层次	céngcì	【名】	gradation	
27	自强不息	zì qiáng bù xī		to make unremitting efforts to improve oneself	
28	生生不息	shēng shēng bù xī		continuous reproduction breed in an endless succession	
29	人文	rénwén	【名】	humanities	
30	地带	dìdài	【名】	region, zone	
31	正直	zhèngzhí	【形】	upright	
32	良心	liángxīn	【名】	conscience	6
33	变化万千	biànhuà wànqiān		ever changing	
34	模样	múyàng	【名】	appearance	6
35	静态	jìngtài	【名】	static state	
36	反思	fǎnsī	【动】	to mull over past events to sum up one's experience and lessons	6
37	心愿	xīnyuàn	【名】	cherished desire	
38	节制	jiézhì	【动】	to be moderate in	
39	顺流	shùnliú	【名】	downstream	
40	逆流	nìliú	【名】	countercurrent	
41	厄运	èyùn	【名】	misfortune	
42	混淆	hùnxiáo	【动】	to mix up	6
43	妥当	tuǒdang	【形】	proper	6
44	书籍	shūjí	【名】	books	6
45	降临	jiànglín	【动】	to descend, to befall	6
46	仪容	yíróng	【名】	looks	
47	贫困	pínkùn	【形】	poor	6

48	自律	zìlǜ	【动】	to self-discipline	
49	残酷	cánkù	【形】	cruel	6
50	捍卫	hànwèi	【动】	to defend	6
51	筋疲力竭	jīn pí lì jié		dead on one's feet, to burn itself out	
52	永无止境	yǒng wú zhǐ jìng		endless	
53	开源节流	kāi yuán jié liú		to earn more income and cut down expense	
54	兼顾	jiāngù	【动】	to give consideration to two or more things	
55	不懈	búxiè	【形】	untiring	
56	携手	xié shǒu	【动】	hand in hand	
57	推崇	tuīchóng	【动】	to highly praise	
58	课程	kèchéng	【名】	curriculum	5
59	圆满	yuánmǎn	【形】	satisfactory	6
60	漂流	piāoliú	【动】	to drift about	

拓展词语

1	支点	zhīdiǎn	【名】	fulcrum
2	以小博大	yǐ xiǎo bó dà		to throw away a sprat to catch a herring
3	催化剂	cuīhuàjì	【名】	activator
4	绵薄之力	miánbó zhī lì		meagre strength
5	儒家思想	rújiā sīxiǎng		Confucianism

专有名词

| 1 | 伯乐 | bólè | good judge of talent |
| 2 | 阿基米德 | Ājīmǐdé | Archimedes |

语言点

❶ 亦

副词，"也"的意思。"亦"是文言词，现代汉语中多用于书面语。例：

① 高度竞争的社会中，高效组织的企业，亦无法容纳那些滥竽充数、小心翼翼、

无精打采的员工。
② 只要方法得当，他们这样做亦无不可。
③ 我们的利益就是他们的利益，反之亦然。
④ 乘客免费乘车受伤，车主亦该赔偿。

❷ 迟早

副词，"或早或晚"的意思，表示总有一天会发生某种事情或情况，强调事情发生的必然性。例：

① 仅有忠诚却能力低的人或道德水平低下的人，迟早会累垮团队、拖垮企业。
② 这些旧民房迟早得拆。
③ 人民都热爱和平，战争迟早会结束。
④ 你借了别人的钱，迟早要还。

❸ 转变　改变

两个词都可以作动词，都有"变化"的意思，但是两个词的具体语义有所不同。"改变"还可以作名词，"转变"一般只作动词。

"转变"的意思是"从一种情况变成另一种情况"，多指发展方向上发生变化，宾语多是思想、态度、形势、情况等抽象事物，一般不用于具体事物。例：

① 自我管理是一种静态管理，是培养理性力量的基本功，是人把知识和经验转变为能力的催化剂。
② 要想改变人生，就得转变观念。
③ 1978年以后，中国政府决定转变经济发展方式。
④ 生男生女都一样，大家要转变重男轻女的观念。

"改变"的意思是"改换、更改"，指事物发生变动，多是人为的，宾语既可以是具体事物，也可以是抽象事物。例：

① 我也知道没有知识，改变不了命运。
② 改变了家具的位置后，房间似乎一下子大了许多。
③ 十年过去了，可是他的样子一点也没有改变。
④ 结婚让她的人生有了很大的改变。

❹ 捍卫　保护

都是动词，都有"保护"的意思。但是两个词在具体词义和用法上不同。

"捍卫"指保卫，不受侵犯，对象一般不能是个人的东西，多用于重大的事物，如：捍卫自由、捍卫权益、捍卫领土、捍卫尊严等。例：

① 商场每一天如严酷的战场，负责任的管理者捍卫企业和股东的利益，已经筋疲

力竭。

② 每个人都应该捍卫祖国的尊严。

③ 英雄用生命来捍卫正义。

④ 根据劳动法，劳动者应该如何捍卫自己的权利？

"保护"指尽力照顾，使不受损害，强调在没有受到损害时尽力照顾好，有预防损害、爱护的意思。"保护"的对象可以是普通人，也可以是个人的东西。例：

① 夏天去海边一定要抹防晒霜，保护好自己的皮肤。

② 车上人多拥挤，请大家保护好随身物品。

③ 保护环境，人人有责。

④ 地震时，母亲用自己的身体保护了孩子。

❺ ……与否

"与否"，放在形容词、动词或短语后，表示并列其肯定和否定形式，多用于书面语。例：

① 很多商业管理课程则强调效益和盈利是衡量企业成功与否的主要标准。

② 不论开心与否，都习惯用微笑来面对一切。

③ 今天来沪与否，请速告知。

④ 不管你承认与否，苹果手机确实引领了手机的发展方向。

❻ 每每

副词，表示在某种条件下，大多数情况如此，有"往往""每当""每次"的意思。例：

① 市场竞争和社会责任每每两难兼顾。

② 每每听到他在背后批评我，我就气得不得了。

③ 每每看到感人的电影，她都眼泪哗哗的。

④ 孩子总是想说什么就说什么，每每让人哭笑不得。

练习

一　选词填空

| 选拔 | 圆满 | 降临 | 模样 | 迷惑 | 齐心协力 |
| 妥当 | 混淆 | 乐趣 | 反思 | 开明 | 小心翼翼 |

1. 她们姐妹俩（　　　）长得挺像，但是性格却完全不同。

2. 盒子里装的都是玻璃杯，他（　　　　）地把盒子搬到了车上。

3. 我们公司的领导很多都是公开（　　　）出来的。

4. 我妈妈很（　　　），从不强迫我做不喜欢的事。
5. 她很喜欢孩子，觉得陪孩子玩有无限的（　　　）。
6. 经过一个星期的努力，所有的问题都（　　　）解决了。
7. 他办事（　　　），你把这个任务交给他，可以放心。
8. 只要大家（　　　），我们一定能把这个工作又快又好地完成。
9. 父母的教育方法不一样，常常会让孩子觉得很（　　　）。
10. 就在他们欢呼庆祝的时候，一场灾难却悄悄地（　　　）了。
11. 这几个词看起来差不多，很容易（　　　）。
12. 王铭比赛失败了，回来后他对训练方法进行了（　　　），希望下次能有进步。

二 用所给词语填空

转变 / 改变　　　捍卫 / 保护

1. 看书的时间不应该太长，我们应该（　　　）好自己的眼睛。
2. 作为公民，每个人都有权（　　　）自己的合法权利。
3. 中小企业要快速发展起来，必须要（　　　）经济发展方式。
4. 最近他（　　　）了训练方法，取得了很大的进步。
5. 以前她是个性子很急的人，上大学后，她（　　　）了很多。
6. 出门在外，你要多加小心，（　　　）好自身的安全。

三 用所给词语完成句子

1. 小李三天没来上课了，同学们不知道为什么，＿＿＿＿＿＿＿＿＿＿＿＿。（亦）
2. 你每天喝那么多酒，＿＿＿＿＿＿＿＿＿＿＿＿＿＿＿＿＿＿。（迟早）
3. ＿＿＿＿＿＿＿＿＿＿＿＿＿＿＿＿＿＿，你都要打电话告知我。（……与否）
4. 你不应该什么事都帮着孩子，＿＿＿＿＿＿＿＿＿＿＿＿＿＿。（迟早）
5. 当我遇到困难的时候，＿＿＿＿＿＿＿＿＿＿＿＿＿＿＿＿。（每每）
6. ＿＿＿＿＿＿＿＿＿＿＿＿＿，我就会想起小时候在外婆家度过的快乐时光。（每每）

四 根据课文内容判断下列句子的对错，对的打√，错的打 ×

1. 高效组织的企业，不能接受妄自标榜的企业明星，也不能容纳滥竽充数的员工。
2. 挑选团队成员，忠诚是基本的，所以忠诚但能力低的人还是可靠的人。
3. 一个成功的管理者，能力比态度更重要。
4. 对一个好的管理者来说，自我管理是非常重要的。
5. 作者认为仪容非常重要，所以多花点钱好好包装自己是非常重要的。

6. 在作者看来，企业的核心责任不应该是追求效率及盈利。
7. 市场竞争和社会责任每每两难兼顾，所以很多时候，不需要努力不懈地携手服务贡献于社会。

8. 一个有使命感的企业家，要捍卫公司利益，也要重视以努力正直的途径取得良好的成就。

五 排序

1. A 或是懂得说上两句人文精神的话
   B 要保持企业生生不息
   C 力求建立正直诚实的良心
   D 不单是时下流行的在介绍企业时在宣传册上打上使命
   E 而是在商业秩序模糊的地带

2. A 另一方面绝不浪费时间
   B 虽然当时只是小工
   C 把省下来的一分一毫，都购买实用的旧书籍
   D 我一方面坚守角色
   E 我还是坚持把每样交给我的事做得妥当出色

3. A 我宁可牺牲事业也决不牺牲家庭
   B 我看过一篇关于一位外国女企业家的报道
   C 这段话使我感动
   D 如果事业与家庭产生矛盾
   E 这位成功的女企业家说

4. A 一方面他们追求流行
   B 喜欢别具一格的产品
   C 61.6%的人愿意多花钱购买高质量的物品
   D 城市青年的消费观念具有时尚和理性的特点
   E 同时重视品牌和产品质量也是这批青年共同的消费特征

六 用所给词语说一段话或写一段话

1. 董事长谈如何建立一个高效的团队。

   挑选　忠诚　能力　道德　迟早

   齐心协力　聆听　开明　尊严　创造

2. 培训师给公司员工做讲座，谈自我管理的重要性。

   变化万千　模样　尊严　静态　理性

   反思　梦想　节制　勇气　逆流

七 请将下面这篇文章缩写成一篇短文，要求如下：

（1）标题自拟；

（2）只需复述文章内容，不需加入自己的观点；

（3）内容完整，条理清楚；

（4）字数为400字左右。

一个犯人在外出修路时，捡到一千元钱，马上交给交警。交警却不以为然地说："你别来这一套，想贿赂我换取减刑的资本吗？"囚犯万念俱灰，当晚就逃跑了。在逃亡的火车上，他正好站在厕所旁。一个漂亮的姑娘要上厕所时，发现门锁坏了。姑娘轻声对他说："先生，您能为我守一下门吗？"逃犯一愣，他压根儿没想到这个世界上还会有人尊称他为"先生"。看着姑娘充满信任的目光，他就点了点头。姑娘红着脸走进厕所，他像忠诚的卫士一样守在门口。一刹那间，他骤然改变主意。到了下一站，他下车来到车站派出所投案了。

在生活中我也听说过这样一个故事：

小明是一个学习很一般的学生，有一次他到办公室送作业，无意中发现了新印的考试卷，他很高兴，偷偷的拿走了一份，回去对照课本，认真地做了一遍。第二天考试，小明头一次拿了一百分。这个平常连及格都很难的学生，看着自己的一百分，既高兴，又不安：怕老师知道自己作弊，怕同学的怀疑。在评卷的时候，果然有的同学说他是抄的，可老师并没有怀疑他，还表扬了他，希望他今后能多拿这样的好成绩。听了老师的表扬，小明变了，为了证明自己没有作弊，为了对得起老师的夸奖，他像发了疯一样地学习，上课认真听讲，不懂就问。每一天他都是第一个到校，最后一个离校，看到他的变化，老师心里面很高兴，默默地给他一份特别的关照。一年后，他考上了重点中学。七年以后，他考入了北京大学。

又过了几年，他回母校做报告，说了自己这个故事。当时已经满头银发的老师对他说出了真相："孩子，其实考试那天，我就知道少了一张卷，等看了你的答卷，我什么都明白了。但我想也许你能从此发愤图强，所以，我给了你鼓励和信任。"那一刻，他的泪水流了下来，在人生关键的时刻，那个最明白他的心情的人——老师，没有把他当贼一样看待，而是给了他鼓励和信任。正是这种鼓励和信任，成为了一种约束力，从此改变了他的人生。

这就是信任的力量。姑娘对犯人的信任，让他醒悟，决心认罪；老师对学生的信任，让他发愤，努力向上。现在想一想，如果姑娘当时知道那是一名逃犯，如果老师当时指出小明的作弊行为，很难说故事还会有这么美丽的结局。

所以，老师应该以一颗平常心去看待每一名学生，用全面的、发展的眼光看待学生，用欣赏的眼光去寻找他们身上的闪光点，用平等、爱心给予他们同样的关怀、信任和理解。这样你就会发现，那些品学兼优的学生会使你的教育过程变得欢快而流畅，而那些调皮捣蛋的学生则会使你的教育过程变得异彩纷呈，你的人格同样放射出诱人的魅力。

同样，领导对待员工也应该如此。我们应该牢记：塑造并完善健康的人格，远比传授知识本身更重要。

副课文

一套西装引发的管理难题

我所在的美国公司收购了一家日本企业，收购过程十分顺利，后来却逐渐显露出不同文化背景带来的尴尬。

这家日本企业每天早上都要举行"朝礼"。什么是朝礼？就是大家上班后先不开始工作，而是去会议室。全体肃静后，一名雇员（轮流值日）走上台中央，与台下相互鞠躬，之后板起面孔大声朗诵两句类似"不成功便成仁"之类的口号。底下全体则立正回应道："一定努力啊！"

负责接收工作的是新任命的分部总监、德国后裔巴赫，他对这种朝礼颇为不解，觉得是在浪费工作时间。第二天，被他认为是形式主义的朝礼就此寿终正寝。

但几天以后，各小部门每天早上开始开"晨会"了，形式也是大家围一圈，一人低声说口号，大家回应："一定要努力啊！"。日本员工说习惯了，不开晨会，像是没开始上班。

后来，总公司派来一个熟悉日本情况的调查组找巴赫谈话，说总公司监察部收到日方若干员工的来信，对接收过程中降低日方员工地位、影响营业深表忧虑。

调查组调查下来，起因竟是巴赫下达的一项造福员工的指令。

原来，美国公司有一个很得人心的传统，就是上班时大家都穿休闲服。于是，走进新接收的这家公司，当看到公司职员身着颜色庄重的深色西服时，巴赫觉得他们就像一片压抑的蓝、灰、黑色蚂蚁群。巴赫开始琢磨尽快把美国公司穿休闲服的传统落实，让他们也能更自由，上班更舒服。

谁知这项指令下达后，日本员工点头鞠躬"哈伊"、"哈伊"，可第二天上班一看，还是蓝、灰、黑色蚂蚁，第三天照旧，只不过日本员工一律把领带摘了。于是巴赫再次发电邮给大家，好心好意地解释——casual（不拘束，随意）不是穿西服不打领带，而是大家可以穿各种休闲衣服，比如牛仔服啦，T恤啦，夹克啦。

第四天，日本员工终于穿着多种多样的服装来上班了，不过，他们的表情绝对和"自由"、"舒服"不搭界，反而士气低落，连来公司谈业务的客户都少了很多。

调查组组长曾经在日本公司工作多年，他给巴赫上了一堂日本服装文化课：日本是个等级分明的国家，穿不穿西装反映的是工作属于白领还是蓝领。无论政府工作人员还是公司职员，都以穿西装、头发理成"三七分"为标准装束，但是地位和收入都比较低的售货员、产业工人等，就不必如此穿着。

公司的日本员工都属于白领，不让他们穿西服而让他们改穿便服，日本人不仅不会认为是要让他们更舒服、更自由，反而认为是要降低他们的地位。很多日本员工甚至出门时穿西服打领带，到了公司找厕所换成便服，下班时再换回来，就是为了让家里人放心。

但公司着装的指令已经发出，不能变更。于是聪明的巴赫在第二天的邮件中，补充了一句话：如果您愿意，也可以把西服作为休闲装的一种来穿着。

公司上下皆大欢喜，又恢复了黑色、蓝色、灰色蚂蚁的热闹场面，只是蚂蚁们看起来个个精神抖擞。

（改写自《一套西装引发的管理难题》，萨苏，《读者》2010年 第19期）

词语表

基础词语

1	显露	xiǎnlù	【动】	to manifest
2	肃静	sùjìng	【形】	solemn silence
3	值日	zhírì	【动】	to be on duty
4	鞠躬	jūgōng	【动】	to bow
5	朗诵	lǎngsòng	【动】	to read aloud with expression
6	后裔	hòuyì	【名】	descendant
7	寿终正寝	shòu zhōng zhèng qǐn		to die in bed of old age
8	监察	jiānchá	【动】	to supervise
9	若干	ruògān	【形】	a certain number or amount of

10	忧虑	yōulǜ	【动】	to worry about	
11	造福	zàofú	【动】	to bring benefit to	
12	庄重	zhuāngzhòng	【形】	serious, grave	6
13	落实	luòshí	【动】	to implement	6
14	下达	xiàdá	【动】	to make known to lower levels	
15	照旧	zhàojiù	【动】	as before	
16	拘束	jūshù	【形】	restrained	6
17	搭界	dājiè		to have relation with	
18	低落	dīluò	【形】	downcast	
19	装束	zhuāngshù	【名】	dress	
20	产业	chǎnyè	【名】	industry	6
21	便服	biànfú	【名】	informal dress	
22	变更	biàngēng	【动】	to change	
23	皆大欢喜	jiē dà huān xǐ		to the satisfaction of all	
24	精神抖擞	jīngshen dǒusǒu		vigorous and energetic	6

拓展词语

1	朝礼	zhāolǐ	【名】	morning assembly
2	总监	zǒngjiān	【名】	chief inspector
3	形式主义	xíngshì zhǔyì	【名】	formalism
4	晨会	chénhuì	【名】	morning meeting
5	哈伊	hāyī		hi
6	T恤	T xù	【名】	T shirt
7	夹克	jiákè	【名】	jacket

思考题

1. 日本企业被收购后，为什么"朝礼"被取消了？
2. 日本员工写信给公司监察部反映什么问题？
3. 巴赫下达的一条造福员工的指令是什么？
4. 日本员工为什么不喜欢穿休闲服上班？
5. 你认为这家被收购的企业为什么会出现这个管理难题？
6. 如果你是个管理者，你能从这篇文章得到什么启发？

练习参考答案

第一课　用垃圾统治世界

一
1. 才干　　2. 欣欣向荣　　3. 称心如意　　4. 与日俱增　　5. 便利　　6. 磋商
7. 实施　　8. 预言　　9. 草率　　10. 承诺　　11. 不言而喻　　12. 命名

二
1. 一向　2. 一直　3. 随意　4. 随便　5. 充足　6. 充分　7. 持续　8. 延续

四
1. ×　2. ×　3. √　4. √　5. √　6. ×　7. √　8. √　9. ×　10. √

五
1. CADBE　2. DCEAB　3. ADEBC　4. DACBE

七
DCCB

第二课　遗产税让西方富豪更慈善

一
1. 辛勤　　2. 差距　　3. 办理　　4. 沉重　　5. 弊端　　6. 征收
7. 逐年　　8. 回报　　9. 艰难　　10. 创业　　11. 争先恐后　　12. 出乎意料

二
1. 赞同　　2. 赞许　　3. 赞同　　4. 理由　　5. 原因　　6. 理由

四
1. ×　2. ×　3. ×　4. √　5. √　6. ×　7. ×　8. √

五
1. BDAEC　2. EACBD　3. BDACE　4. CEDBA

第三课　弹簧床垫告诉你"左侧现象"

一
1. 注重　　2. 线索　　3. 倾向　　4. 漫长　　5. 迄今为止　　6. 统统
7. 一目了然　8. 呈　9. 暴露　10. 纳闷　11. 依旧　12. 紧密

二
1. 原来　2. 起初　3. 通常　4. 常常　5. 遭受　6. 遭遇　7. 接受　8. 接收

四

1. × 2. √ 3. × 4. × 5. √ 6. √ 7. × 8. ×

五

1. EBDCA 2. ADECB 3. CAEBD 4. DACBE

七

ADBD

第四课　激励机制的设计

一

1. 创立　2. 杰出　3. 代理　4. 如何　5. 惯例　6. 难得　7. 无动于衷
8. 可恶　9. 归根到底　10. 回避　11. 千方百计　12. 恰到好处

二

1. 实质　2. 实质　3. 本质　4. 效果　5. 成效/效果　6. 效果

四

1. √ 2. × 3. √ 4. × 5. × 6. √ 7. × 8. ×

五

1. CAEDB 2. DAECB 3. BEADC 4. CEADB

七

BCBD

第五课　感冒经济

一

1. 加剧　2. 遭受　3. 倡导　4. 适宜　5. 处置　6. 沉着
7. 濒临　8. 操练　9. 辩解　10. 冤枉　11. 弊病　12. 策略

二

1. 过分　2. 过度　3. 经验　4. 经历　5. 颇　6. 很　7. 处置　8. 处理

四

1. √ 2. × 3. √ 4. × 5. √ 6. √ 7. √ 8. √

五

1. BEADC 2. DCBAE 3. DCEBA 4. CEADB

第六课　动物中的数学"天才"

一

1. 平坦　2. 派遣　3. 逊色　4. 恍然大悟　5. 间隔　6. 愚蠢
7. 偏差　8. 对应　9. 疑惑　10. 赞叹　11. 数额　12. 捕捉

二

1. 试验　　2. 实验　　3. 偶尔　　4. 偶然　　5. 具备　　6. 具有

四

1. ×　2. √　3. ×　4. √　5. ×　6. ×　7. √　8. ×

五

1. CEADB　2. DACBE　3. BADCE　4. DBEAC

七

CDBC

第七课　找到你的"蓝色地带"

一

1. 力所能及　　2. 沮丧　　3. 勉强　　4. 振奋　　5. 狼吞虎咽　　6. 吃苦
7. 敏锐　　8. 仪式　　9. 在乎　　10. 仍旧　　11. 使命　　12. 忙碌

二

1. 设立　　2. 建立　　3. 设立　　4. 丰盛　　5. 丰富　　6. 丰富

四

1. ×　2. √　3. ×　4. ×　5. √　6. ×　7. √　8. ×　9. √　10. ×

五

1. ADBEC　2. BAEDC　3. EACBD　4. CAEBD

第八课　一张信用卡的秘密

一

1. 遏制　　2. 繁忙　　3. 得不偿失　　4. 杜绝　　5. 频繁　　6. 额外
7. 加工　　8. 大肆　　9. 理所当然　　10. 把关　　11. 赋予　　12. 递增

二

1. 肯定　　2. 一定　　3. 经过　　4. 通过　　5. 虽然　　6. 固然

四

1. ×　2. ×　3. √　4. √　5. ×　6. √　7. √　8. ×　9. √　10. √

五

1. BEDCA　2. ECADB　3. BAEDC　4. DCBAE

七

DACD

第九课　美的相貌从何而来？

一

1. 提心吊胆　2. 泄露　3. 洋溢　4. 测量　5. 嫉妒　6. 疏忽
7. 深不可测　8. 诱发　9. 收缩　10. 痉挛　11. 相应　12. 保养

二

（一）1. 忍受　2. 容忍　3. 试图　4. 企图
　　　5. 处于　6. 位于　7. 唯一　8. 唯独
（二）1. 维持　2. 保持　3. 和蔼　4. 慈善　5. 相貌
　　　6. 表情　7. 心情　8. 心态　9. 凝固　10. 固定

三

1. 一肚子　2. 一肚子　3. 一院子　4. 一身
5. 一肚子　6. 一脸　7. 一脸　8. 一手（一身）

五

1. ×　2. ×　3. √　4. √　5. √　6. ×　7. ×　8. √　9. ×　10. ×

六

1. BCEAD　2. ECBDA　3. AEDCB　4. CADBE

第十课　新能源误解

一

1. 冲击　2. 以致　3. 盲目　4. 轻而易举　5. 机遇　6. 蕴藏
7. 断断续续　8. 枯竭　9. 挑剔　10. 截至　11. 预期　12. 清醒

三

1. ×　2. ×　3. √　4. √　5. ×　6. ×　7. √　8. ×　9. ×　10. √

四

1. DCAEB　2. ADBEC　3. DBEAC　4. CEDBA

六

BDBA

第十一课　航天飞行中的惊险瞬间

一

1. 目睹　2. 遍布　3. 固有　4. 飞跃　5. 当初　6. 根源
7. 发射　8. 颤抖　9. 僵硬　10. 处境　11. 必定　12. 剧烈

二

1. 大体　2. 大概　3. 接连　4. 连续　5. 必定　6. 一定

四

1. √ 2. × 3. √ 4. √ 5. √ 6. × 7. × 8. √ 9. × 10. ×

五

1. CBDAE   2. CABED   3. BACED   4. EDCBA

第十二课　国家的形象宣传

一

1. 观光　　2. 任命　　3. 一落千丈　　4. 活力　　5. 号召　　6. 力图
7. 流露　　8. 联想　　9. 感慨　　10. 神奇　　11. 代言　　12. 别开生面

二

1. 观点　　2. 观念　　3. 观念　　4. 随着　　5. 随着　　6. 伴随

四

1. √ 2. × 3. × 4. √ 5. √ 6. × 7. × 8. √

五

1. DEACB   2. ECADB   3. DACEB   4. DAECB

七

CBCD

第十三课　电视机的发明

一

1. 不屑一顾　　2. 轮廓　　3. 充沛　　4. 挫折　　5. 半途而废　　6. 报酬
7. 搭档　　8. 断定　　9. 动手　　10. 当场　　11. 仓促　　12. 许可
13. 吩咐　　14. 粗鲁

二

1. 清楚　　2. 清晰　　3. 运用　　4. 使用　　5. 传播
6. 传送　　7. 当场　　8. 当即　　9. 嘱咐　　10. 吩咐

四

1. × 2. √ 3. √ 4. × 5. × 6. √ 7. × 8. ×

五

1. EDCBA   2. EBDAC   3. BECDA   4. BDCAE

第十四课　贩卖"时间差"的富豪

一

1. 周转　　2. 收益　　3. 周密　　4. 毅然　　5. 嘲笑　　6. 灵敏
7. 果断　　8. 赞扬　　9. 迫害　　10. 意图　　11. 发觉　　12. 信念

二

1. 放松　2. 轻松　3. 波及　4. 涉及　5. 斟酌　6. 考虑　7. 容易　8. 轻易

四

1. ×　2. √　3. √　4. ×　5. ×　6. √　7. √　8. √　9. √　10. √

五

1. BDECA　2. ECBDA　3. CADBE　4. EDCBA

七

CCBD

第十五课　管理者先要管好自己

一

1. 模样　2. 小心翼翼　3. 选拔　4. 开明　5. 乐趣　6. 圆满
7. 妥当　8. 齐心协力　9. 迷惑　10. 降临　11. 混淆　12. 反思

二

1. 保护　2. 捍卫　3. 转变　4. 改变　5. 改变　6. 保护

四

1. √　2. ×　3. ×　4. √　5. ×　6. ×　7. ×　8. √

五

1. BDAEC　2. DBEAC　3. BEDAC　4. DABEC

词语总表

序号	词语	拼音	词性	新HSK级别	课号
		A			
1	癌	ái	名	6	10
2	碍事	ài shì			2副
3	安稳	ānwěn	形		8副
4	安详	ānxiáng	形	6	9
5	安心	ānxīn	形		12
6	安置	ānzhì	动	6	2副
7	按钮	ànniǔ	名		13
8	暗中	ànzhōng	副		6副
9	凹坑	āokēng	名		11副
10	奥妙	àomiào	名		9
		B			
11	巴结	bājie	动	6	6副
12	巴士	bāshì	名		12副
13	把关	bǎ guān	动	6	8
14	霸道	bàdào	形		6副
15	白细胞	báixìbāo	名		5副
16	百感交集	bǎi gǎn jiāo jí			13副
17	百思不得其解	bǎi sī bù dé qí jiě		5	13副
18	颁布	bānbù	动	6	4副
19	颁发	bānfā	动	6	4
20	斑纹	bānwén	名	6	6
21	办理	bànlǐ	动	5	2
22	半途而废	bàn tú ér fèi		6	13
23	伴随	bànsuí	动	6	12
24	绑定	bǎngdìng	动		1
25	棒球	bàngqiú	名		14
26	包袱	bāofu	名	6	9
27	包装	bāozhuāng	名/动	6	3副
28	薄膜	báomó	名		10
29	饱经沧桑	bǎo jīng cāngsāng		6	9
30	饱满	bǎomǎn	形		7副
31	饱足	bǎozú	形		7
32	保养	bǎoyǎng	动	6	9
33	报酬	bàochóu	名	6	13
34	报答	bàodá	动	6	9
35	报复	bàofù	动	6	9
36	暴露	bàolù	动	6	3
37	暴晒	bàoshài	动		3
38	爆发	bàofā	动	6	5副
39	爆裂	bàoliè	动		10副
40	卑鄙	bēibǐ	形	6	5
41	北极	běijí	名	6	10副
42	被动	bèidòng	形	6	9
43	被迫	bèipò	动		6副
44	本土	běntǔ	名		10
45	本着	běnzhe	介	6	5
46	崩溃	bēngkuì	动	6	5
47	蹦	bèng	动	6	13
48	逼真	bīzhēn	形		13
49	鼻窦	bídòu	名		5副
50	鼻腔	bíqiāng	名		5副
51	鼻塞	bí sè			5副
52	鼻涕	bítì	名	6	5
53	比对	bǐduì	动		12副
54	必不可少	bì bù kě shǎo			8
55	必定	bìdìng	副	6	11
56	碧草茵茵	bì cǎo yīn yīn			1副
57	弊病	bìbìng	名	6	5

58	弊端	bìduān	名	6	2
59	边际成本	biānjì chéngběn			14 副
60	边际税率	biānjì shuìlǜ			2
61	变更	biàngēng	动		15 副
62	变化万千	biànhuà wànqiān			15
63	变现	biànxiàn	动		14 副
64	变形	biàn xíng			11 副
65	便服	biànfú	名		15 副
66	便利	biànlì	形/动	6	1
67	遍布	biànbù	动	6	11
68	遍及	biànjí	动		14 副
69	辩解	biànjiě	动	6	5
70	标榜	biāobǎng	动		15
71	标记	biāojì	名	6	6
72	标签	biāoqiān	名		12 副
73	标识	biāozhì	名		8
74	表决	biǎojué	动	6	2
75	表面积	biǎomiànjī	名		10
76	表态	biǎo tài		6	2
77	别开生面	bié kāi shēng miàn		6	12
78	濒临	bīnlín	副	6	5
79	濒危植物	bīnwēi zhíwù			6 副
80	冰川	bīngchuān	名		11 副
81	冰棍	bīnggùn	名		13 副
82	并存	bìngcún	动	6	10
83	病理	bìnglǐ	名		3
84	病相	bìngxiàng			9
85	病原体	bìngyuántǐ	名		5
86	波及	bōjí	动		14
87	菠菜	bōcài	名		7 副
88	播送	bōsòng	动		13
89	博弈	bóyì	动/名		4
90	补贴	bǔtiē	动/名	6	1
91	补足	bǔ zú	动		6
92	捕捉	bǔzhuō	动	6	6
93	不必	búbì	副	5	7
94	不攻自破	bù gōng zì pò			13 副
95	不顾	búgù	动	6	5
96	不及	bùjí	动		12
97	不解之缘	bù jiě zhī yuán			3
98	不堪	bùkān	副	6	11
99	不可思议	bù kě sī yì		6	5
100	不愧	búkuì	副	6	1
101	不谋而合	bù móu ér hé			6
102	不容	bùróng	动		10
103	不省人事	bù xǐng rén shì			13
104	不为人知	bù wéi rén zhī			3
105	不惜	bùxī	动	6	5
106	不相上下	bù xiāng shàng xià			5
107	不像话	bú xiànghuà		6	5
108	不屑一顾	bú xiè yí gù		6	13
109	不懈	búxiè	形		15
110	不言而喻	bù yán ér yù		6	1
111	不已	bùyǐ			13 副
112	不由得	bùyóude	副	6	1
113	布满	bùmǎn	动		11 副
114	布设	bùshè	动		8
115	步行	bùxíng	动		7
116	部位	bùwèi	名	6	11

C

117	才干	cáigàn	名	6	1
118	财大气粗	cái dà qì cū			2 副
119	参议院	cānyìyuàn	名		2
120	参照	cānzhào	动	6	11
121	餐馆	cānguǎn	名		14 副
122	残酷	cánkù	形	6	15

#	词	拼音	词性		
123	残留	cánliú	动	6	3副
124	残忍	cánrěn	形	6	5
125	灿烂	cànlàn	形	6	4副
126	仓促	cāngcù	形	6	13
127	舱	cāng	名	6	11
128	舱体	cāngtǐ	名	6	11
129	操练	cāoliàn	动	6	5
130	操纵	cāozòng	动	6	12副
131	草垫	cǎodiàn	名		3
132	草率	cǎoshuài	形	6	1
133	测量	cèliáng	动		9
134	策略	cèlüè	名		5
135	层次	céngcì	名		15
136	层面	céngmiàn	名		7
137	查获	cháhuò	动		8
138	诧异	chàyì	形		1
139	差价	chājià	名		8副
140	差距	chājù	名	6	2
141	拆封	chāi fēng			12副
142	柴油	cháiyóu	名	6	10
143	缠绕	chánrào	动	6	13
144	产量	chǎnliàng	名		10
145	产业	chǎnyè	名	6	15副
146	阐释	chǎnshì	动		7
147	颤抖	chàndǒu	动		11
148	长寿	chángshòu	形		7
149	常规	chángguī	名		5
150	常年	chángnián	名	6	1
151	场面	chǎngmiàn	名	6	11
152	倡导	chàngdǎo	动	6	5
153	钞票	chāopiào	名	6	1
154	超级	chāojí	形	6	11
155	巢	cháo	名		6
156	嘲笑	cháoxiào	动	6	14
157	潮汐	cháoxī	名		10
158	撤退	chètuì	动	6	6副
159	沉没	chénmò	动		10副
160	沉重	chénzhòng	形	6	2
161	沉着	chénzhuó	形	6	5
162	晨会	chénhuì	名		15副
163	称号	chēnghào	名	6	11
164	称心如意	chèn xīn rú yì		6	1
165	成群结队	chéng qún jié duì			6
166	成天	chéngtiān	副	6	14
167	成效	chéngxiào	名	6	4
168	成型	chéngxíng			8
169	呈	chéng	动	6	3
170	承诺	chéngnuò	动	6	1
171	乘兴而来，扫兴而归	chéng xìng ér lái, sǎo xìng ér guī			13
172	惩罚	chéngfá	动	6	4
173	盛	chéng	动	6	6
174	秤盘	chèngpán	名		13副
175	吃苦	chī kǔ		6	7
176	池塘	chítáng	名	6	10
177	迟早	chízǎo	副		15
178	炽热	chìrè	形		11
179	充沛	chōngpèi	形	6	13
180	充足	chōngzú	形	6	1
181	冲动	chōngdòng	形/名	6	1
182	冲击	chōngjī	动	6	10
183	抽	chōu	动		7
184	抽筋	chōu jīn			9
185	抽空	chōu kòng	动	6	14
186	愁苦	chóukǔ	形		9
187	筹备	chóubèi	动	6	2副
188	出发点	chūfādiǎn	名		15
189	出乎意料	chū hū yìliào			2
190	出没	chūmò	动		12副

191	出气筒	chūqìtǒng			4副
192	出人意料	chū rén yìliào			5副
193	出洋相	chū yáng xiàng		6	13
194	初步	chūbù	形	6	1
195	储蓄	chǔxù	名/动	6	2
196	处境	chǔjìng	名	6	11
197	处置	chǔzhì	动	6	5
198	触电	chù diàn			13
199	触及	chùjí	动		13
200	揣摩	chuǎimó	动		14
201	传媒	chuánméi	名		12
202	传奇	chuánqí	名		7
203	传输	chuánshū	动		1
204	传输波	chuánshūbō	名		3
205	传输塔	chuánshūtǎ	名		3
206	串联	chuànlián	动		13
207	床垫	chuángdiàn	名		3
208	床架	chuángjià	名		3
209	创办	chuàngbàn	动		14副
210	创口	chuāngkǒu	名		13副
211	创立	chuànglì	动	6	4
212	创始者	chuàngshǐzhě	名		14副
213	创业	chuàng yè		6	2
214	吹毛求疵	chuī máo qiú cī			4副
215	吹牛	chuī niú		6	13
216	吹奏	chuīzòu	动		13副
217	垂直	chuízhí	形	6	11
218	锤炼	chuíliàn	动		14
219	纯净	chúnjìng	形		9
220	慈眉善目	cí méi shàn mù			9
221	慈善	císhàn	形		2
222	磁铁	cítiě	名		11副
223	磁性	cíxìng	名		11副
224	次序	cìxù	名	6	6
225	赐予	cìyǔ	动		2
226	粗鲁	cūlǔ	形	6	13
227	催化剂	cuīhuàjì	名		15
228	催生	cuīshēng	动		5
229	存储	cúnchǔ	动		10
230	存心	cúnxīn	副		2副
231	寸草不生	cùn cǎo bù shēng			1副
232	磋商	cuōshāng	动	6	1
233	挫折	cuòzhé	名	6	13
234	措辞	cuòcí	名		2副

D

235	搭乘	dāchéng	动		11
236	搭档	dādàng	名/动	6	13
237	搭界	dājiè			15副
238	达成	dáchéng	动	6	1
239	答复	dáfù	动	6	2副
240	答腔	dā qiāng			14
241	打发	dǎfa	动		13
242	大不了	dàbuliǎo	副	6	5
243	大臣	dàchén	名	6	12
244	大吃一惊	dà chī yì jīng			13副
245	大幅	dàfú	形		10
246	大脑	dànǎo	名		7
247	大气层	dàqìcéng	名		11
248	大肆	dàsì	副	6	8
249	大体	dàtǐ	副	6	11
250	大同小异	dà tóng xiǎo yì			5
251	大致	dàzhì	副	6	5
252	大众	dàzhòng	名		5
253	呆滞	dāizhì	形		9
254	代理	dàilǐ	动	6	4
255	代言	dàiyán	动		12
256	怠工	dàigōng	动		7副

257	怠慢	dàimàn	动	6	5		291	电信	diànxìn	名	14
258	丹顶鹤	dāndǐnghè	名		6		292	电压	diànyā	名	13
259	担保	dānbǎo	动	6	8		293	电源	diànyuán	名	6	13
260	担忧	dānyōu	动		10		294	淀粉	diànfěn	名		3副
261	胆固醇	dǎngùchún	名		7		295	调兵遣将	diào bīng qiǎn jiàng			6
262	当场	dāngchǎng	副	6	13		296	调集	diàojí	动		5副
263	当初	dāngchū	名	6	11		297	叠加	diéjiā	动		11
264	当面	dāngmiàn	副	6	8		298	顶尖	dǐngjiān	形		14副
265	当前	dāngqián	名	6	5		299	定价	dìngjià	名		4
266	当务之急	dāng wù zhī jí		6	5		300	定律	dìnglǜ	名		13副
267	当心	dāngxīn	动	6	5		301	定向	dìngxiàng	动		6
268	导弹	dǎodàn	名	6	5		302	丢人	diū rén		6	13
269	导航	dǎoháng	动	6	14		303	动机	dòngjī	名	6	4
270	倒贴	dàotiē	动		1		304	动量	dòngliàng	名		11副
271	得不偿失	dé bù cháng shī		6	8		305	动漫	dòngmàn	名		12
272	等级	děngjí	名	6	8		306	动手	dòng shǒu		6	13
273	低落	dīluò	形		15副		307	动态	dòngtài	名	6	8
274	低频	dīpín	名		11		308	动心	dòng xīn			12
275	低下	dīxià	形		15		309	洞察	dòngchá	动		15
276	笛子	dízi	名		13副		310	都市	dūshì	名	6	8
277	抵制	dǐzhì	动	6	2		311	抖动	dǒudòng	动		11
278	地板	dìbǎn	名		3		312	豆科植物	dòukē zhíwù			6副
279	地步	dìbù	名	6	11		313	独霸一方	dú bà yì fāng			6副
280	地带	dìdài	名		15		314	独吞	dútūn	动		8
281	地盘	dìpán	名		6副		315	度过	dùguò	动	5	3
282	地平线	dìpíngxiàn	名		6		316	端	duān	名		12
283	地勤人员	dìqín rényuán			12副		317	端正	duānzhèng	形	6	7副
284	地心引力	dìxīn yǐnlì			11副		318	断定	duàndìng	动	6	13
285	帝国	dìguó	名		14		319	断断续续	duàn duàn xù xù		6	10
286	递增	dìzēng	动	6	8		320	断言	duànyán	动/名		1
287	电磁	diàncí	名		3		321	对策	duìcè	名	6	5
288	电解质	diànjiězhì	名		7副		322	对接	duìjiē	动		8
289	电流	diànliú	名		13		323	对应	duìyìng	动	6	6
290	电器	diànqì	名		13		324	对照	duìzhào	动	6	11

325	兑现	duìxiàn	动	6	8
326	夺取	duóqǔ	动		6 副
327	踱步	duó bù			7 副
328	躲避	duǒbì	动		8

E

329	鹅卵石	éluǎnshí	名		11 副
330	额头	étóu	名		9
331	额外	éwài	形	6	8
332	厄运	èyùn	名		15
333	恶毒	èdú	形		6 副
334	恶心	ěxīn	形	6	12 副
335	恶性循环	èxìng xúnhuán			10 副
336	遏制	èzhì	动	6	8
337	而已	éryǐ	助	6	5
338	耳濡目染	ěr rú mù rǎn			14
339	二氧化硫	èryǎnghuàliú	名		1 副

F

340	发病	fā bìng			3
341	发财	fā cái		6	14
342	发动机	fādòngjī	名		7 副
343	发觉	fājué	动	6	14
344	发起	fāqǐ	动		12
345	发射	fāshè	动	6	11
346	发誓	fā shì		6	1 副
347	发泄	fāxiè	动		4 副
348	发行	fāxíng	动	6	8
349	法网	fǎwǎng	名		8
350	凡夫俗子	fánfū súzǐ			12 副
351	繁多	fánduō	形		3 副
352	繁华	fánhuá	形	6	8
353	繁忙	fánmáng	形	6	8
354	反倒	fǎndào	副	6	11
355	反击	fǎnjī	动		5 副
356	反抗	fǎnkàng	动	6	9 副
357	反思	fǎnsī	动	6	15
358	反应器	fǎnyìngqì	名		10
359	反之	fǎnzhī	连	6	9
360	返航	fǎn háng			11
361	犯罪	fàn zuì	动		8
362	贩卖	fànmài	动	6	14
363	方圆	fāngyuán	名		14
364	防备	fángbèi	动		6 副
365	防腐剂	fángfǔjì	名		3 副
366	防御	fángyù	动	6	6 副
367	防止	fángzhǐ	动	6	5
368	房产	fángchǎn	名		8 副
369	放大	fàngdà	动	6	3
370	放映	fàngyìng	动	6	12
371	放置	fàngzhì	动		6
372	飞船	fēichuán	名		11
373	飞行	fēixíng	动		6
374	飞跃	fēiyuè	动	6	11
375	非法	fēifǎ	形	6	8
376	非凡	fēifán	形		2
377	肥料	féiliào	名		14
378	沸腾	fèiténg	动	6	11
379	分成	fēn chéng			8
380	分发	fēnfā	动		6
381	分泌	fēnmì	动	6	5 副
382	分泌	fēnmì	动	6	9
383	分子	fēnzǐ	名		6 副
384	吩咐	fēnfù	动	6	13
385	粉末	fěnmò	名	6	12
386	份额	fèn'é	名		5
387	丰盛	fēngshèng	形	6	7
388	风力	fēnglì	名		10
389	封口	fēngkǒu	名/动		10 副
390	疯子	fēngzi	名		14
391	逢	féng	动	6	12

233

392	敷	fū	动		13副		425	工夫	gōngfu	名	5	15
393	浮	fú	动		3		426	工夫	gōngfu	名	6	6
394	辐射	fúshè	动	6	3		427	工夫不负有心人	gōngfu bú fù yǒuxīn rén			13
395	辐射波	fúshèbō	名		3		428	公共经济学	gōnggòng jīngjìxué			4
396	付诸	fù zhū			1		429	公关	gōngguān	名	6	12
397	负荷	fùhè	名		11		430	公民	gōngmín	名		2
398	附上	fùshàng	动		12副		431	供给	gōngjǐ	动	6	14
399	附着	fùzhuó	动		5副		432	共振	gòngzhèn	动		3
400	副作用	fùzuòyòng	名	6	5		433	构建	gòujiàn	动		1
401	赋予	fùyǔ	动	6	8		434	购买	gòumǎi	动		14副
402	富豪	fùháo	名		2		435	估算	gūsuàn	动		1
403	富翁	fùwēng	名		2		436	谷氨酸钠	gǔ'ānsuānnà	名		3副
404	富裕	fùyù	形	6	12副		437	股市	gǔshì	名		14副

G

405	概率	gàilǜ	名		3		438	骨骼	gǔgé	名		7
406	干货	gānhuò	名		14		439	固态	gùtài	名		10副
407	赶路	gǎn lù			7		440	固有	gùyǒu	形	6	11
408	赶上	gǎnshàng	动		12		441	固执	gùzhi	形	6	9副
409	感触	gǎnchù	名		5		442	故乡	gùxiāng	名		13
410	感恩	gǎn ēn			12副		443	故障	gùzhàng	名	6	11
411	感慨	gǎnkǎi	动	6	12		444	关怀	guānhuái	动	5	4副
412	刚好	gānghǎo	副		3		445	关节	guānjié	名		7
413	杠杆	gànggǎn	名	6	15		446	关卡	guānqiǎ	名		8
414	高峰	gāofēng	名	6	11		447	观测	guāncè	动		3
415	高尚	gāoshàng	形	6	2副		448	观光	guānguāng	动	6	12
416	搁	gē	动	6	3		449	惯例	guànlì	名	6	4
417	搁浅	gēqiǎn	动		2		450	光彩	guāngcǎi	形	6	6副
418	革命	gémìng	名	5	12副		451	光环	guānghuán	名		8
419	格言	géyán	名		9		452	光芒	guāngmáng	名	6	4
420	个人所得税	gèrén suǒdéshuì			2		453	光线	guāngxiàn	名		13
421	根瘤菌	gēnliújūn	名		6副		454	归根到底	guī gēn dào dǐ		6	4
422	根源	gēnyuán	名	6	11		455	归属	guīshǔ	动		7
423	跟随	gēnsuí	动	6	10		456	规格	guīgé	名	6	8
424	更换	gēnghuàn	动		3		457	国会	guóhuì	名		2

458	国力	guólì	名		8 副
459	国民	guómín	名		5
460	果断	guǒduàn	形	6	14
461	过度	guòdù	形	6	5
462	过于	guòyú	副	6	5 副
463	过载	guòzài	动		11

H

464	哈伊	hāyī			15 副
465	孩提	háití	名		1 副
466	海域	hǎiyù	名		10 副
467	憨	hān	形		14
468	含糊	hánhu	形	6	9 副
469	韩剧	Hánjù			12
470	韩流	Hánliú			12
471	罕见	hǎnjiàn	形	6	5
472	捍卫	hànwèi	动	6	15
473	毫无变化	háo wú biàn huà		6	3
474	豪猪	háozhū	名		1 副
475	号召	hàozhào	动	6	12
476	耗费	hàofèi	动	6	1 副
477	耗氧量	hàoyǎngliàng	名		7 副
478	浩大	hàodà	形		12
479	合成	héchéng	动	6	3 副
480	合乎	héhū	动	6	3 副
481	合算	hésuàn	形	6	8
482	合约	héyuē	名		8
483	何乐而不为	hé lè ér bù wéi			1
484	和蔼	héǎi	形	6	9
485	和谐	héxié	形	6	4 副
486	核电站	hédiànzhàn	名		10
487	核能	hénéng	名		10
488	赫兹	hèzī	量		3
489	黑白分明	hēi bái fēnmíng			7 副
490	黑客	hēikè	名		8
491	黑漆漆	hēiqīqī	形		11
492	黑素瘤	hēisùliú	名		3
493	恒温	héngwēn	名		12 副
494	恒星	héngxīng	名		11 副
495	轰动	hōngdòng	动	6	13 副
496	轰鸣	hōngmíng	动		11
497	烘干	hōnggān	动		13 副
498	宏大	hóngdà	形		14
499	宏伟	hóngwěi	形	6	1
500	洪水	hóngshuǐ	名	6	3 副
501	吼叫	hǒujiào	动		4 副
502	后代	hòudài	名	6	2
503	后裔	hòuyì	名		15 副
504	呼啸	hūxiào	动	6	11
505	忽隐忽现	hū yǐn hū xiàn			13
506	花销	huāxiāo	名		14
507	滑翔	huáxiáng	动		1 副
508	化石	huàshí	名	6	10
509	话语权	huàyǔquán			1
510	欢乐	huānlè	形	6	7
511	还款	huán kuǎn			8
512	环顾	huángù	动		1 副
513	涣散	huànsàn	动/形		4 副
514	患	huàn	动	6	7
515	焕发	huànfā	动		1 副
516	荒凉	huāngliáng	形	6	1 副
517	黄热病	huángrèbìng	名		13 副
518	恍然大悟	huǎng rán dà wù		6	6
519	回报	huíbào	动	6	2
520	回避	huíbì	动	6	4
521	回应	huíyìng	动		1
522	彗星	huìxīng	名		11 副
523	毁于一旦	huǐ yú yí dàn			1 副

524	昏迷	hūnmí	动	6	11		557	寄生虫	jìshēngchóng	名	2
525	混合	hùnhé	动	6	3副		558	系	jì	动	5	12副
526	混淆	hùnxiáo	动	6	15		559	迹象	jìxiàng	名	6	1副
527	活力	huólì	名	6	12		560	加工	jiāgōng	动	6	8
528	火箭	huǒjiàn	名	6	11副		561	加剧	jiājù	动	6	5
529	火漆	huǒqī	名		13		562	加仑	jiālún	名		10
530	火焰	huǒyàn	名	6	11		563	加盟	jiāméng	动		1
531	火源	huǒyuán	名		10副		564	加以	jiāyǐ	动		10
532	伙伴	huǒbàn	名	5	7		565	夹角	jiājiǎo	名		6
533	获利	huò lì			1		566	夹克	jiákè	名		15副
534	获取	huòqǔ	动		4		567	家产	jiāchǎn	名		2
		J					568	甲烷	jiǎwán	名		10副
535	饥饿	jī'è	名	6	13		569	假设	jiǎshè	连	6	8
536	机关	jīguān	名	6	2副		570	尖叫	jiānjiào	动		6
537	机遇	jīyù	名	6	10		571	尖刻	jiānkè	形		5
538	机制	jīzhì	名		4		572	坚硬	jiānyìng	形	6	11
539	机制设计	jīzhì shèjì			4		573	间隔	jiàngé	动/名	6	6
540	鸡蛋里挑骨头	jīdàn li tiāo gǔtou			4副		574	间接	jiànjiē	形	6	10
541	积蓄	jīxù	名		14		575	间歇	jiànxiē	名		10
542	基本功	jīběngōng	名		8副		576	艰难	jiānnán	形	6	2
543	基金会	jījīnhuì	名		2		577	监察	jiānchá	动		15副
544	基因	jīyīn	名	6	5副		578	兼顾	jiāngù	动		15
545	畸形	jīxíng	形		5		579	剪彩	jiǎn cǎi		6	2副
546	激励机制	jīlì jīzhì			4		580	减轻	jiǎnqīng	动		7
547	级别	jíbié	名	6	8		581	简明	jiǎnmíng	形		13副
548	极点	jídiǎn	形		11		582	建模	jiànmó	动		10副
549	即便	jíbiàn	连	6	2		583	践行	jiànxíng	动		1副
550	即刻	jíkè	副		10副		584	僵硬	jiāngyìng	形	6	11
551	急速	jísù	副		10副		585	奖励	jiǎnglì	动/名	6	8副
552	集聚	jíjù	动		8		586	降临	jiànglín	动	6	15
553	集市	jíshì	名		14		587	交往	jiāowǎng	动	6	7
554	嫉妒	jídù	动	6	9		588	焦灼	jiāozhuó	形		9
555	脊椎	jǐzhuī	名		6		589	皆大欢喜	jiē dà huān xǐ			15副
556	记载	jìzǎi	动	6	2副		590	接连	jiēlián	副	6	11

#	词	拼音	词性	级	页
591	接收	jiēshōu	动	6	3
592	接手	jiēshǒu	动		1
593	接吻	jiē wěn			5 副
594	接踵而来	jiē zhǒng ér lái			13
595	揭穿	jiēchuān	动		8 副
596	节制	jiézhì	动		15
597	杰出	jiéchū	形	6	4
598	杰作	jiézuò	名		5 副
599	结晶	jiéjīng	名	6	6
600	结晶体	jiéjīngtǐ	名		6
601	截至	jiézhì	动	6	10
602	竭尽全力	jié jìn quán lì		6	4
603	解开	jiěkāi	动		6
604	解体	jiě tǐ	动	6	11
605	介意	jièyì	动		3 副
606	戒备	jièbèi	动	6	5
607	金刚石	jīngāngshí	名		6
608	筋疲力竭	jīn pí lì jié			15
609	紧绷	jǐnbēng	形		11
610	紧密	jǐnmì	形	6	3
611	尽心尽力	jìn xīn jìn lì			4 副
612	进攻	jìngōng	动	6	5
613	进食	jìn shí			13 副
614	近来	jìnlái	名	6	3
615	经济舱	jīngjìcāng			12 副
616	经济作物	jīngjì zuòwù			6 副
617	经商	jīng shāng		6	14
618	经验	jīngyàn	名	6	9 副
619	惊慌	jīnghuāng	形		11
620	惊人	jīngrén	形		13 副
621	惊险	jīngxiǎn	形		11
622	晶莹	jīngyíng	形		9
623	精神抖擞	jīngshen dǒusǒu		6	15 副
624	颈部	jǐngbù	名		6
625	颈椎病	jǐngzhuībìng	名	6	9 副
626	景点	jǐngdiǎn	名		12
627	景气	jǐngqì	名		14
628	警觉	jǐngjué	名		7 副
629	警示	jǐngshì	动		2 副
630	净赚	jìngzhuàn			14 副
631	痉挛	jìngluán	动		9
632	竞赛	jìngsài	名	6	7
633	静态	jìngtài	名		15
634	酒精	jiǔjīng	名	6	5 副
635	拘束	jūshù	形	6	15 副
636	鞠躬	jūgōng	动	6	15 副
637	局部	júbù	名	6	11
638	沮丧	jǔsàng	形	6	7
639	举目	jǔmù			1 副
640	举世瞩目	jǔ shì zhǔ mù			4
641	巨款	jùkuǎn	名		2
642	拒之门外	jù zhī mén wài			13
643	剧烈	jùliè	形	6	11
644	据悉	jù xī		6	12
645	聚集	jùjí	动		6
646	捐赠	juānzèng	动		2
647	捐助	juānzhù	动		2

K

#	词	拼音	词性	级	页
648	卡路里	kǎlùlǐ	量		13 副
649	卡通	kǎtōng	名	6	12
650	开辟	kāipì	动	6	4
651	开采	kāicǎi	动	6	10
652	开价	kāi jià			14
653	开阔	kāikuò	形	6	7 副
654	开朗	kāilǎng	形	6	9
655	开明	kāimíng	形	6	15
656	开源节流	kāi yuán jié liú			15
657	开展	kāizhǎn	动	6	12

658	开足马力	kāi zú mǎ lì			13		691	懒散	lǎnsǎn	形	7 副
659	看待	kàndài	动	6	3 副		692	滥竽充数	làn yú chōng shù		15
660	抗生素	kàngshēngsù	名		5		693	狼吞虎咽	láng tūn hǔ yàn	6	7
661	抗体	kàngtǐ	名		5		694	朗诵	lǎngsòng	动	15 副
662	科技	kējì	名		14 副		695	劳累	láolèi	形	13
663	颗粒无收	kē lì wú shōu			14		696	牢牢	láoláo	副	11 副
664	可恶	kěwù	形	6	4		697	老掉牙	lǎodiàoyá	形	14 副
665	刻意	kèyì	副		7		698	老子	lǎozi	名	2
666	课程	kèchéng	名	5	15		699	乐趣	lèqù	名	6	15
6667	课题	kètí	名	6	4		700	乐意	lèyì	动	6	8
668	恳切	kěnqiè	形	6	2 副		701	累代	lěi dài		9
669	空前	kōngqián	形	6	1		702	冷藏	lěngcáng	动	12 副
670	空腔	kōngqiāng	名		10 副		703	罹患	líhuàn	动	9 副
671	空想	kōngxiǎng	名/动		1		704	理所当然	lǐ suǒ dāng rán	6	8
672	恐惧	kǒngjù	形	6	9		705	力所能及	lì suǒ néng jí	6	7
673	扣除	kòuchú	动		2		706	力图	lìtú	动	6	12
674	扣除额	kòuchú'é	名		2		707	立志	lì zhì		13
675	枯竭	kūjié	形	6	10		708	立足	lìzú	动	6	10
676	苦瓜	kǔguā	名		7		709	利益链	lìyìliàn		8
677	苦涩	kǔsè	形		1 副		710	例外	lìwài	名/动	6	1
678	酷	kù	形	6	12		711	连接	liánjiē	动		6
679	酷热	kùrè	形		1 副		712	连锁	liánsuǒ	名	6	14 副
680	垮	kuǎ	动		15		713	连续	liánxù	动		6
681	跨国	kuà guó			14 副		714	连续剧	liánxùjù	名	5	12
682	跨行	kuà háng			8		715	联络	liánluò	动	6	1
683	快速	kuàisù	形		7 副		716	联想	liánxiǎng	动	6	12
684	宽敞	kuānchǎng	形	6	7 副		717	炼铜	liàn tóng		1 副
685	宽宏大量	kuānhóng dàliàng			15		718	良好	liánghǎo	形		7
686	况且	kuàngqiě	连	6	1		719	良心	liángxīn	名	6	15
687	框架	kuàngjià	名	6	4		720	两鬓斑白	liǎng bìn bānbái		1 副
688	困惑	kùnhuò	形		13 副		721	料到	liàodào	动		3

L

689	蓝色地带	lánsè dìdài			7		722	灵感	línggǎn	名	6	1
690	蓝图	lántú	名		1		723	灵敏	língmǐn	形	6	14

724	聆听	língtīng	动		15		757	煤电站	méidiànzhàn	名	10
725	零花钱	línghuāqián	名		14		758	煤炭	méitàn	名	10
726	零食	língshí	名	5	7		759	酶	méi	名	5副
727	领情	lǐng qíng			2		760	美好	měihǎo	形	7
728	领袖	lǐngxiù	名	6	12		761	门卫	ménwèi	名	13
729	领域	lǐngyù	名	5	4		762	盟友	méngyǒu	名	6副
730	溜	liū	动	6	1副		763	蒙	mēng	动	6	8副
731	留念	liúniàn		6	2副		764	梦想	mèngxiǎng	动/名	6	10
732	留心	liú xīn	动		14		765	迷惑	míhuò	动	6	15
733	流动	liúdòng	动		14副		766	迷蒙	míméng	形	9
734	流露	liúlù	动	6	12		767	麋鹿	mílù	名	1副
735	瘤	liú	名	6	3		768	秘诀	mìjué	名	7
736	笼子	lóngzi	名		4		769	密度	mìdù	名	6	10副
737	隆重	lóngzhòng	形	6	2副		770	密封	mìfēng	动	3副
738	垄断性定价	lǒngduànxìng dìngjià			4		771	密密麻麻	mì mì má má		13
739	鸬鹚	lúcí	名		6		772	绵薄之力	miánbó zhī lì		15
740	履历	lǚlì	名		12副		773	免税额	miǎnshuì'é	名	2
741	律师公会	lǜshī gōnghuì			2副		774	勉强	miǎnqiǎng	动/形	6	7
742	轮毂	lúngǔ	名		10		775	面孔	miànkǒng	名	4副
743	轮廓	lúnkuò	名	6	13		776	描绘	miáohuì	动	6	1
744	论断	lùnduàn	名/动		13副		777	描述	miáoshù	动	1
745	论战	lùnzhàn	名		4		778	民意调查	mínyì diàochá		10
746	落成	luòchéng	动	6	2副		779	民众	mínzhòng	名	12
747	落实	luòshí	动	6	15副		780	敏感	mǐngǎn	形	6	3副
		M					781	敏锐	mǐnruì	形	6	7
748	马拉松	mǎlāsōng	名		7		782	名气	míngqì	名	15
749	蚂蚁	mǎyǐ	名		6		783	明了	míngliǎo	形	3
750	埋单	mái dān			1		784	铭记	míngjì	动	14
751	迈	mài	动	6	7		785	命名	mìng míng	动	6	1
752	麦梗	màigěng	名		14		786	模范	mófàn	名	6	2
753	满心	mǎnxīn	副		4		787	模糊数学	móhu shùxué		6
754	漫长	màncháng	形	6	3		788	模型	móxíng	名	6	8副
755	忙碌	mánglù	形	6	7		789	模样	múyàng	名	6	15
756	盲目	mángmù	形	6	10		790	摩擦	mócā	动	6	11

词语总表

239

791	魔法	mófǎ	名		13 副		822	派对	pàiduì	名		12
792	默契	mòqì	名		6		823	派遣	pàiqiǎn	动	6	6
793	牟取	móuqǔ	动		5		824	判决	pànjué	动		2 副
794	谋求	móuqiú	动	6	4		825	庞然大物	páng rán dà wù			11
795	木偶	mù'ǒu	名		13		826	抛	pāo	动		8 副
796	目睹	mùdǔ	动	6	11		827	泡汤	pào tāng			2
797	牧羊人	mùyángrén	名		7		828	配偶	pèi'ǒu	名	6	9 副
		N					829	喷	pēn	动		12 副
798	拿大头	ná dà tóu			8		830	喷洒	pēnsǎ	动	6	12
799	纳入	nàrù	动		1		831	喷射	pēnshè	动		10 副
800	耐寒	nài hán			6 副		832	捧	pěng	动	6	12
801	耐人寻味	nài rén xún wèi			11		833	批件	pījiàn	名		2 副
802	耐药性	nàiyàoxìng	名		5		834	批量	pīliàng	副		14
803	难得	nándé	形	6	4		835	疲倦	píjuàn	形	6	7
804	囊鼠	nángshǔ	名		1 副		836	譬如	pìrú	动	6	8
805	囊中	náng zhōng			14		837	偏差	piānchā	名	6	6
806	脑回	nǎohuí	名		7 副		838	漂流	piāoliú	动		15
807	拟定	nǐdìng	动	6	4 副		839	贫瘠	pínjí	形		14
808	逆流	nìliú	名		15		840	贫瘠	pínjí	形		1 副
809	年费	niánfèi	名		8		841	贫困	pínkùn	形	6	15
810	黏合	niánhé	动		13		842	频繁	pínfán	形	6	8
811	酿蜜	niàng mì			6		843	品尝	pǐncháng	动	6	7
812	宁静	níngjìng	形		7		844	品行	pǐnxíng	名	6	6 副
813	凝胶	níngjiāo	名		12 副		845	平和	pínghé	形		7
814	凝聚	níngjù	动	6	7		846	平坦	píngtǎn	形	6	6
815	扭曲	niǔqū	动		11 副		847	平原	píngyuán	名	6	6 副
816	浓度	nóngdù	名		13 副		848	评定	píngdìng	动		8
817	浓缩	nóngsuō	动		3 副		849	屏幕	píngmù	名		13
		O					850	屏障	píngzhàng	名	6	10 副
818	欧洲云杉	Ōuzhōu yúnshān			6 副		851	颇	pō	副	6	5
819	呕吐	ǒutù	动	6	13 副		852	迫害	pòhài	动	6	14
		P					853	迫使	pòshǐ	动		5 副
820	爬行	páxíng	动		6		854	破裂	pòliè	动		10 副
821	排泄	páixiè	动		13 副		855	破译	pòyì	动	6	6 副

856	铺	pū	动	6	3
857	铺天盖地	pū tiān gài dì			5

P

858	栖息	qīxī	动		5副
859	齐心协力	qí xīn xié lì		6	15
860	奇葩	qípā	名		14
861	乞丐	qǐgài	名	6	14
862	气泡	qìpào	名		10副
863	气魄	qìpò	名	6	1
864	迄今为止	qì jīn wéi zhǐ		6	3
865	起初	qǐchū	名	6	3
866	起征点	qǐzhēngdiǎn	名		2
867	恰到好处	qià dào hǎo chù		6	4
868	恰好	qiàhǎo	副		6
869	千方百计	qiān fāng bǎi jì		6	4
870	千钧重负	qiān jūn zhòng fù			11
871	牵强	qiānqiǎng	形		4
872	牵引	qiānyǐn	动		8
873	签收	qiānshōu	动		8
874	前臂	qiánbì	名		13副
875	前列腺	qiánlièxiàn	名		3
876	虔诚	qiánchéng	形		2
877	潜台词	qiántáicí	名		3副
878	浅显易懂	qiǎn xiǎn yì dǒng			4
879	歉收	qiàn shōu			14
880	强大	qiángdà	形		7
881	强化玻璃	qiánghuà bōli			11
882	跷	qiāo	动		7副
883	巧合	qiǎohé	名		6
884	撬	qiào	动		15
885	切除	qiēchú	动		5
886	切记	qièjì	动		7
887	侵害	qīnhài	动		3
888	侵权	qīn quán			2副
889	亲近	qīnjìn	形		12
890	轻而易举	qīng ér yì jǔ		6	10
891	轻柔	qīngróu	形		5副
892	轻微	qīngwēi	形		5副
893	轻易	qīngyì	副		14
894	氢	qīng	名		10
895	氢氧化物	qīngyǎng huàwù	名		10副
896	倾	qīng	动		1副
897	倾向	qīngxiàng	动	6	3
898	清晨	qīngchén	名	6	7
899	清除	qīngchú	动	6	5副
900	清算	qīngsuàn	动		8
901	清晰	qīngxī	形	6	13
902	清醒	qīngxǐng	形	6	10
903	蚯蚓	qiūyǐn	名		13副
904	求偶	qiú ǒu			9副
905	区区	qūqū	形		4
906	曲线	qūxiàn	名		6
907	驱散	qūsàn	动		4副
908	躯干	qūgàn	名		3
909	渠道	qúdào	名	6	8
910	取得	qǔdé	动		12
911	取决	qǔjué	动		10
912	取决于	qǔjuéyú			8副
913	取现	qǔ xiàn			8
914	权衡	quánhéng	动	6	8副
915	全神贯注	quán shén guàn zhù			11
916	痊愈	quányù	动		5
917	蜷	quán	动		13
918	确信	quèxìn	动		8
919	群体	qúntǐ	名		14副

R

920	热衷	rèzhōng	动		14

921	人际关系	rénjì guānxi			4
922	人力资源	rénlì zīyuán			4
923	人文	rénwén	名		15
924	忍受	rěnshòu	动	6	9
925	认可	rènkě	动	6	8 副
926	认知	rènzhī	名		7 副
927	任命	rènmìng	动	6	12
928	任由	rènyóu			4
929	仍旧	réngjiù	副	6	7
930	日历	rìlì	名	5	6
931	日照	rìzhào	名		10
932	荣获	rónghuò	动		11
933	荣誉	róngyù	名	5	4
934	容积	róngjī	名		10
935	容貌	róngmào	名	6	9
936	容忍	róngrěn	动	6	9
937	融洽	róngqià	形	6	4 副
938	柔和	róuhé	形	6	9
939	柔软	róuruǎn	形		11 副
940	如厕	rú cè			12 副
941	如鱼得水	rú yú dé shuǐ			14
942	儒家思想	rújiā sīxiǎng			15
943	乳腺癌	rǔxiàn'ái	名		3
944	辱骂	rǔmà	动		4 副
945	入股	rù gǔ	动		13
946	若干	ruògān	形	6	15 副
		S			
947	丧失	sàngshī	动	6	9
948	色素	sèsù	名		3 副
949	杀虫剂	shāchóngjì	名		12 副
950	杀手	shāshǒu	名		3
951	沙尘暴	shāchénbào	名		14
952	沙龙	shālóng	名		12
953	山艾树	shānàishù	名		6 副
954	山穷水尽	shān qióng shuǐ jìn			13
955	杉木	shānmù	名		1 副
956	珊瑚虫	shānhúchóng	名		6
957	闪烁	shǎnshuò	动	6	9
958	闪耀	shǎnyào	动		8
959	善变	shànbiàn	形		7 副
960	擅自	shànzì	副	6	2 副
961	上升	shàngshēng	动		10 副
962	上司	shàngsi	名		4 副
963	上台	shàng tái			2
964	上限	shàngxiàn	名		1
965	尚	shàng	副		3
966	尚未	shàngwèi	副		10
967	设立	shèlì	动	6	7
968	社团	shètuán	名		7
969	摄氏度	shèshìdù	量	6	5
970	深不可测	shēn bù kě cè			9
971	深入人心	shēn rù rén xīn			9 副
972	神经外科	shénjīng wàikē			7 副
973	神秘莫测	shénmì mò cè			6
974	神奇	shénqí	形	6	12
975	神气	shénqì	形	6	9
976	神情	shénqíng	名	6	12
977	神圣	shénshèng	形	6	2 副
978	神态	shéntài	名	6	9
979	神往	shénwǎng	动		12
980	审核	shěnhé	动		8
981	审议	shěnyì	动		2
982	肾上腺	shènshàngxiàn	名		9
983	肾上腺素	shènshàngxiànsù	名		9
984	肾脏	shènzàng	名		9
985	甚	shèn	副		3
986	慎重	shènzhòng	形	6	4 副
987	升级	shēng jí			12

988	升值	shēng zhí	动		8 副
989	生产率	shēngchǎnlǜ	名		2
990	生机	shēngjī	名	6	1 副
991	生理	shēnglǐ	名	6	3
992	生生不息	shēng shēng bù xī			15
993	生态	shēngtài		6	1 副
994	生涯	shēngyá	名		14
995	生硬	shēngyìng	形		4 副
996	生育	shēngyù	动	6	9
997	声东击西	shēng dōng jī xī			9 副
998	声呐	shēngnà	名		10 副
999	声势	shēngshì	名	6	12
1000	失事	shī shì	动		10 副
1001	施工	shīgōng	动		2 副
1002	时常	shícháng	副	6	9
1003	时刻	shíkè	名	5	4
1004	实惠	shíhuì	名/形	6	1
1005	实况	shíkuàng	名		13
1006	实施	shíshī	动	6	1
1007	实质	shízhì	名	6	4
1008	食槽	shícáo	名		4
1009	使命	shǐmìng	名	6	7
1010	始祖	shǐzǔ	名		15
1011	市值	shìzhí	名		14
1012	试图	shìtú	动	6	9
1013	视野	shìyě	名	6	3
1014	适宜	shìyí	形	6	5
1015	释	shì	动		11
1016	释然	shìrán	动		11
1017	誓言	shìyán	名		1 副
1017	收单方	shōudānfāng			8
1018	收割	shōugē	动		14
1019	收入	shōurù	名		4
1020	收视率	shōushìlǜ	名		12
1021	收手	shōu shǒu			6 副
1022	收缩	shōusuō	动	6	9
1023	收益	shōuyì	名	6	14
1024	手续	shǒuxù	名	5	2
1025	守旧	shǒujiù	形		12
1026	首次	shǒucì	数量		11
1027	首脑	shǒunǎo	名		12
1028	首相	shǒuxiàng	名		12
1029	寿终正寝	shòu zhōng zhèng qǐn			15 副
1030	受访者	shòufǎngzhě	名		10
1031	受益	shòu yì			2
1032	受罪	shòu zuì		6	9
1033	书籍	shūjí	名	6	15
1034	舒畅	shūchàng	形	6	4 副
1035	疏忽	shūhu	动	6	9
1036	输出	shūchū	动	6	12
1037	输液	shū yè			5
1038	薯片	shǔpiàn	名		12
1039	数	shǔ	动	6	6
1040	数额	shù'é	名	6	6
1041	数目	shùmù	名	6	2
1042	衰老	shuāilǎo	形	6	9
1043	拴	shuān	动		6
1044	双币卡	shuāngbìkǎ			8
1045	水彩画	shuǐcǎihuà	名		6
1046	水到渠成	shuǐ dào qú chéng			2
1047	水泥	shuǐní	名	6	10 副
1048	水藻	shuǐzǎo	名		10
1049	税法	shuìfǎ			2
1050	税款	shuìkuǎn			2
1051	税率	shuìlǜ	名		2
1052	顺流	shùnliú	名		15
1053	瞬间	shùnjiān	名		9
1054	说辞	shuōcí	名		3 副

1055	司法	sīfǎ	名	6	2副		1087	替罪羊	tìzuìyáng	名		9副
1056	思虑	sīlǜ	动		9		1088	天才	tiāncái	名	6	6
1057	思索	sīsuǒ	动	6	3		1089	天赋	tiānfù	名		6
1058	死寂	sǐjì	形		1副		1090	天文数字	tiānwén shùzì			2
1059	饲料	sìliào	名		6		1091	添加剂	tiānjiājì	名		3副
1060	饲养	sìyǎng	动	6	6		1092	挑剔	tiāoti	动	6	10
1061	送命	sòng mìng	动	6	13		1093	跳槽	tiào cáo			4
1062	肃静	sùjìng	形		15副		1094	听诊器	tīngzhěnqì	名		5
1063	随意	suíyì	形	6	1		1095	停留	tíngliú	动		11副
1064	岁月	suìyuè	名	6	9		1096	通俗	tōngsú	形	6	14副
1065	损伤	sǔnshāng	动		7		1097	同盟	tóngméng	名		5
1066	缩水	suō shuǐ			2		1098	同行	tóngháng	名		1
1067	所向无敌	suǒ xiàng wú dí			4副		1099	童真	tóngzhēn	名		13副
							1100	统统	tǒngtǒng	副	6	3
		T					1101	投递	tóudì	动		1
1068	T恤	T xù	名		15副		1102	投入	tóurù	动		10
1069	踏板	tàbǎn	名		4		1103	透支	tòuzhī	动		8
1070	摊儿	tānr	名	6	13		1104	凸起	tūqǐ	动		11副
1071	忐忑不安	tǎntè bùān			9		1105	图像	túxiàng	名		13
1072	探测	tàncè	动	6	10副		1106	图形	túxíng	名		6
1073	探究	tànjiū	动		13副		1107	涂层	túcéng	名		11
1074	堂兄弟	tángxiōngdì	名		13		1108	推崇	tuīchóng	动		15
1075	糖浆	tángjiāng	名		6		1109	推力	tuīlì	名		11
1076	烫手山芋	tàng shǒu shānyù			1		1110	推手	tuīshǒu	名		5
1077	掏	tāo	动	6	2		1111	吞噬	tūnshì	动		5
1078	逃逸塔	táoyìtǎ			11		1112	臀部	túnbù	名		3
1079	腾飞	téngfēi	动		8副		1113	拖鞋	tuōxié	名		4
1080	提取	tíqǔ	动		3副		1114	脱发	tuō fà			9副
1081	提心吊胆	tí xīn diào dǎn			9		1115	脱落	tuōluò	动		10
1082	体谅	tǐliàng	动	6	12副		1116	脱水	tuō shuǐ			5副
1083	体味	tǐwèi	名	5	12副		1117	妥当	tuǒdang	形	6	15
1084	体温	tǐwēn	名		5		1118	唾液	tuòyè	名		5副
1085	体系	tǐxì	名	6	6副				**W**			
1086	体制	tǐzhì			5		1119	外表	wàibiǎo	名	6	9
							1120	外汇	wàihuì	名		12

#	词	拼音	词性		
1121	外交官	wàijiāoguān	名		12
1122	完备	wánbèi	形	6	1
1123	完毕	wánbì	动	6	2 副
1124	顽固	wángù	形	6	9 副
1125	挽留	wǎnliú	动		4
1126	晚年	wǎnnián	名		7 副
1127	万贯	wànguàn	数量		2
1128	万事大吉	wàn shì dà jí			6 副
1129	妄自	wàngzì	副		15
1130	微薄	wēibó	形		12 副
1131	微量	wēiliàng	名		3
1132	为时过早	wéi shí guò zǎo			13
1133	为时尚早	wéi shí shàng zǎo			10
1134	违法	wéi fǎ			2 副
1135	唯独	wéidú	副	6	9
1136	卫生纸	wèishēngzhǐ	名		12 副
1137	卫星	wèixīng	名	6	11 副
1138	尾气	wěiqì	名		7 副
1139	味精	wèijīng	名		3 副
1140	委托	wěituō	动	5	4
1141	温和	wēnhé	形	6	9
1142	纹路	wénlù	名		11
1143	稳步	wěnbù	副		3
1144	涡轮发电机	wōlún fādiànjī			10
1145	窝	wō	名	6	6
1146	无动于衷	wú dòng yú zhōng		6	4
1147	无精打采	wú jīng dǎ cǎi			15
1148	无能为力	wú néng wéi lì		6	9 副
1149	无限	wúxiàn	形		10
1150	无线电	wúxiàndiàn	名		13
1151	无效	wúxiào	形		5
1152	无益	wú yì			7
1153	无意	wúyì	副/动		1
1154	五脏	wǔzàng	名		9
1155	五脏六腑	wǔ zàng liù fǔ			9
1156	武装	wǔzhuāng	动	6	6 副
1157	侮辱	wǔrǔ	动	6	1 副
1158	舞蹈	wǔdǎo	名	6	6
1159	物化	wùhuà	动		8 副
1160	物美价廉	wù měi jià lián		6	10
1161	误导	wùdǎo	动		5

X

#	词	拼音	词性		
1162	西伯利亚云杉	Xībólìyà yúnshān			6 副
1163	吸纳	xīnà	动		8
1164	昔日	xīrì	名	6	9
1165	稀少	xīshǎo	形		6 副
1166	稀释	xīshì	动		13 副
1167	习性	xíxìng	名		6
1168	席卷	xíjuǎn	动		14
1169	席梦思	xímèngsī			3
1170	洗剂	xǐjì	名		5 副
1171	喜刷刷	xǐ shuā shuā			8
1172	下达	xiàdá	动		15 副
1173	下降	xiàjiàng	动		9 副
1174	下一代	xià yí dài			2
1175	下意识	xiàyìshí	名		7 副
1176	先河	xiānhé	名		13 副
1177	先前	xiānqián	名	6	3
1178	纤维	xiānwéi	名	6	9
1179	舷窗	xiánchuāng	名		11
1180	显露	xiǎnlù	动		15 副
1181	显现	xiǎnxiàn	动		13
1182	线索	xiànsuǒ	名	6	3
1183	腺病毒	xiànbìngdú	名		5 副
1184	相连	xiānglián	动		13
1185	相貌	xiàngmào	名		9

245

#	词	拼音	词性	级	课	#	词	拼音	词性	级	课
1186	相思	xiāngsī	名		9	1219	胸部	xiōngbù	名		3
1187	香波	xiāngbō	名		5副	1220	修整	xiūzhěng	动		7副
1188	香精	xiāngjīng	名		3副	1221	徐徐	xúxú	形		11
1189	巷	xiàng	名	6	12	1222	许可	xǔkě	动	6	1副
1190	橡胶	xiàngjiāo	名		11副	1223	许可	xǔkě	动	6	13
1191	潇洒	xiāosǎ	形		8	1224	许诺	xǔnuò	动		4
1192	小题大做	xiǎo tí dà zuò			5	1225	宣称	xuānchēng	动		3副
1193	小心翼翼	xiǎo xīn yì yì		6	15	1226	悬挂	xuánguà	动	6	9
1194	效应	xiàoyìng	名		2	1227	选拔	xuǎnbá	动	6	15
1195	协商	xiéshāng	动	6	2副	1228	选购	xuǎngòu	动		14
1196	协议	xiéyì	名/动	6	1	1229	炫耀	xuànyào	动		1
1197	携带	xiédài	动	6	5副	1230	绚烂	xuànlàn	形		14
1198	携手	xié shǒu	动		15	1231	血管	xuèguǎn	名		9
1199	泄露	xièlòu	动	6	9	1232	血糖	xuètáng	名		3副
1200	卸	xiè	动	6	12副	1233	寻觅	xúnmì	动	6	6
1201	心甘情愿	xīn gān qíng yuàn			1	1234	逊色	xùnsè	动	6	6
1202	心满意足	xīn mǎn yì zú			6			**Y**			
1203	心态	xīntài	名	6	4	1235	压缩	yāsuō	动	6	13副
1204	心田	xīntián	名		14	1236	压抑	yāyì	动	6	4副
1205	心愿	xīnyuàn	名		15	1237	哑然失笑	yǎ rán shī xiào			13副
1206	芯片	xīnpiàn	名		1	1238	亚非学院	Yà-Fēi Xuéyuàn			2副
1207	辛勤	xīnqín	形	6	1副	1239	延续	yánxù	动	6	1
1208	辛勤	xīnqín	形	6	2	1240	严寒	yánhán	形	6	1副
1209	辛酸	xīnsuān	形		13副	1241	严禁	yánjìn	动	6	4副
1210	欣欣向荣	xīn xīn xiàng róng		6	1	1242	研制	yánzhì	动		13
1211	新奇	xīnqí	形		12	1243	盐水	yánshuǐ	名		5
1212	薪水	xīnshuǐ	名	6	4	1244	掩盖	yǎngài	动	6	3副
1213	信念	xìnniàn	名	6	14	1245	眼光	yǎnguāng	名	6	1
1214	猩猩	xīngxing	名		6	1246	眼神	yǎnshén	名	6	9
1215	行星	xíngxīng	名		11副	1247	演讲	yǎnjiǎng	动	6	12
1216	形式主义	xíngshì zhǔyì	名		15副	1248	厌烦	yànfán	动		13
1217	擤	xǐng	动		5副	1249	验证	yànzhèng	动	6	8
1218	性命	xìngmìng	名	6	6副	1250	扬帆远航	yáng fān yuǎn háng			14

1251	扬言	yángyán	动		13
1252	洋溢	yángyì	动		9
1253	要么	yàome	连		4
1254	业态	yètài	名		1
1255	夜以继日	yè yǐ jì rì			13
1256	一帆风顺	yì fān fēng shùn		6	9
1257	一落千丈	yí luò qiān zhàng			12
1258	一目了然	yí mù liǎo rán		6	3
1259	一目十行	yí mù shí háng			7 副
1260	一刹那	yíchànà	名		11
1261	一向	yíxiàng	副	6	1
1262	一针见血	yì zhēn jiàn xiě			5
1263	衣裳	yīshang	名	6	3
1264	医学	yīxué	名		5
1265	依此类推	yī cǐ lèi tuī			1
1266	依旧	yījiù	副	6	3
1267	依据	yījù	介/名	6	10
1268	仪表盘	yíbiǎopán			11
1269	仪容	yíróng	名		15
1270	仪式	yíshì	名	6	7
1271	遗产	yíchǎn	名	6	2
1272	遗产税	yíchǎnshuì			2
1273	遗留	yíliú	动	6	2
1274	疑惑	yíhuò	动		6
1275	以泪洗面	yǐ lèi xǐ miàn			9
1276	以往	yǐwǎng	名		10
1277	以小博大	yǐ xiǎo bó dà			15
1278	以致	yǐzhì	连	6	10
1279	议案	yì'àn	名		2
1280	亦	yì	副	6	15
1281	异地	yìdì	名		8
1282	抑郁	yìyù	形		7
1283	益处	yìchù	名		7
1284	意图	yìtú	名	6	14
1285	毅然	yìrán	副	6	14
1286	隐藏	yǐncáng	动	6	3
1287	隐形	yǐnxíng	形		3
1288	应对	yìngduì	动		10
1289	迎刃而解	yíng rèn ér jiě			4
1290	盈门	yíngmén	形		13
1291	赢利	yíng lì			14
1292	映现	yìngxiàn	动		13
1293	佣金	yòngjīn	名		8
1294	庸庸碌碌	yōng yōng lù lù			14
1295	永垂青史	yǒng chuí qīng shǐ			2 副
1296	永冻地区	yǒngdòng dìqū			10 副
1297	永久	yǒngjiǔ	形		2
1298	永无止境	yǒng wú zhǐ jìng			15
1299	优先	yōuxiān	副	6	3 副
1300	优雅	yōuyǎ	形	6	12 副
1301	忧愁	yōuchóu	形		9
1302	忧虑	yōulǜ	动		15 副
1303	邮递	yóudì	动		8
1304	油脂	yóuzhī	名		3 副
1305	游客	yóukè	名		12
1306	有机溶剂	yǒujī róngjì			3 副
1307	右侧	yòucè	名		3
1308	诱导	yòudǎo	动		5
1309	诱发	yòufā	动		9
1310	诱惑	yòuhuò	名/动	6	1
1311	诱人	yòu rén			10
1312	渔民	yúmín	名	6	6
1313	愉悦	yúyuè	形		12
1314	愚蠢	yúchǔn	形	6	6
1315	与日俱增	yǔ rì jù zēng		6	1
1316	预期	yùqī	动	6	10

#	词	拼音	词性			#	词	拼音	词性		
1317	预算	yùsuàn	名/动	6	1	1350	增稠剂	zēngchóujì	名		3副
1318	预言	yùyán	动/名	6	1	1351	增强	zēngqiáng	动		7
1319	冤枉	yuānwang	形	6	5	1352	增值	zēng zhí			14
1320	渊源	yuānyuán	名		4	1353	赠送	zèngsòng	动	6	1
1321	元老	yuánlǎo	名		4	1354	诈骗	zhàpiàn	动	6	8
1322	原本	yuánběn	副		4	1355	蚱蜢	zhàměng	名		6
1323	原点	yuándiǎn	名		6	1356	债券	zhàiquàn	名	6	14
1324	原理	yuánlǐ	名	6	8	1357	崭新	zhǎnxīn	形	6	2副
1325	原油	yuányóu	名		10副	1358	占领	zhànlǐng	动	6	5
1326	原状	yuánzhuàng	名		2副	1359	战战兢兢	zhàn zhàn jīng jīng			12副
1327	圆满	yuánmǎn	形	6	15	1360	张望	zhāngwàng	动		13
1328	源于	yuányú	动		13副	1361	蟑螂	zhāngláng	名		12副
1329	源源不断	yuán yuán bú duàn			14	1362	帐篷	zhàngpeng	名	6	6
1330	约定	yuēdìng	名/动		6	1363	账单	zhàngdān	名		8
1331	乐器	yuèqì	名		7	1364	朝礼	zhāolǐ	名		15副
1332	孕育	yùnyù	动	6	12	1365	着迷	zháomí		6	6副
1333	运转	yùnzhuǎn	动		10	1366	照旧	zhàojiù	动		15副
1334	蕴藏	yùncáng	动	6	10	1367	照样	zhàoyàng	副	6	7

Z

#	词	拼音	词性			#	词	拼音	词性		
1335	砸	zá	动	6	11副	1368	遮挡	zhēdǎng	动	6	3
1336	灾难	zāinàn	名	6	10副	1369	折射	zhéshè	动	6	5
1337	栽培	zāipéi	动	6	14	1370	蔗糖	zhètáng	名		3副
1338	载人	zài rén			11	1371	侦察	zhēnchá	动		6
1339	再现	zàixiàn	动		13	1372	真挚	zhēnzhì	形	6	2副
1340	在乎	zàihu	动		7	1373	振奋	zhènfèn	动	6	7
1341	在世	zàishì	动		2	1374	斟酌	zhēnzhuó	动	6	14
1342	赞叹	zàntàn	动	6	6	1375	震耳欲聋	zhèn ěr yù lóng			11
1343	赞同	zàntóng	动		2	1376	震撼	zhènhàn			11
1344	赞扬	zànyáng	动		14	1377	镇定	zhèndìng	形	6	5
1345	遭受	zāoshòu	动	6	3	1378	争夺	zhēngduó	动	6	4
1346	遭遇	zāoyù	动/名	6	3	1379	争先恐后	zhēng xiān kǒng hòu		6	2
1347	造福	zàofú	动		15副	1380	争相	zhēngxiāng	副		2
1348	造就	zàojiù	动		14副	1381	征收	zhēngshōu	动	6	2
1349	责怪	zéguài	动		4副	1382	蒸发	zhēngfā	动	6	13副

1383	蒸汽	zhēngqì	名		11
1384	整容	zhěng róng	动		9
1385	正弦函数	zhèngxián hánshù			6
1386	正直	zhèngzhí	形		15
1387	郑重其事	zhèng zhòng qí shì			7
1388	支出	zhīchū	名/动	6	1
1389	支点	zhīdiǎn	名		15
1390	支配	zhīpèi	动	6	8 副
1391	知足	zhīzú	动	6	14
1392	值钱	zhíqián	形		14 副
1393	值日	zhírì	动		15 副
1394	治理	zhìlǐ	动	6	1 副
1395	致命	zhìmìng	形		10
1396	致使	zhìshǐ	动	6	2
1397	中医	zhōngyī	名		9
1398	终端	zhōngduān	名		1
1399	终生	zhōngshēng	名		14
1400	众生相	zhòngshēng xiàng			9
1401	众望所归	zhòng wàng suǒ guī			4
1402	周密	zhōumì	形	6	14
1403	周转	zhōuzhuǎn	动	6	14
1404	皱	zhòu	动	6	9
1405	诸多	zhūduō	形		3
1406	诸如	zhūrú	动		5 副
1407	逐年	zhúnián	副	6	2
1408	助推器	zhùtuīqì	名		11
1409	注定	zhùdìng	动		10
1410	注入	zhùrù	动		8
1411	注重	zhùzhòng	动	6	3
1412	专业术语	zhuānyè shùyǔ			7
1413	专注	zhuānzhù	动		15
1414	转化	zhuǎnhuà	动		10
1415	转手	zhuǎn shǒu			14
1416	赚取	zhuànqǔ	动		14
1417	庄稼	zhuāngjia	名		14
1418	庄严	zhuāngyán	形	6	2 副
1419	庄重	zhuāngzhòng	形	6	15 副
1420	装配	zhuāngpèi	动		13
1421	装束	zhuāngshù	名		15 副
1422	壮大	zhuàngdà	动		6 副
1423	追溯	zhuīsù	动		4
1424	追问	zhuīwèn	动		13
1425	坠落	zhuìluò	动		13 副
1426	坠入	zhuìrù	动		10 副
1427	准则	zhǔnzé	名	6	15
1428	资本	zīběn	名	6	8 副
1429	资产	zīchǎn	名	6	8 副
1430	资信	zīxìn	名		1
1431	滋味	zīwèi	名	6	7
1432	自律	zìlǜ	动		15
1433	自强不息	zì qiáng bù xī			15
1434	自然而然	zì rán ér rán			4 副
1435	自相矛盾	zì xiāng máo dùn			13 副
1436	自言自语	zì yán zì yǔ			7 副
1437	自由基	zìyóujī	名		7
1438	总监	zǒngjiān	名		15 副
1439	走势	zǒushì	名		14
1440	走运	zǒu yùn			2
1441	足以	zúyǐ	副	6	10
1442	钻杆	zuàngǎn	名		10 副
1443	钻井平台	zuànjǐng píngtái			10 副
1444	钻空子	zuān kòngzi			4
1445	最终	zuìzhōng	形		10
1446	遵纪守法	zūn jì shǒu fǎ			8 副
1447	左侧	zuǒcè	名		3
1448	左右	zuǒyòu	动	6	4
1449	坐标	zuòbiāo	名		6

词语总表

专有名词

序号	词语	拼音	课号
		A	
1	阿格拉堡	Āgélābǎo	12
2	阿基米德	Ājīmǐdé	15
3	艾伯特·爱因斯坦	Àibótè Àiyīnsītǎn	11 副
4	澳大利亚	Àodàlìyà	10 副
		B	
5	巴菲特	Bāfēitè	2
6	百度	Bǎidù	8 副
7	百慕大	Bǎimùdà	10 副
8	比尔·盖茨	Bǐ'ěr Gàicí	2
9	比利时	Bǐlìshí	13 副
10	比索	bǐsuǒ	14
11	伯乐	bólè	15
12	布什	Bùshí	2
		C	
13	冲绳	Chōngshéng	7
		D	
14	达尔文	Dáěrwén	13 副
		F	
15	费城	Fèichéng	1
		G	
16	哥伦比亚号	Gēlúnbǐyà Hào	11
		H	
17	赫维茨	Hèwéicí	4
18	《红楼梦》	Hónglóumèng	9
		J	
19	伽利略	Jiālìlüè	13 副
20	《家》	Jiā	9
		K	
21	卡洛斯·斯利姆·埃卢	Kǎluòsī Sīlìmǔ Āilú	14

		L	
22	黎巴嫩	Líbānèn	14
23	李嘉诚	Lǐ Jiāchéng	8 副
24	罗杰·迈尔森	Luójié Mài'ěrsēn	4
25	罗素	Luósù	2 副
		M	
26	马斯金	Mǎsījīn	4
27	蒙纳什大学	Méngnàshí Dàxué	10 副
28	墨尔本	Mò'ěrběn	10 副
29	墨西哥城	Mòxīgē Chéng	14
30	墨西哥湾	Mòxīgē Wān	10
		N	
31	牛顿	Niúdùn	11 副
32	诺贝尔	Nuòbèi'ěr	4
		R	
33	日航	Rì Háng	12 副
		S	
34	撒丁岛	Sādīng Dǎo	7
35	神舟五号	Shénzhōu Wǔhào	11
36	斯坦福大学	Sītǎnfú Dàxué	10
37	苏格兰	Sūgélán	13
		T	
38	泰姬陵	Tàijīlíng	12
		W	
39	微软公司	Wēiruǎn gōngsī	14 副
		X	
40	希腊	Xīlà	13 副
41	星巴克	Xīngbākè	1
		Y	
42	亚里士多德	Yàlǐshìduōdé	13 副
43	杨利伟	Yáng Lìwěi	11
44	耶鲁	Yēlǔ	14 副
45	印度门	Yìndùmén	12
46	英格兰	Yīngélán	13
47	犹他州	Yóutā Zhōu	1 副

| 48 | 约瑟夫·莫纳翰 | Yuēsèfū Mònàhàn | 10 副 |

Z

| 49 | 中国银联 | Zhōngguó Yínlián | 8 |